Schiffermüller / Locher (Hrsg.)
Texträume
Perspektiven – Grenzen – Übergänge

Isolde Schiffermüller / Elmar Locher (Hrsg.)
Texträume
Perspektiven – Grenzen – Übergänge

Festschrift für Walter Busch

EDITION
STURZFLUG
StudienVerlag

Stampato con il contributo del
DIPARTIMENTO DI LINGUE E LETTERATURE STRANIERE
dell'Università degli Studi di Verona

Gedruckt mit finanzieller Unterstützung des
DIPARTIMENTO DI LINGUE E LETTERATURE STRANIERE
dell'Università degli Studi di Verona

Incontri Veronesi XII

essay & poesie
Band 29
Herausgeber: Elmar Locher

Bibliographische Information Der Deutschen Bibliothek
Die Deutsche Bibliothek verzeichnet diese Publikation in der Deutschen
Nationalbibliografie; detaillierte bibliografische Daten sind im Internet über
http://dnb.ddb.de abrufbar.
ISBN 978-3-7065-5125-0

Titelbild: Elmar Locher, Franz Kafka *Der Bau*

© edition sturzflüge 2011
Postfach 16, I – 39100 Bozen, tel. 0039 0471 663067
e-mail: elmar.locher@rolmail.net

Gestaltung, Druck und Bindearbeit: Dipdruck, Bruneck

Gedruckt auf umweltfreundlichem, chlor- und säurefrei gebleichtem Papier.

Alle Rechte vorbehalten. Kein Teil des Werkes darf in irgendeiner Form (Druck, Photokopie,
Mikrofilm oder in einem anderen Verfahren) ohne schriftliche Genehmigung des Verlages
reproduziert oder unter Verwendung elektronischer Systeme verarbeitet oder vervielfältigt werden.

Diese Ausgabe erscheint in Koproduktion mit dem StudienVerlag
Innsbruck-Wien-Bozen

StudienVerlag, Erlerstr. 10, A – 6020 Innsbruck
e-mail: order@studienverlag.at
Internet: www.studienverlag.at

Dieser Band ist Walter Busch gewidmet als ein Geschenk zu seinem 65. Geburtstag. Die einzelnen Beiträge greifen die vielfältigen Anregungen auf, die von den Forschungsarbeiten Walter Buschs ausgegangen sind, sie reflektieren das Spektrum dieser Forschung und deren thematische Schwerpunkte, sie erproben deren Thesen und Perspektiven und schreiben vorgegebene Ansätze weiter, um unterschiedliche Antworten zu geben, die theoretischen, methodologischen aber auch persönlichen Charakter haben.

August 2011

I
Medialität, Bild und
Sprachgebärde

Elmar Locher

Zeichensysteme, Prognostizierbarkeit und Medialität bei Tomaso Garzoni und anderswo.
Ein Geburtstagscapriccio

I

Die Menschen wollen in einer gedeuteten Welt leben. Da hat sich seit Tomaso Garzoni und seiner *Piazza universale di tutte le professioni del Mondo* wenig geändert. Und besonders in Krisenzeiten steigt das Bedürfnis nach Auslegung. Und auch die Referenzrahmen kehren wieder. So sollte es uns nicht allzu sehr überraschen, dass wir gegen Ende des Krisenjahres 2008 und zu Beginn von 2009, am Anfang einer weltweiten Rezession, von einem Kassandrakomplex lesen konnten und uns mit einem Prophezeiungspoker auseinanderzusetzen hatten. Und die Volkswirte aller Art wurden in ihren Prognosen für die Weltwirtschaftsentwicklung als die Jünger der alten Propheten, Jesaja und Jeremia zumal, gewertet.[1] Jesaja und Jeremia, gegen die die kleineren Propheten Amos und Hosea in ihrer Aufmerksamkeitsfokussierung nur geringe Chancen hätten, da sich erstere folgenmächtigere Horrorszenarien auszudenken vermochten, sind nun aber auch die alttestamentarischen Bezugspunkte Garzonis seines XL *Diskurses* zu den Prophezeiungen. Die unterschiedlichen Deutungspotentiale werden sich auf eine gestaltbare Zukünftigkeit zu richten haben, und Zukunftsszenarien stellen ein breites Spektrum auch dramatischer Möglichkeiten bereit. Zukunftsversprechungen wie Wünsche und Ängste speisen sich in die Gegenwart ein. Aber nicht nur die weltweite Finanzkrise von 2008 hat deutlich gemacht, dass sich diese Zukunft, auf die man Vertrauen setzte und an die man glaubte, ganz anders in die Gegenwart eingepreist hat – ganz im monetären Verständnis des Terms –, als man sie sich erträumte.[2] Zukünftigkeit aber, und auch dies hat die Finanzkrise schlagartig verdeutlicht, kann ohne Fiktionen

---

1 So bezieht sich Josef Joffe, der Mitherausgeber der dt. Wochenzeitung *Die Zeit*, in seinem Artikel *Kassandrakomplex* auf den Chefvolkswirt der Deutschen Bank Norbert Walther, der für die deutsche Wirtschaft für das Jahr 2009 »minus vier Prozent aus dem Computer gefischt hat«, während sein Berufskollege von der Dresdner Bank Michael Heise »nur bis minus 0,7 mithielt«. Joffe merkt an: »Zu dumm für Heise, kann doch das Kassandra-Spiel nur gewinnen, wer katastrophenmäßig alle anderen überbietet. Das wussten schon Jesaja & Jeremia. Deshalb sind die kleinen Propheten wie Amos und Hosea fast vergessen.« (Josef Joffe, *Kassandrakomplex*, in: Die Zeit Nr. 2, 31. Dezember 2008, 10). Ich lege meinen Ausführungen folgende Ausgabe der *Piazza* zu Grunde: Tomaso Garzoni, *La Piazza universale di tutte le professioni del Mondo*. A cura di Paolo Cherchi e Beatrice Collina (Einaudi Torino 1996). Die Zitate sind im Text ausgewiesen durch runde Klammern, die römische Ziffer bezieht sich auf den Band, die arabische auf die jeweilige Seite.

2 So weist Massimo Amato in seinem Werk *Le radici di una fede. Per una storia del rapporto fra moneta e credito in Occidente* (Mondadori Milano 2008) nach, dass sich eine moderne Geldtheorie nur verstehen lässt, wenn man ihr die Kategorie des Vertrauens zu Grunde legt. Und Jochen Hörisch vermerkt, dass bereits der Fortunatus-Roman deutlich macht, dass Glauben ursprünglich auch Schuldfähigkeit oder Kreditwürdigkeit bedeutet. (Jochen Hörisch, *Kopf oder Zahl. Die Poesie des Geldes* [Frankfurt am Main 1998], 19): »Do nun der bub (hieß Andrean) gantz nicht meer besaß /vnd auch den glauben verloren hett vnder den kauffleuten /auch vnder huren vnd buben / das jm niemand weder leuhen noch geben noch borgen wolt.«

nicht auskommen. Fiktionale Vorwegnahmen sind notwendig. Und die Fiktionen erweisen sich nicht nur funktionsfähig auf dem Rückzugsgebiet ästhetischer Modellbildungen, sondern erweisen ihre Notwendigkeit in den Konstrukten kreativer Finanzoperationen, ob es sich nun um Termingeschäfte oder um Geschäfte mit anderen Derivaten handelt.[3] Und den Modellbildungen, die ökonomischen Sachverhalten wie dem ›Schermesser‹ bei Grimmelshausen zu Grunde lagen, konnte man materialgerecht mit dem *Bekenntnis einer Warenseele* oder mit einer Fragestellung, die noch von *Recht und Geld* im Courasche-Roman ausgeht, beikommen.[4] Heute sind die Finanzoperationen ›magischer‹ geworden, beruhen auf der Fiktion erwartbarer Erwartungen. Doch selbst für magische Praktiken heutiger Finanzoperationen scheint im ›Stirpitus flammiliarum‹ (›spiritus familiaris‹) des XVIII und XXII Kapitels des *Courasche-Romans* schon ein Bezug vorgebildet. Dieser Hausgeist vermag schon einiges: »Frau Courage! Es ist ein dienender Geist / welcher dem jenigen Menschen / der ihn erkaufft / und bey sich hat groß Glück zu wegen bringt, Er gibt zu erkennen wo verborgene Sachen liegen; Er verschafft zu jedweder Handelschafft genugsame Kauffleute und vermehret die *prosperität* [...].«[5] Der Name des seltsamen Wesens ist in eine Entstellung geführt, und es wird eine Wette auf die Zukunft abgeschlossen. Diese Wette impliziert einen hohen Risikofaktor, sei es was die Zeit angeht, sei es was den zu realisierenden Preis nach unten betrifft. Und so ist dieser Hausgeist nicht umsonst zu haben: Wenn er nicht zu einem wohlfeileren Preis als zu seinem Erstehungspreis losgeschlagen werden kann, dann endet der Lebensweg des Besitzers in der anderen Welt, die man gemeinhin die Hölle nennt, für seinen letzten allemal: Für den, der den richtigen Zeitpunkt seines hoch spekulativen Geschäfts falsch kalkuliert.[6] Doch weiß auch die Landstörtzerin, dass sich ein solcher

3 In gewisser Weise findet sich schon bei Garzoni, im XXXIX Diskurs zur Astronomie und Astrologie, eine Wette auf die Zukunft, wenn Tales von Milet zum Beweis, dass seine Armut selbst gewählt ist und jederzeit in Reichtum verwandelt werden kann, einen Olivenausfall für die Zukunft prognostiziert, Öl in großen Mengen ankauft, es hortet und dann bei Eintritt des Mangels zum reichen Mann wird. (I, 608) Zwischenzeitlich hat sich auch diese Rudimentform eines Spekulationsgeschäftes erweitert und auf Finanzderivate jeglicher Art ausgeweitet und ist zum umfassenden Motor der kapitalistischen Finanzökonomie geworden. Doch die Grundannahme, auf der das Termingeschäft aufruht, ist, leicht variiert und weiterentwickelt, die nämliche verblieben, nämlich eine selbstbezügliche Kommunikation: »[...] hier werden gegenwärtige Preise für Nichtvorhandenes nach der Erwartung künftiger Preise für Nichtvorhandenes bemessen. Hier werden Preise mit Preisen bezahlt. Die Preise sind also die Waren selbst, tatsächlich von der Bindung an materielle Lasten und Beschwernisse befreit und rechtfertigen den Titel eines selbstreferentiellen Marktgeschehens.« (Joseph Vogl, *Das Gespenst des Kapitals* [Zürich 2010], 94)
4 Walter Busch, *Geld und Recht in Grimmelshausens Courasche. Satirische Kritik und utopische Perspektive*, in: Aion XXVI (1983), 55-92 und *Das Bekenntnis einer Warenseele. Zur Schermesser-Episode in der Continuatio des Simplicius Simplicissimus*, in: Simpliciana IX (1987), 49-64. Und die Schermesser-Episode ist in ihrem Materialienbestand der *Piazza Universale* Tomaso Garzonis entnommen.
5 Hans Jacob Christoffel von Grimmelshausen, *Werke I 2*, hrsg. v. Dieter Breuer (Frankfurt am Main 1992), 102.
6 Es wäre verlohnend, den Erscheinungsformen des ›Hausgeistes‹ nachzugehen, wie diese die Literatur nachzeichnet. Er tritt bei Grimmelshausen auf, verweist von seiner Stelle in diesem aber schon zurück auf den *Fortunatus-Roman* und voraus auf *Geld und Geist* (1843/44) von Jeremias Gotthelf, den Roman, in dem bereits auf den Eingangsseiten das Geld einem dienenden Hausgeist verglichen wird. Und die Frage wäre, ob nicht noch Franz Kafkas *Die Sorge des Hausvaters* auf die-

Käufer aus den unterschiedlichsten Gründen immer finden wird. Heute aber endet eine solche ›Fiktion‹ unter Umständen auch schon im ›factum brutum‹ des selbstgewählten Todes.[7] Das Prinzip des ›Geld gebärenden Geldes‹, das Marx dann später im Begriff des ›Geld heckenden Geldes‹ denken wird, hatte im ›Junker Wucher‹ bei Luther noch eine Personifizierung gefunden, die bei Grimmelshausen schon in den entstellten Namen geführt ist.[8] Luther kommt an der entscheidenden Stelle seiner wucherkritischen Hauptschrift *An die Pfarrherrn wider den Wucher zu predigen*, wie Busch vermerkt, auf die Unterscheidung bei Aristoteles zwischen Ökonomik und Chrematistik zu sprechen und hält fest: »[...] Das wucher sey wider die natur, aus der vrsachen, Er nimpt allzeit mehr denn er gibt, damit wird auffgehaben das mittel vnd richtsmas aller tugend das man heisst Gleich vmb gleich equalitas Arithmetica Weiter spricht er Gelt ist von natur vnfruchtbar, vnd mehret sich nicht. Darumb wo sichs mehret, als ym wucher, da ists wider die natur des gelds. Denn es

---

ser Kontinuitätslinie gelesen werden könnte, im Namen Odradek, der seinerseits in eine Entstellung geführt ist. Diese Kontinuitätslinie könnte uns vielleicht die einzelnen Metamorphosen des Geldes als finanztechnische Operation vor Augen führen. Hans Jürgen Scheuer verweist denn auch in seinen Ausführungen zu Kafkas Text auf die Tradition der Hausväterliteratur und sieht in Kafkas Vorgehen Bezüge zur etymologischen und topischen Vorgangsweise bei Varro, dem Ahnherrn dieses Genres. Darüber hinaus aber könnte gefragt werden, ob nicht in diesen topischen Verortungen, die als onomasiologische und als semasiologische Verfahren gekennzeichnet werden, sich ein Bezug zum ›oikonomia‹-Denken selbst auftut, das seine Verortung im politisch-ökonomischen wie theologischen Modell erfährt. Damit wäre der Derivat-Charakter Odradeks nicht nur in eine genealogische Entstellung geführt, sondern in eine Entstellung, in der die Dinge nicht nur im Erinnern so erscheinen, wie Walter Benjamins Kennzeichnung Odradeks festhält, sondern auch in der Gegenwart, in der wir mit Größen zu rechnen hätten, von denen wir nicht nur die Namen nicht mehr kennen, sondern die immer schon anderswo sich aufhielten, in zeitlichen wie räumlichen Passagen. Und die ›oikonomia‹, als die Verwaltung des Hauses, unabhängig davon, ob es sich wie bei Aristoteles noch um ein Herr-Knecht-Verhältnis, um ein väterliches Eltern-Kind-Verhältnis oder um ein eheliches Mann-Frau-Verhältnis handelt (Giorgio Agamben, *Herrschaft und Herrlichkeit* [Berlin 2010], 32) erhielte in diesem kurzen Text ihr neues Gesicht, das uns eine Entstellung zeigt, die sich der Ordnung, der Verwaltung und der Steuerung durch den Hausvater entzieht. Und wenn man in Kafkas Text Odradeks Blason entdeckt, dann dürfte vielleicht auch die Frage erlaubt sein, ob sich in diesem jenseits einer Krise des familiären Ursprungs nicht auch Krisen anderer genealogiebildender Zäsuren einziehen, die, anstatt einer auratischen Überhöhung, sich zeigen als das was sie sind: »[...] Flickwerk und Filz statt peinlich entwickelter Affiliation, Herkunft als Bricolage aus Abfallresten.« (Hans Jürgen Scheuer, »*Was ist fröhlicher als der Glaube an einen Hausgott*«. Gleichnis, Etymologie und Genealogie als Spielarten der List in Franz Kafkas »Die Sorge des Hausvaters«, in: *Franz Kafka Ein Landarzt Interpretationen*, hrsg. v. Elmar Locher u. Isolde Schiffermüller (Bozen/Innsbruck/Wien 2004), 169-183; hier: 181

7   Adolf Merckle, der deutsche Paradeunternehmer, dem der *Spiegel* vom 12.1.2009 die Titelstory widmet, wirft sich vor den Zug, nachdem er als Unternehmer nicht mehr handlungsfähig ist. Das letzte Steinchen ins Mosaik der Liquiditätsprobleme seiner Unternehmungen setzte eine Spekulation an der Börse. Merckle verlor einen dreistelligen Millionenbetrag, da er auf sinkende VW-Aktien gesetzt hatte. Merckles Fiktion der Zukunft preiste sich anders in seine Gegenwart ein, als von ihm erwartet.

8   Vgl. dazu: Walter Busch, *Vom Eigennutz der Kreatur und von den Listen des Junkers Wucher. Zwei Formen des Gesellschaftsbezugs in der religiösen Polemik Müntzers und Luthers*, in: Begrifflichkeit und Bildlichkeit der Reformation, hrsg. v. I. M. Battafarano (Bern/Frankfurt am Main 1992), 39-86. Dass sich dann Luther dämonischer Instrumentierungen zum *government* (gubernatio) der Welt bedienen muss, auch darauf hat Walter Busch hingewiesen: Walter Busch, *Zur Dämonologie Martin Luthers*, in: L'immaginario nelle letterature germaniche del Medioevo, a cura di Adele Cipolla (Milano 1995), 11-36.

lebt noch tregt nicht wie ein baüm vnd acker tthut der alle iar mehr gibt Denn er ligt nicht mussig noch ohn frucht, wie der gulden thut von natur.«[9]

Doch wenn Tomaso Garzoni in seinen Diskursen XXXIX-XLI Götterzeichen und die göttlichen Zeichen zur Disposition stellt, magische Praktiken jeglicher Art, dämonische Instrumentierungen oder die Gesetzmäßigkeiten der Astronomie und die Einflussgrößen der Astrologie, die allesamt auf Medium und Medialität angewiesen sind, verhandelt, so sind diese zwischengeschalteten Zeichenmodelle, die der Steuerung der Welt dienen, abgelöst worden von höchst komplex instrumentierten mathematischen Modellen, die nun in der Finanzwelt operativ werden. Doch sind diese genauer? Mitnichten, wie es scheint, und wie die letzte Krise lehrt, in der wir immer noch auf eine bessere Zukunft warten. Eine solche magische Formel der Fiktionalität scheint die Black/Scholes- Formel zu sein, die nun auch in der jüngsten Publikation Hans Magnus Enzensbergers, in seinem *Album*, das er selbst als *Zibaldone*, als eine Art *Sudelbuch*, kurz als *scrap book* bezeichnet, prominente Erwähnung findet.[10] Diese Formel eines finanzmathematischen Modells zur Bewertung von Finanzoptionen versucht eine Gleichgewichtsordnung zu stabilisieren in einem Heer floatierender Signifikanten ohne transzendentales Signifikat, wie Joseph Vogl ökonomische Kreisläufe, die sich von einer realen Deckung, basierend auf dem Goldstandard, abgekoppelt haben, beschreibt, mit der Aufgabe, Finanzmärkte und Finanzroutinen so zu gestalten »[...] dass sich Zukunftserwartungen in erwartete Zukünfte übersetzen lassen und sich insgesamt eine mehr oder weniger verlässliche Homogenität zwischen künftiger Gegenwart und gegenwärtiger Zukunft einstellen wird.«[11] 1973 wurde diese Formel von den Amerikanern Fischer Black und Myron Scholes veröffentlicht.[12] Der Mathematiker Robert C. Merton

---

9 Ebd., 71.
10 Hans Magnus Enzensberger, *Album* (Berlin 2011) (Der Band weist keine Seitenangaben auf, vielleicht auch deshalb, weil sein *Album*, wie er selbst unterstellt, wie ein Gehirn funktioniert, das sich weder an eine Chronologie noch an Ordnungskriterien oder Angaben hält.)
11 Vogl, *Das Gespenst des Kapitals*, (Anm. 3), 109.
12 Diese Formel hat folgende Gestalt angenommen: $rD_T = \frac{\partial D_T}{\partial T} + rS\frac{\partial D_T}{\partial S} + \frac{1}{2}\sigma^2 S^2 \frac{\partial^2 D_T}{\partial S^2}$ (Dt: Preis der Derivate mit der Restlaufzeit T; S: Preis der Aktie; T: Restlaufzeit; r: risikoloser stetiger Zinssatz; σ: Standardabweichung der erwarteteten stetigen Rendite (Volatilität). (Vogl, *Das Gespenst des Kapitals*, [Anm. 3], 102) Süffisant vermerkt Enzensberger zur Formel, die bei ihm in leicht variierter Form dargestellt wird: »Obwohl sie kaum verstand, was das bedeutete, war die Spekulation geblendet von der mathematischen Präzision der Formel und begeistert von der Aussicht, risikolos Geschäfte zu machen.« (Enzensberger, *Album*, [Anm. 10]) Bissig fügt er hinzu, dass die Erfinder der Formel, die einen gewaltigen Investmentfonds schaffen konnten, wohl auf der Basis ihrer Formel operierend, Schiffbruch erlitten haben. Und in diese blendende Schönheit der Formalisierung scheint sich die ehemals so elegant operierende ›unsichtbare Hand‹ Adam Smiths, die ihre Herkunft aus theologischen ›oikonomia‹-Denkmodellen kaum verhehlen kann, umgeschrieben zu haben. Es mag daher auch nicht erstaunen, dass das *Theodizee*-Modell ersetzt worden ist durch das *Oikodizee*-Modell: ein Sachverhalt, auf den Joseph Vogl immer wieder verweist. Denn Kants prägnante Feststellung: »Unter einer Theodicee versteht man die Vertheidigung der höchsten Weisheit des Welturhebers gegen die Anklage, welche die Vernunft aus dem Zweckwidrigen in der Welt gegen jene erhebt« (Zitat bei Heinz Dieter Kittsteiner, *Die Stabilisierungsmoderne. Deutschland und Europa 1618-1715* [München 2010], 259), lässt noch in der Durchsetzung des Zweckwidrigen des ökonomisch Wirklichen gegen die höchste Weisheit des Modells, ersteres als bloß kontingentes erscheinen. Und Smiths ›unsichtbare Hand‹ findet denn auch schon notwendiger Weise noch in Agambens *Herrschaft und Herrlichkeit* (Anm. 6) zu

hat an dieser Formel mitgearbeitet, sein Name hat sich aber in der Benennung der Formel selbst nicht durchgesetzt, obwohl er 1997 mit Scholes den Nobelpreis für Wirtschaftswissenschaften erhalten hat. Black war bereits 1995 verstorben. Diese Formel wurde als das epochale Ereignis gefeiert: »So hiess es in der Zeitschrift ›Scientific American‹ vom Mai 1998: ›Die Black-Scholes-Gleichung war für die Finanzwirtschaft, was Newtons Mechanik für die Physik war [...] Black-Scholes ist diese Art von Fundament, auf dem alles andere aufbaut‹.«[13]

Diese Formel schien eine Operationalisierung zu erlauben, in einem Währungssystem, das auf frei zirkulierenden Währungsströmen aufruhte, da 1973 das Bretton-Woods-Abkommen von 1944, das Geld in letzter Instanz wieder auf den Goldstandard bezogen hatte, endgültig und in aller Form verabschiedet wurde. Von nun an galt es, andere Sicherheitsvorkehrungen in ein System, das immer noch vom Ideal eines Gleichgewichtes ausging, einzubauen. Für die Ausgangslage, in der die Formel operativ werden kann, müssen allerdings Bedingungen gelten, die Vogl so zusammenfasst: »gewinnorientierte Unternehmer, effiziente Märkte, gleichmäßig verteilte und allgemein verfügbare Informationen, friktionslose Transaktionen, schließlich kontinuierliche Preisvariationen, die dem Muster einer Normalverteilung entsprechen.«[14]

Heute allerdings weiß man, dass diese Blendungsformel so neu gar nicht war, sondern dass es um die Jahrhundertwende des vergangenen Jahrhunderts ähnliche Arbeiten gab, unter anderem die Arbeit des it. Mathematikers Vinzenz Bronzin (Triest). Sein mathematisch-wahrscheinlichkeitstheoretisches Wissen holte er sich während seiner Studienzeit bei Ludwig Boltzmann in Wien. So kam der zweite Hauptsatz der Thermodynamik auch in Berechnungsmodellen zu Finanzoptionen zur Anwendung. Seine Arbeit erscheint 1908 im Deuticke-Verlag Wien/Leipzig unter dem Titel *Theorie der Prämiengeschäfte*.[15] Prämiengeschäfte (z. B. Lebensversicherungen) entsprechen heutigen Optionskontrakten. Und wie so ein Optionskontrakt sich auf Zukunft bezieht, das kann man bei Bronzin nachlesen: »[...] daß im Moment des Abschlusses eines jeden Geschäftes beide Kontrahenten mit ganz gleichen Chancen dastehen, so daß für keinen derselben im Voraus weder Gewinn noch Verlust anzunehmen ist; wir stellen uns also jedes Geschäft unter solchen Bedingungen abgeschlossen vor, daß die gesamten Hoffnungswerte des Gewinns und des Verlustes im Moment des Kontraktes einander gleich seien oder,

---

ihrem neuen reflektierten Auftritt, in einem Werk, das dem theologischen oikonomia-Modell in seiner Verkoppelung mit dem weltlichen oikonomia-Modell nachgeht und die unterströmigen Verbindungsflüsse, die zwischen beiden operieren, rekonstruieren und in diesen noch die Bio-Politik aufgehoben wissen will.

13 NZZ, 8. Oktober 2005.
14 Vogl, *Das Gespenst des Kapitals*, (Anm. 3), 101.
15 Der schmale Band – er weist bloß 86 Seiten auf – erscheint unter dem Titel *Theorie des Prämiengeschäftes*. 2009 kommt es zu einer neuen Herausgabe des Bandes in der Herausgeberschaft von Wolfgang Hafner und Heinz Zimmermann: *Vinzenz Bronzin's Option Pricing Models. Exposition and Appraisal* (Springer 2009). Der Band umfasst auch eine englische Übersetzung des Textes. Der Text selbst ist mit Anmerkungen versehen.

den Verlust als negativen Gewinn auffassend, daß der gesamte Hoffnungswert des Gewinns für beide Kontrahenten der Null gleichkommen müsse.«[16] Mit der Black-Scholes-Formel war in den Finanzkreisläufen, die sich immer mehr und beinahe ausschließlich schon als Informationsflüsse definieren, nun eine Differenzialgleichung implementiert, die am Zusammenschluss von neuen Medien, Informationsflüssen und modernen Finanzoperationen operativ wurde: »Finanztheorie, Formalisierung und technische Implementierung gehen eine produktive Verbindung ein, in der sich die Erfindung neuer Finanzinstrumente und die Installation neuer Märkte wechselseitig in ihrer *raison d'être* beglaubigen. [...] Die Verzahnung von Finanzmathematik und Medientechnologie machte schließlich die Rede von einer ›Midas-Formel‹ legitim, welche die Turbulenzen in erwartbare Dynamiken und die Zufälligkeiten des Marktes in verlässliche Gewinnaussichten übersetzt.«[17] Und wenn diese Übersetzungen fehlschlagen, dann muss man gar nicht mehr in die andere Welt, die gemeinhin die Hölle geheißen, in der es Flamme und Feuer geben soll, und in die noch der letzte Besitzer des ›Stirpitus flammiliarum‹ zu fahren hatte. Es genügt die innerweltliche Hölle eines Finanzdebakels und eines ökonomischen Zusammenbruchs. Doch die Beschreibungsszenarien sind sich dann in den jeweiligen Sachverhaltsdarstellungen gar nicht so unähnlich.

Doch stehen Götterzeichen und göttliche Zeichen zur Diskussion, dann wird man sich um deren Zeichenstatus zu kümmern haben. Götterzeichen spielen nicht nur in Gründungslegenden von Staaten eine Rolle und sind in diesen auf Gewalt bezogen, sondern sie werden in innerweltlichen Geschehensabläufen zu Regulierungsgrößen politisch/religiöser wie konfessioneller und machtpolitischer Handlungsdispositive und operieren zwischen Kontrahenten unterschiedlicher Art. Sie scheinen für eine solche Rolle prädisponiert, weil sie auf eine außerweltliche Sphäre verweisen, die auf eine innerweltliche Sphäre einstrahlt. Sie sind so der Arbitrarität und den diskursiv zu verhandelnden oder gewalttätig zu setzenden Entscheidungsprozessen entzogen. Dieser Sachverhalt führt aber dazu, dass zur zentralen Bedeutung der Zeichen und ihrer semiotischen Modellkonstruktionen ein weiteres Element tritt, das Albrecht Koschorke als die ›Figur des Dritten‹ bezeichnen hat. Diese ›Figur des Dritten‹ spaltet sich in einen Mittler 1 (Gott), der in der außerweltlichen Sphäre operativ ist und einen Mittler 2 (Priester oder Prophet), der in der innerweltlichen Sphäre Auslegungsarbeit zu tätigen hat. Alle Mittler 2, ob Priester oder Propheten, gleichwohl der Sakralsphäre angehörend, sind in ihrer Deutungsarbeit aber einem ständigen Verdacht ausgesetzt: »Hat Gott sich die

---

16 Vinzenz Bronzin, *Theorie der Prämiengeschäfte* (Leipzig-Wien 1908), 42.
17 Vogl, *Das Gespenst des Kapitals*, (Anm. 3), 107. Eine neue Qualität dieses Zusammenschlusses wurde durch das High-Frequency-Trading erreicht. High-Frequency-Trader nutzen ultraschnelle Computersysteme, die Wertpapiergeschäfte und andere Finanzoperationen in Millionstelsekunden abwickeln. Diese Computersysteme operieren auf der Basis von Algorithmen, salopp werden sie auch schon Algos genannt und ihr operatives Wirken als Angriff auf das wohlfunktionierende System befürchtet, das zum nächsten Börsencrash führen könnte. (*Spiegel*, [39], 27.9.2010, 88-90)

Stimme seiner Deuter einverleibt oder der Deuter die Stimme Gottes?«[18] So scheint denn auch Garzoni nicht die ›professioni‹ auch der delikaten Materien, in denen es um die Überführung des Unsichtbaren (occulto) in die Sichtbarkeit geht und die zwischen ›magia‹ und ›divinazione‹ angesiedelt sind, in Frage zu stellen, sondern nur jeweils deren Vertreter. Wenn Paolo Cherchi in seiner Einleitung anmerkt, dass es Garzoni in seiner *Piazza*, im Unterschied zum *Serraglio*, um das ›fare visibile‹ der Ausübenden geht, um das sichtbare Handeln mithin, während im *Serraglio* eben dieses Unsichtbare selbst im Zentrum stehe, so tritt zum ›sichtbaren Machen‹, zum ›fare visibile‹, in einer anderen Akzentuierung, der mich in dieser Arbeit stärker interessierende Aspekt des ›Sichtbarmachens des Unsichtbaren‹.[19] Das ›Sichtbarmachen‹ aber ist auf Medium und Medialität verwiesen, und so erstaunt es auch nicht, dass in den Diskursen XXXIX-XLI (Astronomie und Astrologie, Prophezeiungen, Magie), aber auch im Diskurs CXLV, der der Spiegelkunst gewidmet ist, oder im XXXV Diskurs, der die Optik und das Sehen verhandelt, und im Diskurs CLIV, der die Poeten behandelt, oder noch im Diskurs CXXIX, der den ›stampatori‹ ein wirkmächtiges Monument setzt, immer, und immer in herausragender Manier, die Medialität reflektiert wird. Aber nicht nur in diesen Bereichen der Prophezeiung und der Prognostizierbarkeit, die nun in der Finanz- und Wirtschaftswelt Hochkonjunktur hat, wird man von einer langen Dauer narrativer Dispositive sprechen können, nein, auch das Wunder wie das Wunderbare, ja selbst noch die Negromantie erfreuen sich dieser langen Dauer. Als Belegstelle, die nun zwar nicht direkt auf Tomaso Garzoni verweist, aber doch auf die von ihm verhandelten Be-

18 Vgl. zu diesem gesamten Komplex: Albrecht Koschorke, *Götterzeichen und Gründungsverbrechen*. Die zwei Anfänge des Staates. Diese Arbeit findet sich als pdf. Datei auf der Webseite des Exzellenzclusters der Universität Konstanz. Albrecht Koschorke arbeitet in seinen Forschungsprojekten an dieser Figur des Dritten.

19 Besonders interessant scheint mir, dass im Verlauf der globalen Finanzkrise, in der Analyse der Ursachen, auf die nicht ganz unbedeutende Rolle der Rating-Agenturen verwiesen wurde. Moniert wurden die geringe Transparenz und die Grauzone, in der diese Agenturen zu ihren folgenschweren Einschätzungen gekommen sind. Man könnte nun sagen, dass das ›sichtbare Machen‹ dieser Agenturen, unter dem noch die letzte Regierung Prodi zu leiden hatte, vor aller Augen statt hatte. Bezeichnend aber ist, dass sich diese Agenturen stets geweigert haben, die Parameter und die Modellbildungen, die ihren ratings zu Grunde lagen, ›sichtbar zu machen‹. Die Rating-Agenturen operierten nicht sehr viel anders als Auguren und Haruspices, auf die Anleger weltweit starrten. Und diese neuen Hohen Priester der Eingeweideschauen des internationalen Finanzmarktes irrten nicht weniger als jene im alten Rom. Doch zu diesem Aspekt kommt noch ein weiterer hinzu, denn nicht zufällig glaube ich, erweitern die Agenturen in Zeiten der Krise (Juni 2011) ihren Radius der Herabstufungen der Kreditwürdigkeit ganzer Länder. In der Folge der Griechenlandkrise wird auch Italien mit einer Herabstufung gedroht (Moody's), obwohl, wie der Chefanalyst von Intesa San Paolo, Gregorio De Felice, in einem Interview festhält: »I punti di debolezza dell'Italia, così come indicati da Moody's, sono arcinoti da anni.« (Il Sole 24 ORE, 19/6/2011, 5) Da wird der Analyst in seiner Position des rating zum freudigen Mitspieler im hochinteressanten Wettspiel der Finanzspekulation. Und am Freitag den 8.7.2011 (Schwarzer Freitag, *La Repubblica* vom 12.07.2011) beginnt dann der Angriff der internationalen Finanzspekulation auf den Finanzmarkt Italien und setzt sich am Schwarzen Montag, 11.07.2007, fort. Und riskiert nicht nur die Krise Italiens, sondern die Krise Europas, da Italien zu groß ist, um fallengelassen zu werden, zu groß aber auch, um gerettet werden zu können. Ein ›never ending text‹. Interessant auch, dass sich in den Beschreibungsmodellen der Finanzmärkte das Metaphernpotential eines organizistischen Körperbildes durchsetzte (Blutkreislauf, Fluss, Stau, Herz, Adernetz, Blutzufuhr etc.).

reiche des Magischen, mag uns Heinrich von Kleist dienen. Wunder und Magie kommen bei Heinrich von Kleist in Form zauberischer und mantischer Praktiken vor, wie Pharmakopöie und Negromantie (*Die Familie Schroffenstein*), veneficium und Alchemie (*Käthchen von Heilbronn*), Chiromantie und Loszauber (*Michael Kohlhaas*), sibyllinische Orakelkunst (die Alraune in der *Hermannsschlacht*) und Buchstabenprophetie (*Der Griffel Gottes*). Machtvoll inszeniert Heinrich von Kleist aber auch die Beeinflussung von Wahrnehmungen und Handlungen, die sich auch noch auf die alten Modellvorstellungen (der ›phantasmata‹ und des ›pneuma‹, auf die subtilen Kreisläufe der ›spiritus‹) beziehen lassen, in *Penthesilea* etwa, im Auseinanderfallen von Name und Bild. Dieser Befund der langen Dauer der ›magia naturalis‹, der sich auf eine prominente Reihe naturphilosophischer Magica- und Kuriositätenliteratur und ihrer Topoi zurückverfolgen lässt, in denen noch von einer Verwandtschaft zwischen Magie und Poesie als gemeinsamen ›artes‹ ausgegangen wird, mag nur auf einen ersten Blick überraschen. In dieser Rückgriffsstrategie wird aber nun die kosmische ›ars magica‹ in eine intersubjektive und innersprachliche Perspektive überführt.[20] Und ein weiteres Moment bei Kleist weist Ähnlichkeitsbezüge zu Garzoni auf. Bei Kleist wird das Wunderbare erst im institutionellen Rahmen der katholischen Kirche in eine stabilisierende Ordnung gebracht (*Die hl. Cäcilie oder die Gewalt der Musik*, in der letztendlich das ›Breve‹ des Papstes über den Status des Vorgefallenen als Wunder befindet). Und Tomaso Garzoni macht in seinem Diskurs zu den Prophezeiungen unmissverständlich deutlich, dass sich diese nur im Rahmen der kirchlichen Institution, der sich bestimmt durch Bibel, Auslegungsarbeit der Autoritäten und Konzilsbeschlüsse, abhandeln lassen.

II

Garzonis XXXIX Diskurs, den er einleitend selbst als ein ›navigare‹ zwischen Scylla und Charybdis bestimmt und der sich der Darlegung der unterschiedlichen Sichtweisen von Astronomie und Astrologie widmet, wendet sich auf die grundlegende Unterscheidung der *Etymologiae* des Isidorus von Sevilla zurück, der die Differenzqualität zwischen Astronomie und Astrologie in der Gesetzmäßigkeit der Astronomie sieht. Die Astronomie erforscht mithin »tratti del mondo in universale, delle sfere e degli orbi in particolare, del sito, del moto e del corso di quelli, delle stelle fisse, degli aspetti loro, della teorica de' pianeti [...].« (I, 605) Von dieser unterscheide sich die Astrologie nicht unwesentlich, die ihrerseits nun in eine ›astrologia naturale‹ und eine ›astrologia giudiciaria‹ geteilt wird. Die ›astrologia naturale‹ erhält Heimatrecht im Bereich des Zulässigen, der Status der ›astrologia giudiciaria‹ erweist sich als problematischer. Während sich die ›astrologia naturale‹ noch als sorella/Schwester der astronomia verstehen darf, che »pone in prattica e in esecuzione i corsi de' cieli e delle stelle, con le stazioni de' tempi, fa-

---

20 Vgl. zu diesem Komplex den Eintrag: Hans Jürgen Scheuer, *Wunder und Magie*, in: Kleist-Handbuch, hrsg. v. Ingo Breuer (Stuttgart 2009), 375-379.

cendo natural giudizio de' futuri avvenimenti delle cose«. (I, 605), verstehe sich die ›astrologia giudiciaria‹ als superstiziosa, »che descrive le natività degli uomini e i costumi loro [...] dichiarando che sorte di verità o falsità si trovi in lei [...]«. (I, 605) Die Astronomie erweist sich auch für Theologen als überaus notwendig, weil wir in der Bibel immer wieder auf astronomische Verweise stoßen. Und hatte schon Plato bestimmt, dass auf Erden nichts passiere, was nicht seine himmlische Ursache habe, so hatte Galen attestiert, dass jede animierte körperliche Substanz mit den Planeten und Sternen verbunden sei, deren Einflüssen sie auch unterliege. Wie lassen sich aber nun die astronomischen Gesetzmäßigkeiten, die das Universum im Allgemeinen regieren, mit Gottes Ratschlüssen und seiner Vorsehung vereinbaren? Im Rückgriff auf die verbindlichen Autoritäten, vornehmlich Albertus Magnus und Thomas von Aquin, wird geklärt, dass Gott in einem abgestuften System operiere. Thomas von Aquin »nel libro *De fide* e nella *Somma contra gentili* afferma, che Iddio governa le cose qua da basso per le creature superiori, cioè per le seconde cause, e che dalla virtù de' cieli ricevon le cose inferiori le lor specie e forme.« (I, 609)[21]

Dass an dieser Stelle, die vorderhand bloß den Einfluss der Gestirne zu verhandeln scheint – analog zu den Prophezeiungen unterschiedlicher Art, die auf die ›Figur des Dritten‹ rekurrieren – , mehr auf dem Spiele steht als einzig dieser, macht der Zitathinweis auf Thomas von Aquin deutlich, in dem die ›seconde cause‹ benannt sind. Darüber hinaus erhellt der Begriff ›governa‹ das zugrunde liegende Modell einer Regierungsform. Es geht implizit um die schwierige Frage der ›gubernatio‹ Gottes, um das Regierungsmodell, das Gottes Eingreifen in die Welt reguliert. Giorgio Agamben geht in seinem jüngsten Werk eben dieser Problemlage nach und versucht diese schwierige Frage durch die auch theologiegeschichtlich vergessene Modellbildung der ›oikonomia‹ zu rekonstruieren.[22] Bei Thomas von

---

21 Diese Passage des Aquinaten wird in der dt. Übersetzung wie folgt wiedergegeben: »Thomas Aquinas erkläret diesen Spruch in seinem Buch /de Fide, vnd in der summa contra Gentiles, da er sagt: Dz Gott diese niedrige vnd irrdische Ding durch die obere Creaturen regiere/ nemlich durch die causas secundas, vnd dass die inferiora, das ist, alles was auf Erden ist/ire species vnd formas von der Krafft vnd Würckung des Himmels empfangen.« (*Piazza universale, das ist Allgemeiner Schawplatz oder Marckt, und Zusammenkunfft aller Professionen, Künsten, Geschäfften, Händlern und Handtwerken*, In Verlegung Lucae Iennis Franckfurt am Mayn 1619, 291)
22 Es geht in Giorgio Agamben, *Herrschaft und Herrlichkeit*, (Anm. 6), auch um die Frage, in welcher Modellbildung sich denn Carl Schmitts Diktum, dass »alle prägnanten Begriffe der modernen Staatslehre säkularisierte theologische Begriffe sind«, und Jan Assmanns Umkehrformel, nach der »alle prägnanten Begriffe der Theologie theologisierte politische Begriffe« sind, die dieser auf Jacob Taubes' Anregung hin im Studium der politischen Theologie Ägyptens erprobt, treffen könnten. (232) Und Agamben macht in der, auch theologiegeschichtlich, vergessenen Modellbildung der ›oikonomia‹ diese Möglichkeit aus. Als aufschlussreich erweisen sich die Anmerkungen des dt. Übersetzers zur Begrifflichkeit, die den Ausführungen Agambens zu Grunde liegen. Der Titel des Originals lautet: *Il Regno e la Gloria. Per una genealogia teologica dell'economia e del governo*. Agamben geht vom Gegensatzpaar *Regno/Governo* aus, das seiner Rekonstruktion der »abendländischen Regierungsmaschine« (354) zu Grunde liegt. Und damit ist gemeint: Herrschaft darf nicht als Herrschaftsbereich verstanden werden: »Es meint vielmehr die wenn auch nur schwer faßbare Tätigkeit des Herrschens selbst, so wie beispielsweise ein König oder das Gesetz herrscht. Dasselbe gilt für den zweiten Term der Opposition: Regierung bedeutet nicht das von einem Regierungschef geleitete Kollektiv der Minister, sondern die Tätigkeit des Regierens, also die Ausübung der Herrschaft, die konkrete Durchsetzung der formal herrschenden Gesetze.« (354f.) So geht auch das it. ›governare‹ auf das lt. ›gubernare‹ zurück, das sich seiner-

Aquin erfährt eine Zweiteilung, die schon bei Augustinus vorgeprägt ist und sich über Boethius erstreckt, die prägnante Formulierung. Es geht um eine Wechselbeziehung von ›ratio gubernandi‹ und ›executio‹. Die Frage ist also, ob alles unmittelbar von Gott gelenkt wird, oder ob sich Gott vermittelnder Größen bedient. Agamben hält fest: »Die Beantwortung der Frage, ›ob alles unmittelbar von Gott gelenkt wird‹, leitet Thomas mit der Behauptung ein, daß ›bei der Lenkung zwei Dinge zu beachten sind: ihre Planung [ratio gubernationis], die die Vorsehung selbst ist, und die Ausführung [executio]. Was die Planung anbelangt, so lenkt Gott alles unmittelbar, was aber die Ausführung der Lenkung anbelangt, so lenkt Gott einiges durch die Vermittlung anderer‹«.[23]

Aber nicht nur für Theologen erweist sich die Astronomie als notwendig, sie wird auch für die Medizin zum unersetzlichen Instrument der Kenntnisse und Handlungsanleitungen. Auch diese Notwendigkeit wird durch Rückgriff auf die medizinischen Autoritäten beglaubigt. Auch für den täglichen Handlungsbedarf erweist sich die Astronomie als überaus notwendig, denn sie lehre uns »i tempi di piantare, di seminare, di tagliare, l'abbondanze, le penurie, i venti, le tempeste, i terremoti, le pestilenzie, le mortalità d' animali e simili altre cose [...].« (I, 612)

Auf die Astrologie zu sprechen kommend, bestimmt Garzoni deren drei Prinzipien: »il zodiaco, i pianeti e le dodici case del cielo.« (I, 617) Il zodiaco unterteilt sich seinerseits in zwölf himmlische Zeichen, auf die er dann im Diskurs zur Prognostizierbarkeit zu sprechen kommen wolle. Im Bereich der Planeten sind fünf Sachverhalte zu unterscheiden, und zwar »le case, le essaltazioni, le nature, le qualità e gli aspetti.« (I, 617) Und aus diesen fundamentalen Gegebenheiten leite die ›astrologia giudiciaria‹ ihre Annahmen ab. Es gibt aber in dieser drei Vorstellungen: zwei extreme und einen Mittelweg zwischen diesen. Die eine der extremen Annahmen gehe von einer völligen Beeinflussung des Menschen durch astrologische Gegebenheiten aus, das andere Extrem verneine zur Gänze diese Beeinflussbarkeit, und der Mittelweg suche zwischen diesen extremen Positionen zu vermitteln. Unter theologischen Gesichtspunkten steht der freie Wille zur Verhandlung. Denn wenn man annehme, dass das Los des Menschen völlig von den Planetenkonstellationen und ihren Zusammenhängen abhänge, dann begibt sich der Mensch seines freien Willens, er gerät in die Schicksalsmächtigkeit der Gestirne und könne dann sein eigenes Geschick nur mehr als ›fato‹ begreifen. Die erste extreme Position werde von den Stoikern und den ›eretici Priscillianisti‹ vertreten, die angenommen hätten, die

seits vom griechischen ›kybernao‹ ableitet, das ursprünglich auf ein ›steuern‹, ›Steuermann sein‹, auf eine ›Lenkung‹ zurückgeht.

23 Und dass sich göttliche Weltregierung und die weltliche Regierung des irdischen Staates gleichen, macht Agamben durch den Verweis auf das von Thomas selbst beigebrachte Beispiel deutlich, in dem dieser festhält, dass die Macht eines rex terrenus nicht herabgesetzt wird, sondern glanzvoller wird, wenn er die Regierung durch Minister ausführen lässt, »so wird auch die Regierung Gottes vollkommener, wenn er den Vollzug seiner gouvermentalen ratio anderen überläßt.« (Agamben, Herrschaft und Herrlichkeit, [Anm.6], 163) Und bei Boethius fielen noch explizit die Bewegungen der Gestirne unter diese Einflussgrößen. (Vgl. Agamben, Herrschaft und Herrlichkeit, [Anm. 6], 156)

Himmel würden in uns an unserer Statt agieren.[24] Die zweite extreme Position verneine jeglichen Einfluss, da Gott selbst und nicht über zweite Ursachen wirke. Dieser Position werde aber von Thomas von Aquin widersprochen, der in seiner *Somma contra gentili*, al terzo libro festhalte: »benché Iddio quanto all'ordinanza disponga ogni cosa per se medesimo quanto all'essecuzione regge questi corpi inferiori per mezzo de' superiori.«(I, 619) und auf die Festlegung des Thomas von Aquin folgt eine ganze Reihe weiterer Auctoritates (Augustinus, G. Damasceno [*De fide orthodoxa*], Dionigio Areopagita, S. Bonaventura etc.) Dass der Mittelweg als der einzig gangbare sich herausstellt, ergibt sich aus der Argumentationsanlage der beiden Extreme. Das erste Extrem ist nicht gangbar, da es zur Verneinung der Willensfreiheit führen würde; das zweite erweist sich als fragwürdig aus der Festlegung durch Thomas von Aquin heraus. Worin aber besteht nun dieser Mittelweg? Ganz einfach: »La terza opinione di mezzo è quella de' piú saggi, che tengono i corpi celesti operare in noi (contra la via seconda), ma non per necessità (contra la prima).« (I, 620)[25]

---

24 Die Frage des ›fatum‹, »ob das Schicksal in den geschaffenen Dingen sei«, wird von Thomas nach Agamben in der Frage 116 des Traktates über die Weltregierung seiner *Summa theologica* (pars I, quaestio 116, art. 2) folgendermaßen beantwortet: In einer Doppelstruktur der Vorsehung »kann die Anordnung [*ordinatio*] der Wirkungen auf zweierlei Weise betrachtet werden. Einmal, sofern sie in Gott selbst ist; dann heißt die Anordnung der Wirkungen Vorsehung. Sofern jedoch dieselbe Anordnung in den von Gott zur Hervorbringung gewisser Wirkungen angeordneten Mittelursachen betrachtet wird, nimmt sie die Folgerichtigkeit des Schicksals an [*rationem fati*].« (Agamben, *Herrschaft und Herrlichkeit*, [Anm. 6], 165) Aber auch an diesem ›fato‹ Garzonis ließe sich noch das narrative und begriffliche Dispositiv einer langen Dauer nachweisen. Theodor Häcker kommt 1931 in seiner Vergilarbeit (*Vergil. Vater des Abendlandes*), in seiner wirkmächtigen Einlassung zum Reichsgedanken unter Rückgriff auf die *Äneis* noch auf das vergilsche ›fatum‹ zu sprechen und da er polemisch hin zum christlichen Vorstellungsbild ausziehen will, setzer er das vergilsche ›fatum‹ dem ›beneplacitum Dei‹ gleich, das den Menschen dem Willen Gottes unterordne, ohne ihn gleichwohl seines freien Willens zu berauben. (Auf diese sprachliche Gewaltoperation kommt noch Walter Benjamin in seiner Rezension der Häcker'schen Arbeit zu sprechen. [Walter Benjamin, *Priviligiertes Denken*, in: Walter Benjamin, *GS III Kritiken und Rezensionen*, hrsg. v. Hella Tiedemann-Bartels, Frankfurt am Main 1991, 315-322]) Doch auch in einer bedeutenderen Diskussion lassen sich Kontinuitäten ausmachen. Tauschte man die Terms der aktuellen Diskussion zur Willensfreiheit, die zwischen Gehirnforschern (Wolf Singer und Gerhard Roth beispielsweise) und Theologen und Philosophen (Jürgen Habermas, *Freiheit und Determinismus*, in: ders., Zwischen Naturalismus und Religion [Frankfurt am Main 2005], 155-186) statthat, ließe sich, in der Grundannahme der bloßen narrativen Anlage, von der Fortdauer alter Fragestellungen in des Kaisers neuen Kleidern sprechen. Nicht ein verantwortungsbewusstes Ich würde, im Verständnis der Neurobiologie, die in ihren Annahmen durch neue bildgebende Verfahren in der Untersuchung des menschlichen Gehirns unterstützt werden, handeln; dieses Ich käme immer zu spät, würde als philosophisches Konstrukt nur nachvollziehen, was Milliarden von Synapsen und Synapsenverbindungen in neuronalen Netzwerken bereits als Handlungsdispositiv determiniert hätten: »Die als mentale Verursachung begriffene Willensfreiheit ist mithin ein Schein, hinter der sich eine durchgängige kausale Verknüpfung neuronaler Zustände nach Naturgesetzen verbirgt.« (Habermas, 155) Setzte man an die Stelle der neuronalen Zustände die kosmischen Zusammenhänge, erwiese sich die narrative Kontinuität der alten Erzählung. Und der Mensch würde nun genau das vollziehen, was ganz in seinem Innern als Anlage steckt. (Siehe dazu Fußnote 25)

25 Vorsehung und Schicksal scheinen in diesem Modell, das Agamben als eine Art Regierungsmaschine vorstellt, so zu funktionieren: »Regieren ist sowohl Vorsehung, die das Gute aller denkt und ordnet, als auch Schicksal, das das Gute auf die Einzelwesen verteilt, indem sie sie in die Verkettung von Ursache und Wirkung zwingt.« (Agamben, *Herrschaft und Herrlichkeit*, [Anm. 6], 157) Oder anders gesagt: »Göttliche Regierung und Selbstregierung der Geschöpfe sind ein und dasselbe […] Regieren [bedeutet] nichts anderes als die Natur der Dinge zu erkennen und gewähren zu lassen.« (Agamben, *Herrschaft und Herrlichkeit*, [Anm. 6], 160)

Im weiteren Verlauf der Ausführungen lässt sich nun das technische Verfahren Tomaso Garzonis verdeutlichen. Paolo Cherchi hat in der Einleitung seiner kommentierten Ausgabe und in den Kommentaren selbst auf die vielfältigen Quellen verwiesen, deren sich Garzoni bedienen konnte. An zentralen Stellen werden immer wieder Bündelungstexte verwendet, die ihrerseits wiederum ein unerschöpfliches Reservoir von Textstellen und Textverweisen bereithalten.[26] Dieses Verfahren als bloß kompilatorisches begreifen zu wollen, würde dem Text in keiner Weise gerecht. Der weitere Textverlauf, nachdem der Mittelweg als der Königsweg festgelegt wurde, lässt in einer erzähltechnisch gekonnt verfahrenden Montage Positionen der beiden Extreme aufeinanderprallen, so dass sich der Leser aus diesen Positionen nun selbst einen Argumentationsverlauf erarbeiten muss, der sich dann, durch das geschickte Arrangement der Belegstellen, auf eben diesen Mittelweg einzupendeln hat. Und die Vertreter, die sich da in ihren Texten entgegentreten, sind ganz hervorragende Größen der unterschiedlichen Denkrichtungen: Pico della Mirandola, der sich gegen die Astrologie wendet und Lucio Bellanti, der von Garzoni als Bellanzio wiedergegeben wird.[27] Und der heutige Leser folgt diesem Montageverlauf nicht ohne Vergnügen, da es Garzoni gelingt, die Textstellen sprechen zu lassen, die sich durch eine besondere Spitzfindigkeit (argutezza) auszeichnen. Diese ›argutezza‹ stellt beispielsweise auf minimale Zeitintervalle ab. Wollte man z. B. auf eine gleiche Konstellation der Gestirne bei der Geburt von Zwillingen abstellen, dann wird darauf hingewiesen, dass diese Geburt eben in, wenn auch geringen, so doch entscheidenden zeitlichen Versetzungen vor sich gehe. Und nicht verfängt das Argument des hl. Augustinus, der dann in der Gegenargumentation aus diesen leicht versetzten zeitlichen Intervallen ableiten möchte, dass dann ein Mensch verschiedenen Konstellationen unterliege, da doch die menschliche Geburt in zeitlichen Intervallen ablaufe und damit verschiedenen Einflüssen, verursacht durch sich verändernde Konstellationen, ausgesetzt sei, und diese Annahme erweise sich dann doch wohl als gewagt. Mitnichten, wird von den Befürwortern der Astrologie

26 Ich selbst bin an den fraglichen Stellen nur den Verweisen nachgegangen, die Bibelbelegstellen anführen und denen, die sich auf die *Etymologiae* des Isidorus beziehen. Die Verweise sind in dem einen wie dem anderen Fall sehr präzise und erweisen sich sehr oft als direktes, wenngleich nicht ausgewiesenes Zitat oder mehr oder weniger wortgenaue Paraphrase des Ausgangstextes. Interessant erscheint mir aber, dass zum Beispiel die deutsche Übersetzung der *Piazza*, die 1619 erschienen ist, die lateinischen Zitate, die im Original als lateinische belassen sind, ins Deutsche übersetzt. Eingeleitet werden diese Übersetzungen durch die Überbrückung: »das ist«. Ebenso interessant und einer eigenen Untersuchung würdig erschienen mir die Auslassungen der deutschen Übersetzung. So bringt die deutsche Übersetzung die Einleitungsverweise des Navigierens zwischen Scylla und Charybdis des XXXIX Diskurses nicht und setzt erst mit dem Verweis auf Isidorus' Unterscheidung von Astronomie und Astrologie ein.
27 Dass sich in der Bayrischen Staatsbibliothek drei Exemplare des in Frage kommenden Werkes von Lucio Bellanti auffinden lassen, mag als Indiz für dessen Verbreitung und Wichtigkeit dienen. Es handelt sich bei diesen Ausgaben um offensichtlich zwei verschiedene Ausgaben aus dem Jahre 1502, in Venedig erschienen, und um die Ausgabe von 1554, in Basel publiziert. Die beiden Venediger-Ausgaben tragen den Titel: 1. *Defensio Astrologiae contra Joannem Picum Mirandolum* (Venetiis) 1502 und *Defensio astrologiae contra J. Picum Mirandolam* (Venetia) 1502. Die Ausgabe Basel: *De Astrologica Veritate Quaestionum Astrologiae Defensio contra Ioannem Picum Mirandulanum* (Basilea) 1554.

geantwortet: Erst der zur Gänze geborene Körper unterliege den Beeinflussungen der Gestirnkonstellationen. (I, 624f.)

III

Die Einleitungssätze zum XL Diskurs, der sich mit den Prophezeiungen und den Voraussagen jeglicher Art auseinandersetzt, richten sich vehement gegen diejenigen Denkrichtungen, die die Möglichkeit der Prophezeiung in Abrede stellen. Der gesamte Diskurs selbst gliedert sich dann hierarchisch, beginnend bei den Propheten, fortfahrend über die sibyllinischen Orakel über die Prognostizierfähigkeit der verschiedenen Zeichensysteme (Portenta, Monstra, Ostenta, der Auguren und Haruspices, der Kometenerscheinungen, der Physiognomisten und ihrer Untergliederungen, wie der Chiromanten [die Handleser], Pyromanten [die Deuter der Feuerzeichen], Metoscopisten [die Deuter aus den Zeichen der menschlichen Stirn] etc.).

Was die Prophezeiungen der Propheten angeht, so unterscheidet Garzoni zwischen den Propheten des Alten Testamentes und den Propheten des Neuen Testamentes. In beiden Abschnitten stellt er aber auf das Problem des Mediums und der Medialität ab. Der Themenbereich der ›Prophezeiung‹ wird eingegrenzt auf Glaubensfragen und auf Sachverhalte, die im strikten Sinne als Sachverhalte Gottes und Christi sowie der Kirche zu gelten haben. In allen anderen Bereichen handelt es sich nicht um Prophezeiung, sonder um eine mögliche Prognostizierbarkeit zukünftigen Geschehens, als ›divinazione‹ oder ›coniettura‹. Wichtig erscheint ihm der Verweis auf Zukünftigkeit. Den Propheten, den Mittlern in der bereits benannten Zuschreibung, kommt die Botschaft als ›rivelazione‹ aus der außerweltlichen Sphäre aber auf unterschiedliche Weise zu, vornehmlich auf drei Weisen: 1. »O per visione corporale e sensibile ad extra, medianti le specie ricevute per il senso esteriore del viso« (I, 642), also über den äußeren Gesichtssinn des wirklichen Sehens, und als Beispielfall wird Jeremia angeführt oder 2. »per visione imaginaria ad intra, mediante le specie e imagini ricevute nel senso interiore, come nella virtù imaginativa del profeta [...].« (I, 642) Diese innere Schau kann sich im Schlaf vollziehen oder wachend, aber immer unter Ausschluss der äußeren Sinnesorgane. So erhielt Isaias in seiner Phantasie das Bild des auf einem Throne sitzenden Gottes. 3. »o per il solo intuito della mente illustrata da Dio per le specie e forme intelligibili, e per la pura infusione del lume mentale, per cui si vede la verità per spirituale illustrazione intesa, senza alcuna specie o imagine, o corporale o sensibile [...].« (I, 643) [28]

---

28 Tomaso Garzoni verwendet an dieser Stelle eine Begrifflichkeit, die er undiskutiert und eigentlich auch ungeklärt lässt – ein Verweis auf einen Autor würde schon genügen, um einen Referenzrahmen der Begrifflichkeit festlegen zu können. Der Terminus, der seit Aristoteles in den Focus des philosophischen Denkens geraten ist, ist die ›passio animae‹, die Garzoni schon in den Einleitungssätzen namhaft macht und die der ›species intelligibilis‹, die in der Einbildungskraft wirksam wird, zu Grunde liegt. Handelt es sich bei der ›species inelligibilis‹ um ein Erscheinungsbild (›phantasma‹) oder um das ›Gedankenbild‹ als abstrakt Allgemeines, das Boethius gegen die Erscheinungsbilder als ›phantasmata‹ in Anschlag bringt? Dass auch die Rhetorik in ihrer Begrifflichkeit um diese ›phantasiai‹ kreist und die dann im rhetorischen des ›Vor-Au-

Kreisen schon diese Bestimmungen um Fragen des Mediums und der Medialität der ›rivelazioni‹, so wird diese Frage in einer vierten Form, die sich auch als Unterform der dritten begreifen ließe, besonders virulent. In dieser Form greift Garzoni auf Josephus Flavus zurück und bringt den Beleg, der bei ihm als Bezeichnung der Kabbalisten als *Hurym* und *Thummym* eingeführt ist, ›che significa dottrina e verità‹: »[...] al sommo sacerdote (come si legge nell'*Essodo*, al capitolo vigesimo settimo) erano cucite dodici pietre preziose, cioè sei per spalla, e nel fronte della mitra era affissa una lama d'oro, nella quale era scritto il nome di Dio *Tetragrammaton*, il quale luceva e lucendo imprimeva la immagine di quelle lettere in quelle dodici pietre preziose, però, quando i figliuoli d'Israele volevano profetare qualche futura prosperità o vittoria, conoscevano la verità di essa se luceva questo nome *Tetragrammaton*; e apparve la immagine sua nelle dodici pietre preziose; ove allora con fiducia procedevano alla guerra. Per questo era chiamato *rationale iudicii*, facendosi giudicio in questa maniera de' futuri avvenimenti felici e infelici.« (I, 643, es ist nun allerdings nicht das 27. sondern das 28. Kapitel des *Exodus*) Doch noch an einer ganz anderen Stelle, an der man einen solchen Einschub vorderhand gar nicht vermuten würde, wird diese Medialität virulent. Und dies lässt bei mir auch Zweifel darüber aufkommen, ob die *Piazza* wirklich so konzipiert ist, dass man deren einzelne Kapitel auch unabhängig voneinander lesen kann. Diese Stelle würde eher nahe legen, dass an manchen Diskursen bereits ein Verfahren deutlich wird, das wir, in einer zugegeben forcierten Akzentuierung, als Verlinkung aus dem Verfahren der neuen Enzyklopädien des Netzes kennen. Es handelt sich in unserem Falle um einen kleinen Einschub zu Beginn des CXLV Diskurses *De' speculari e specchiari*. Nach dem Lob der Spiegelkunst, »perché ella ne rende la cagione di tante belle apparenze che negli specchi si veggono, per le quali il mondo sovente s'empie di stupore« (II, 1414), folgt etwas später der Verweis auf die Bibel. Es heißt da: »E per gravissimi misteri la Scrittura Sacra nomina le visioni apparse agli eletti di Dio col nome equivoco *agli specchi*, come si vede al duodecimo de' *Numeri* in quel verso: ›Si quis erit inter vos propheta Domini in visione apparebo ei‹. Ove nella lingua ebrea, quella parola che da' Latini è stata tradotta *visione*, significa specchio.« (II, 1415) Die prophetische Vision, im Akt des Sehens, wäre mithin einem Spiegel gleichzusetzen, in dem ein Bild Materialität gewinnt, der auch Abwesendes zeigen kann, der Gegenstände, die sich außerhalb des Raumes befinden, in den Raum holen kann, sie sichtbar machend im Spiegel. Ja, der Spiegel kann auch dunkle Räume zu hellen machen, kann Großes klein erscheinen lassen, und ein Oben als ein Unten zeigen, wie der Fortgang dieses Diskurses zeigt. Die Spiegelkunst als eine magische, die den unbedarften Zuschau-

gen-Stellen‹ ihre Darstellbarkeit finden, sei nur in Klammern angemerkt. In den Einleitungssätzen wird das Vermögen der Seele, als ›passio animae‹ zentral, aber im Rückgriff auf die unterschiedlichen Autoritäten (Plato, Augustinus, Aristoteles) bleibt der Status dieser ›passio‹ mehr als unbestimmt, wenn nicht gar kontradiktorisch. Ausgegangen wird von der forza ›divinatoria dell'anima‹ bei Augustinus. Und es sei völlig irrelevant, ob sich diese ›forza‹ als Teilhabe an den Ideen, »ossia per la partecipazione dell' Idee« (I, 640), wie bei Plato bestimmt oder »per le impressioni delle cause superioi« wie bei Aristoteles. (I, 640)

er ins Staunen und wohl auch in Schrecken setzt, ob der magischen Qualitäten des Zauberdings, das dem Kundigen aber keinerlei magisches Geheimnis bereitstellt, da dieser doch weiß, dass es sich hierbei nur um die exakte Umsetzung optischer Gesetzmäßigkeiten handelt.

Doch welchen Status hat das Bild, das im Spiegel erscheint, angelegt auch auf die Bibelstelle, die Garzoni zitiert? Es kann an dieser Stelle keine ausführliche Diskussion zum Zusammenhang von Sehen und Bild vor dem Zusammenhang der alten und der neuen Optik geführt werden. Doch auf das Problem soll hingewiesen werden. Es bliebe auch zu diskutieren, welcher Zusammenhang sich ergibt, wenn unterschiedliche Modellvorstellungen, wie bei Garzoni, nebeneinander zu stehen kommen. Darin aber reflektiert sich nur die lange Dauer gewisser Modellvorstellungen, die gerade im Bereich der Optik auch im wissenschaftlichen Denken nebeneinander bestanden.[29]

29 So verweist Garzoni im CXLV Diskurs auch auf Alhazen (II, 1417), wenn er vom ›soggetto‹ der speculari spricht und dieses ›soggetto‹ als »linea visuale riflessa o refratta, cioè la linea per la qual procede, o il raggio visivo o luminoso, il qual, da poi ch's'è diffuso, retto per alquanto di spazio, o si riflette o si rifrange (e di questi termini abbiamo comodamente ragionato nel discorso degli optici overo prospettivi, e molto più diffusamente ne parlano Alazeno e Vitellone ne' libri di prospettiva).« Auch dieser Verweis auf den XXXV Diskurs, der auf die Sehtheorien der antiken Optik verweist, scheint mir die These zu plausibilisieren, dass die Piazza durchaus in den Interdependenzen der eigenen discorsi zu lesen ist, eben in ihren Verlinkungen. Die Stelle in XXXV führt die verschiedensten Denker an, in den runden Klammern gebe ich deren Vorstellungen wieder, die implizit auch aufgerufen sind: Demokrit (vom Objekt geht eine Strömung aus, die zusammen mit den Strömungen aus dem Auge auf die dazwischen liegende Luft einen Druck ausübt, so dass sich ein Bild auf die Pupille presst); Epikur (von den Objekten lösen sich kleine Partikelchen ab, die dann als ›simulacrum‹, als Bild des Gesehenen in der Seele abgebildet würden); Platon (der Augenstrahl ist einem Lichtstrahl zu vergleichen, der von einem inneren Feuer seine Kraft bezieht und durch das Auge austritt); Aristoteles; Galen (Pneuma-Vorstellung des Sehens). Garzoni zieht allerdings Demokrit, Epikur und Lukrez zusammen und hält fest: »[...] imperoché Democrito, Epicuro e Lucrezio, nel sesto libro, vogliono che il veder si causi dai simulacri e imagini delle cose che da se stesse entrano negli occhi.« (I, 500) Während aber das Original nach dieser Zusammenfassung den Einschub aufweist, diese Meinung werde von Macrobio zurückgewiesen (»è ribattuta«), bringt die dt. Übersetzung die wertende Fassung »genugsam widerlegt worden«. Die dt. Übersetzung scheint auch mit dem Begriff ›simulacri‹ keine Probleme zu haben, da sie diesen Begriff mit ›Bildern‹ wiedergibt, während sie den problematischen Begriff ›species‹ in der lateinischen Fassung belässt. (Piazza universale, [Anm. 21], 233) Die Stelle leitet dann über Euklid (der die Geometrisierung des Blicks einführte) zu den mittelalterlichen Vorstellungen über. Diese Passage scheint noch vom Seh- oder Augenstrahl auszugehen, dem Element der alten Optik, der das Sehen verursacht, während dann mit Alazeno (ca. 965-1041?) der Begründer der neuen Optik angeführt wird, der »die auf den Empfang von Lichtstrahlen durch das Auge gegründete geometrische Optik erfand.« (Vgl. zu dieser gesamten Thematik des Sehens: Gérard Simon, Der Blick, Das Sein und die Erscheinung in der antiken Optik. Mit einem Anhang: Die Wissenschaft vom Sehen und die Darstellung des Sichtbaren [München 1992], 69. Die franz. Originalausgabe: Gérard Simon, Le regard, l'être et l'apparence dans l'Optique de l' Antiquité [Editions du Seuil Paris 1988]. Vgl. zu dieser gesamten Problematik auch: David C. Lindberg, Auge und Licht im Mittelalter [Frankfurt am Main 1987]) Und es ist bereits von der Perspektive die Rede, die dann, von Leon B. Albertis Traktat über die Malerei ausgehend nicht nur die Malerei, sondern auch das natürliche Sehen bestimmen wird. Leon B. Alberti ist nicht genannt, wohl aber andere Autoren, die sich mit der Perspektive beschäftigt haben, wie Roger Bacon, Vitellione, Giovan Pisano, Alhazen und Luca Gaurico. (I, 505) Und in seinen Ad Vitellionem Paralipomena wird dann Kepler Aristoteles systematisch kritisieren. (Simon, 56) Und im Kontext der Erörterung der Perspektive des XXXV Diskurses findet auch die ›specie‹, von der dann im XXXIX Diskurs gesprochen wird, ihre Erklärung als Ähnlichkeitsbild mit dem Gesehenen. (I, 502) Es würde mehr als verlohnend sein, die Discorsi XXXIX bis XLI ausschließlich unter den Gesichtspunkten der unterschiedlichen optischen Modellbildungen zu diskutieren und die Begrifflichkeit Garzonis mit der der Übersetzungen zu vergleichen.

Man würde, meint Gérard Simon, dieses Bild im Spiegel falsch verstehen, wenn man, auf Platon oder Aristoteles Bezug nehmend, die noch von den Augenstrahlen ausgingen, es ausschließlich in unserem Verständnis als reflektiertes Bild verstünde. Bei Aristoteles findet, ist vom Bild im Spiegel die Rede, das Substantiv ›emphasis‹ , von ›εμφαινειν‹ (=erscheinen in), Verwendung.³⁰ Dieser Term würde sich also ausschließlich auf das erscheinende Sichtbare beziehen, unabhängig davon, was dieses Sichtbare ist. Und dann wäre die ›visione‹, die Erscheinung, das Bild.

Auf die Propheten folgen die Sybillen, denen ein hervorragender Status in der Hierarchie der Prophezeiungen eingeräumt wird. Es folgen dann die unterschiedlichen Vertreter der verschiedenen Zeichendeutungspraktiken (vom Vogelflug über die Eingeweideschau bis hin zu den körperlichen Zeichen), ob diese nun am Gesicht erscheinen (Physiognomie) oder an den Händen (Chiromantie) oder an der Stirn (Metoposcopie), ob es sich um Feuerzeichen handelt, die zu lesen wären, oder um Wasser- oder Erdzeichen, die einer Auslegung harren: alle werden sie in den Bereich des Ungewissen verwiesen. Trifft einmal eine Vorhersage oder eine Aussage zu, so wird dies dem Zufall gutgeschrieben. Aus all diesen Zeichensystemen will ich nur die Monstra, Portenta und Ostenta heraugreifen und auf diese etwas ausführlicher eingehen. Im Rückgriff auf Isidorus' Etymologie wird der Status der Monstra, Portenta und der Ostenta geklärt. Auffällig in diesem Erzählabschnitt sind eher die Auslassungen als die beigebrachten Exempla. So werden aus dem Bereich der Prodigien fast ausschließlich Beispielfälle der Antike angeführt. Vom Geschehen der zwei aufeinander zulaufenden Berge ist die Rede, das sich, nach der Erzählung des Plinius, im Gebiet um Mantua zugetragen haben soll. Nicht weniger eindrucksvoll gibt sich der Passus zu lesen, der von einem Olivenhain erzählt, der seinen Standort wechselt. Und dies unter genauen zeitlichen wie örtlichen Bestimmungen und unter Angabe der Besitzverhältnisse, die in dem quasi sachtopischen judizialen Verfahren der Rhetorik den Wahrheitsgehalt verbürgen sollen: im letzten Jahr der Regierung Neros, »nel contado marrucino nelle possessioni di Vezio Marcello (cavalier romano, il qual faceva i fatti di Nerone) [...].« (I, 660) Ebenso ist in diesen Abschnitten von Blut- und Milchregen die Rede, von denen erneut Plinius erzählt (I, 662), oder von Fleischregen (I, 662). Erstaunlich und zugleich erklärungsbedürftig an diesen Passagen ist der Sachverhalt, dass Garzoni auf die alten Quellen rekurriert und die neuen Quellen völlig unerwähnt lässt. Denn von erklärungsbedürftigen Regenfällen (Blutregen zumal) ist in den einschlägigen Flugblättern der Zeit überproportional die Rede. Ebenfalls erstaunt, dass bei Garzoni mit keinem Wort das *Mostro di Ravenna* erwähnt ist und auch nicht auf das *Mostro di Firenze* hingewiesen wird.³¹ Eine Hypothese der Erklärung sei gewagt. Wenn Garzoni in

---

30 Dass sich dieses »Erscheinen in« nicht nur materialiter verdichten, sondern infektiös schaden kann, wird ein Eintrag des XLI Diskurses verdeutlichen, auf den ich später zu sprechen kommen werde.
31 Vgl. dazu: Ottavia Niccoli, *Profeti e popolo nell'Italia del Rinascimento*. (Bari Laterza ²2007). Piccoli beschäftigt sich in dem Abschnitt *Il mostro di Ravenna: diffusione di una notizia* (52ff.) eingehend

den Einleitungssätzen dieses Diskurses mit aller Vehemenz die Notwendigkeit der Prophezeiungen unterstreicht, diese den Glaubensangelegenheiten und der Kirche unterstellt, sie als ›rivelazioni‹ bestimmt, dann muss es einen Grund geben. Liegt dieser Grund vielleicht darin, dass es im Zeitraum 1470-1530 zu einer Hochblüte von Prophezeiungsliteratur unterschiedlichsten Zuschnitts en masse gekommen war, so dass man sogar von einem eigenen literarischen Genre sprechen kann?[32] Gegen diese Art von Prophezeiung wäre also die rechte Prophezeiung in Anschlag zu bringen. Wenn auch diese Prophezeiungsliteratur, die so großen Einfluss auf das Volk gehabt hat und die immer wieder das curiöse Leseinteresse des Volkes zu erregen wusste, mit dem Jahre 1530 langsam zu verebben scheint, so bleibt doch der Sachverhalt, den Carlo Ginzburg in seinem Werk *Il formaggio e i vermi. Il cosmo di un mugnaio del 500* nachzeichnet in der ganz erstaunlichen Geschichte des Müllers Menocchio, der noch am Ende des Jahrhunderts, als alter Mann, in Rom hingerichtet wird, wohl nicht zuletzt deshalb, weil die kirchlichen Instanzen in seiner eigenen Zuschreibung als »Fillosopho, astrologo et prophetta« hinreichenden Sprengsatz für subversive Energie erkannten.[33] Und wenn gerade diese populäre Prophezeiungsliteratur sich gerierte, als käme sie von weit her und bezöge bereits aus der Antike ihre Legitimation, so ließe sich vielleicht auch der Zug zu den Beispielen aus der Antike bei Garzoni erklären, jenseits des Interesses an der möglichst seltenen

mit dem Erscheinen dieses Monsters. Sie rekonstruiert sehr präzise die Genese und Verbreitung des Monsters und verweist auf den gesamteuropäischen Zusammenhang, in dem dieses Monster eine ungeheure Wirkmächtigkeit entfaltete und eine nicht enden wollende Auslegungs- und Deutungsprozessualität stimulierte, sei es in politischer, konfessioneller oder allegorischer Hinsicht.

32 Vgl. hierzu ebenfalls Niccoli, vornehmlich das erste Kapitel: *Le profezie e le guerre d'Italia*, 15-46. Die Titel dieser billigen, weil ohne große Sorgfalt hergestellten und nur wenige Seiten umfassenden ›opusculi‹, waren marktschreierisch auf Prophezeiung angelegt. Sie enthielten also bereits im Titel diesen Hinweis. Sehr oft waren dem Titelschlagwort ›Profezia‹ noch die weiteren Terms des prophetischen Textes, wie ›pronostico‹, ›prognosticatione‹, ›iuditio‹ beigefügt, die darüber hinaus noch die Hinweise auf die Astrologie implizierten als quasi implizite mitgegebenes Versprechen der Wissenschaftlichkeit solcher Vorhersagen. Die Titel enthielten darüber hinaus aber dann auch noch Hinweise auf die Antike, um die eigene Glaubwürdigkeit durch diesen Verweis auf die antike Herkunft noch stärker markieren zu können. Ein solcher Titel z. B.: *Profetia trovata in Roma intagliata in marmo in versi latini tratta in vulghar sentimento*. In den Titeln lassen sich des weiteren Hinweise auf die Baulichkeiten der Antike, wie Pyramiden und Türme auffinden. Diese Hinweise würden, immer nach Niccoli, generell für das Interesse des Renaissance-Italien an Archäologie und Altertum einstehen.

33 »E questo Menocchio compra il Fioretto della Bibbia ma si fa prestare anche il Decameron e i Viaggi di Mandeville.« (Carlo Ginzburg, *Il formaggio e i vermi. Il cosmo di un mugnaio del 500* [Torino Einaudi 1976 e 1999], 136) Dass es sich bei dieser Prognostikationsliteratur um ein wirkmächtiges Genre handelt, beweist noch die 1557 in Basel erscheinende Chronik *Prodigiorum ac ostentorum chronicon* des protestantischen Pastors Conradus Lycosthenes. Doch in diesem Werk ist nicht mehr, wie noch bei Augustinus, bezüglich der Monster, von einem wunderbaren Schöpfungsplan Gottes die Rede, die textile Metapher des Augustinus wird abgelöst von der Trias: ›architectus‹ – ›gubernator‹ – ›conservator‹. Hierbei ist vor allem der Term ›gubernator‹ im Auge zu behalten, im Sinne der in Fußnote 22 angeführten Differenzierungen. Gott scheint die Welt nur mehr mit Hilfe von Zeichenmassen regieren zu können. (Vgl. hierzu: Elmar Locher, *Topos und Argument. Anmerkungen zur Verknüpfung des Monströsen – von Schedels Weltchronik zu Gaspar Schotts Physica Curiosa*, in: *Intertextualität in der Frühen Neuzeit. Studien zu ihren theoretischen und praktischen Perspektiven*, hrsg. v. Wilhelm Kühlmann u. Wolfgang Neuber (Frankfurt am Main/Berlin/Bern 1994), 195-224.

Anekdote, die die eigene Gelehrsamkeit markieren wie das curiöse Leseinteresse zu stimulieren verstand.³⁴

IV

Im XLI Diskurs, der magische Praktiken jeglicher Art anführt, kommt es Garzoni auf die grundlegende Unterscheidung von ›magia naturalis‹ und den anderen Praktiken an, von denen sich dann die Hexerei als die sozialpolitisch folgenreichste erweist. In einer etymologischen Klärung werden die einzelnen Bedeutungszuweisungen der unterschiedlichen Zeiten und der unterschiedlichen Kulturen angeführt, bevor er festhält, dass sich die ›magia naturalis‹ als Wissenschaft verstehen lässt, die nichts anderes macht, als die Naturgesetze selbst zur Anwendung zu bringen, so dass Plotin zu Recht festhalten konnte, »che la magia era della natura ancilla sagace e ministra.« (I, 677) Dass diese Verfahrensweise dem Unkundigen als magische Praxis erscheine, liegt darin begründet, dass diesen Unkundigen diese Gesetzmäßigkeiten der Natur entzogen wären. Der Gewährsmann für diese ›magia naturalis‹ ist Giovanni della Porta, der in seinem Werk *Magia naturale* solche Gesetzmäßigkeiten dargelegt hat. Nun ist aber der Verweis auf della Porta nicht ganz unproblematisch, ist er doch in große Schwierigkeiten gekommen, da er z. B. von Jean Bodin selbst des Hexenzaubers beschuldigt wurde, da er in der Erstausgabe das Rezept eines unguente veröffentlicht hat, das den Hexen ihre nächtlichen Erfahrungen allererst erlaubte.³⁵ Zu diesen natürlichen magischen Erscheinungen kämen dann noch andere, die allesamt als Fertigkeiten von ›prestigiatori‹ jeglicher Art ausgewiesen werden könnten. Diese ›prestigiatori‹ operierten wiederum über mediale Gegebenheiten. Entweder sie nutzten besondere Fingerfertigkeiten der Hände, oder bedienten sich spezieller Substanzen oder Materialien, die zur Erzeugung besonderer magischer Erscheinungen in herausragender Weise geeignet wären: »E qua si riferiscono tutti i prestigi magici naturalmente fatti, i quali non sono altro che mere illusioni e inganni apparenti, come quei de' ciurmatori, benché vi sieno anco i prestigi fatti con incanti goetici, imprecazioni e fraude di demoni, ne' quali s'inseriscono certi vapori di profumi, lumi, medicamenti, cerotti, legami e sospensioni, con anella, imagini, specchi e altre simile ricette e instromenti d'arte magica.« (I, 678) Blieben diese Praktiken auf ein zwischengeschaltetes Medium verwiesen, so gibt es freilich andere, die sich ausschließlich der Imagination verdankten: »E di quest' arte de' prestigi parla Iambelico: Quelle cose che i prestigiati [quelli che sono abbagliati da un gioco di prestigio] s'imaginano, non hanno essenza alcuna d'azione, ma solo immaginativa, perché il fine di questo tale artificio non

---

34 Vgl. dazu Paolo Cherchi in seiner Einleitung.
35 Giovanni della Porta kam es darauf an, zu zeigen, dass selbst die nächtlichen Ausfahrten der der Hexerei beschuldigten Frauen natürlich erklärbar sind, da diese unter dem Einfluss halluzinogener Substanzen als nur phantasmatische Erfahrungen zu bestimmen wären. Vgl. zu diesem Komplex della Porta ganz allgemein: *Giovan Battista Della Porta nell'Europa del suo Tempo*, a cura di Maurizio Torrini (Guida Napoli 1990) und Carlo Ginzburg, *Storia notturna. Una decifrazione del sabba* (Einaudi Torino 1989).

è il fare semplicemente, ma porgere imaginazione fino all'apparenza.« (I, 678) Und als Beispiel dieser wird angeführt, dass sich Pythagoras damit vergnügte, mit Blut auf eine Glasscheibe zu schreiben, diese vor den Mond zu halten, so dass denen, die hinter ihm standen, die Schrift als Schrift des Mondes erschien.

Die bereits erwähnte ›magia naturalis‹, die wahre Magie, durch die Werke der Natur erst so recht sichtbar gemacht werden könnten und die durch ehrliches Studium nicht nur von ›persone comuni‹ studiert werden könnten, sondern auch von Königen praktiziert wurde, wie z. B. bei den Persern, bei denen es nicht möglich war, den Thron zu besteigen, ohne Kenntnis dieser Kunst/Wissenschaft, gilt es zu unterscheiden von der ›magia cerimoniale‹. Letztere, »in se stessa nefanda e scelerata si partisce in teurgia e goezia, detta negromanzia largamente [...].« (I, 681) Sie bedürfe zu ihrer Durchführung bestimmter ›cerimonie superstiziose‹, des menschlichen Blutes beispielsweise, durch das die Abgeschiedenen, denn ›nicro‹ bedeute Tod, wieder erscheinen könnten und ihre Weissagungen sprechen könnten, denn ›manzia‹ bedeute ›divinazione‹. Dass dann Garzoni auch auf das Hexenwesen zu sprechen kommt, unter Anführung der einschlägigen Literatur, und auch die vornehmlichsten Praktiken anführt, scheint in diesem Zusammenhang keiner weiteren Erklärung bedürftig. Ich möchte an dieser Stelle aber wiederum nur auf einen kleinen Abschnitt zu sprechen kommen, der in seiner Prägnanz die physiologischen Kreisläufe des Blutes in das Modell des Sehens der alten Optik überführt und von diesem aus eine Brücke zur Literatur schlägt.[36] Es ist dies die Stelle, an der Garzoni auf Aristoteles verweist, präziser auf die Stelle in *De somno' et vigilia*, an der Aristoteles von der Befleckung der Spiegel durch das Menstrualblut der Frauen spricht. Diese Befleckung vermöge die nähere Umwelt mit Krankheiten zu infizieren und sie schreibt sich in einem textlichen Umfeld, in dem es um die Infektion durch den Blick geht; es geht aber ebenso um die Entflammung der Liebe wie um das Inzitament des Hasses, ausschließlich über den Blick vermittelt. Es heißt bei Garzoni: »[...] dice Aristotile nel libro *De somno et vigilia* che i specchi nuovi e puri vengon macchiati e guasti dal guardo della donna menstruata. Per questo anco il Petrarca degli occhi lagrimosi della su donna disse: Che dal destr'occhio, anzi dal destro sole / De la mia donna al mio destr'occhio venne

---

36 Diese Stelle benennt ihrerseits einen Zusammenhang des Blickes, der sich heute nur noch im Bereich der Metapher oder der sprichwörtlichen Redewendungen erhalten hat, der aber auf eine Zeit zurückgeht, in der diese Wendungen eben nicht als Metaphern, sondern vor dem Hintergrund wissenschaftlichen Verstehens zu begreifen sind. Die lange Dauer dieses Modells lässt sich zum einen wieder am Werk Heinrich von Kleists zeigen, und zum anderen verzeichnet Lutz Röhrich in seinem Werk (*Lexikon der sprichwörtlichen Redensarten*. Herder Freiburg [1991], 6. Aufl. 1994, Bd. I, 213-215) eine ganze Reihe solcher Wendungen. Er macht noch das Bezugswerk von Jakob Sprenger und Heinrich Institoris, *Der Hexenhammer* (1487), namhaft, führt aber die Entstehung dieser Redewendungen nicht auf ihren originären wissenschaftsgeschichtlichen Zusammenhang zurück. Der Bezug auf Petrarca ist nicht ohne Belang, konnte doch Giorgio Agamben in seinem für die Entstehung des Bildes der Geliebten im Herzen des Liebenden des Minnesanges so folgenreichen Werkes *Stanze* (Einaudi Torino 1977) zeigen, dass dieses Bild den Weg über die Augen nimmt und so ins Herz des Liebenden übermittelt wird. Und dies vor dem Hintergrund eines theoretischen Modells, das Pneumavorstellungen mit Modellbildungen der alten Optik verbindet. Zentral in diesem Zusammenhang sind die Werke Jacopo da Lentinis und Guido Cavalcantis.

/ Il mal che mi diletta, e non mi duole.« (I, 694) Valerio Marchetti hat den in Frage stehenden Zusammenhang als ›fascinatio‹ bezeichnet und nachgezeichnet, indem er das Werk Marsilio Ficinos in den Focus des Interesses stellt.[37] Zugrunde liegt dieser Vorstellung der Blutkreislauf galenscher Provenienz und die Lehre der ›spiritus‹. Bei Ficino verleiht das Herz, das ununterbrochen schlägt und dem Blut Wärme und Bewegung zuführt, dem gesamten Organismus seine Lebenskraft, und die Geister verteilen sich über den gesamten Körper.[38] Können diese Geister auch aus dem Körper austreten? Ja, weil der äußerst leichte Geist des Blutes bis zum Kopfe aufsteigt und durch die poröse Materie des Auges, »Fenster aus Glas«, austreten kann. Das Auge ist nämlich nicht nur das Organ, durch das Licht in den Körper eintritt, sondern es ist auch das Organ, das die Geister des Blutes austreten lässt. Während sich bei Aristoteles keinerlei Erklärung des blutbefleckten Spiegels findet, gibt Ficino die eben angeführte Einlassung, und das Blut, das aus dem Auge austritt, ist ein so dünnes Blut, dass es unsichtbar ist. Auf der glatten Oberfläche des Spiegels aber verdichtet sich die Emanation, so dass sie sichtbar wird. Lässt sich also der eine Teil des Konzeptes ›Blut im Spiegel‹ auf die alten physiologischen Kreisläufe zurückführen, so macht der weitere Kontext bei Garzoni gleichwohl deutlich, dass sich dieses Konzept mit dem Begriff des Augen- oder Lichtstrahls der alten Optik verbindet. Und man müsste an dieser Stelle wiederum auf den XXXV Diskurs zu sprechen kommen. An dieser Stelle des XLI Diskurses aber gibt Garzoni eine Erklärung, die vom Einwirken himmlischer Kräfte bis zur dämonischen Beeinflussung reicht: »In questa cosa [delle fascinazioni] però ci sono diversi pareri fra' dotti, perché chi attribuisce la causa all'aere ambiente, che deferisce le qualità delle quali è pieno alle viscere interiori, come Eliodoro; chi all'anima, come Augurio Ferrerio; chi alla contagione de' spiriti effluenti dagli occhi e all'aria insieme, come i sopradetti auttori, contra quali inveisce Giulio Cesare Scaligero nel libro De Subtilitate; chi alle celesti intelligenze, come il Pomponazio nel decimo capitolo del suo libro Degli incantesimi; chi all'imaginazione, come Avicenna, Algazele e Alchindo; chi alla celeste genitura del mago incantante, come Pietro d'Abano; e chi al demonio, che con la sua malignità può, per divina permissione, a questo effetto cooperare ancor esso, come tengono i teologi communemente.« (I, 694)

---

37 Vgl. Valerio Marchetti, Fascinatio. »Allein der Blickwechsel verwundet.«, in: Elmar Locher, Hippolytus Guarinonius im interkulturellen Kontext seiner Zeit. Acta der Tagung Neustift 1993 (Bozen/Innsbruck/Wien 1995), 117-138. Es handelt sich beim Werk Marsilio Ficinos um Sopra lo amore o ver convito di Platone. Fiorenza 1544. Die lat. Originalausgabe ist von 1469 und trägt den Titel Commentarium in Convitium Platonis.
38 Vgl. zur Problematik der ›spiritus‹ und deren Verteilung im Körper: Elmar Locher, Zum Problem der Abbildbarkeit Gottes und der Natur im eigentlichen Naturalphabet der Sprache. Zur Sprachtheorie des Franciscus Mercurius Baptista van Helmont, in: Morgen-Glantz. Zeitschrift der Christian Knorr von Rosenroth Gesellschaft, 2/1992, Bern/Frankfurt am Main 1992, 65-90. In einer äußerst verknappten Darstellung ließe sich festhalten, dass sich in der linken Herzkammer durch die Wärme des Herzens und durch den Einfluss der eingeatmeten Luft, die zur Kühlung dient, eine Substanz, der ›spiritus vitalis‹, bildet. Ein Teil dieser Substanz gelangt ins Gehirn, wird aber auf dem Weg dorthin einem ständigen Verdünnungsprozess ausgesetzt und wandelt sich in den ›spiritus animalis‹. Diese ›spiritus‹ sind es nun, die die geistigen Einflüsse an den Körper weiterleiten.

Gerhart Pickerodt

Nietzsches Zarathustra.
Ein Typus der Intelligenz

Im Jahre 1968 schrieb Jürgen Habermas beinahe beschwörend: »Nietzsche hat nichts Ansteckendes mehr.«[1]
Dieses zeitbedingte Urteil ist in den vergangenen vierzig Jahre widerlegt worden. Heute ist Nietzsche »ansteckender« denn je, wenn man den Begriff nicht biologisch-medizinisch fassen möchte, sondern die Strahlkraft und Faszination des Werkes bedenkt, das in seiner fulminanten Wirksamkeit auch heute noch längst nicht hinreichend erschlossen ist.

Erst in jüngster Zeit wurde begonnen, die ästhetische – und das heißt insbesondere die sprachsinnliche – Dimension des nietzscheschen Werkes genauer zu erklären, etwa von Heinz Schlaffer mit seinem Buch *Das entfesselte Wort*[2] oder von Walter Busch mit seinem Text über die *Dionysos-Dithyramben*[3].

Walter Buschs Auseinandersetzung mit Nietzsche ist geprägt durch den Willen, die Texte nicht nur auf ihre Bedeutungsgehalte hin zu interpretieren, sondern sie darüber hinaus – mit dem gegebenen geschichtlichen Abstand – aufs Neue zum Sprechen kommen zu lassen. Nicht dass die Sprache des Interpreten der Nietzsches sich assimilierte, aber gerade dadurch, dass er den Abstand betont, indem er die Perspektive des Theoretikers Warburg[4] einnimmt und reflektiert, produziert Busch eine vermittelte Nähe zum Objekt, eine Art neuer, artifizieller Unmittelbarkeit. Diese trifft auf Nietzsches eigene Ausdrucksintentionen, gemäß denen »Erregung und Schmerz ganz Wort werden wollen«.[5]

Um eben diese Engführung von Sprache und Ausdrucksgebärden ist es Nietzsche selbst zu tun, bei dem es heißt: »Die Unfreiwilligkeit des Bildes, des Gleichnisses ist das Merkwürdigste, man hat keinen Begriff mehr, was Bild, was Gleichnis ist. Alles bietet sich als der nächste, der richtigste, der einfachste Ausdruck. Es scheint wirklich, um an ein Wort Zarathustra's zu erinnern, als ob die Dinge selber herauskämen und sich zum Gleichnis anböten...«[6]

Die Rede von Bild und Gleichnis sucht zwar der Radikalität des Vorgangs etwas auszuweichen, indem sie sich auf jene Topoi einer traditionellen Rhetorik

---

1 Jürgen Habermas (Hrsg.), *Friedrich Nietzsche. Erkenntnistheoretische Schriften*. Nachwort (Frankfurt am Main 1968), 237.
2 Heinz Schlaffer, *Das entfesselte Wort. Nietzsches Stil und seine Folgen* (München 2007).
3 Walter Busch, *Aby Warburg und Friedrich Nietzsche: Pathosformel und Sprachgebärde in den ›Dionysos-Dithyramben‹*, in: Peter Kofler (Hrsg.), Ekstatische Kunst. Besonnenes Wort. Aby Warburg und die Denkräume der Ekphrasis (Bozen 2009), 203-216.
4 Ebd.
5 Ebd., 215.
6 Friedrich Nietzsche, *Ecce homo*, in: Friedrich Nietzsche. Sämtliche Werke, Kritische Studienausgabe, hrsg. v. Giorgio Colli u. Mazzino Montinari, Bd. 6 (München 1980), 340.

bezieht. Gleichwohl wird die Transformation der Affekte in Sprache beim Wort genommen, indem »Bild« und »Gleichnis« in Richtung auf die angestrebte Identität von Affekt und Ausdruck als Begriffe destruiert werden. Im Terminus »Unfreiwilligkeit«, der nichts anderes bezeichnet als *Notwendigkeit*, werden die Muster der klassischen Rhetorik, die nach dem geeigneten Verhältnis von (Bild)sprache und Ausdruck fragt, zurückgedrängt, wenn nicht gar aufgelöst.

Busch gebraucht dafür das überaus eindringliche Wort »sinnenversessen« in Analogie zu »sinnvergessen«.[7] Der Philosoph Nietzsche regt kraft seiner sprachlichen Intensität dazu an, die Transformation der Affekte in Sprache, ohne die doch auch kein Zarathustra sich äußern kann, sofern er nicht in Naturlaute regredieren will, keineswegs gering zu achten. Die Dinge, so Nietzsche, kommen »liebkosend zu deiner Rede und schmeicheln dir: denn sie wollen auf deinem Rücken reiten.«[8] Das Bild einer Symbiose, das hier entworfen wird, nämlich das einer schmeichelnd-dominanten, die Bewegung lenkenden Beziehung der Dinge zum Redner, ist Buschs Thema in seinem Text über die *Dionysos-Dithyramben*.

Wer aber ist Zarathustra, der Redner und Sänger, welchen »Typus«[9] der Intelligenz repräsentiert er, welche Entwicklung vollzieht er in den vier Teilen von *Also sprach Zarathustra*[10], worin besteht sein dionysisch-apollinischer Sprach-Gestus, was prädestiniert ihn zur Repräsentation von Nietzsches Figur des »Übermenschen«? Diesen Fragen soll im Folgenden ansatzweise nachgegangen werden.

Um den Intelligenz-Typus von Nietzsches Zarathustra zu bestimmen, bedarf es zunächst einiger das Werk betreffender Vorbemerkungen.

Die vier Teile des Werkes *Also sprach Zarathustra* mit dem Untertitel *Ein Buch für Alle und Keinen*[11] wurden in den Jahren zwischen 1883 und 1885 publiziert, der letzte Teil allerdings lediglich als Privatdruck.

Man hat sich häufig die Frage gestellt, ob es sich bei dem Zarathustra-Text um Philosophie *oder* Dichtung handele. Indessen scheint diese »oder«-Frage falsch gestellt zu sein, denn der Text enthält sehr wohl eine Menschheits-Philosophie und eine philosophische Gegenwarts-Diagnose, während er doch zugleich in Form einer außerordentlich konzentrierten, intensiven, emphatischen, verdichteten Sprache als veritable Dichtung aufzufassen ist, wenn nicht gar als Musik, wie Nietzsche ihn selbst charakterisiert hat.[12] Rhythmus, Wortbildung, Meta-

---

7   Busch, *Aby Warburg und Friedrich Nietzsche*, (Anm. 3), 208.
8   Nietzsche, *Ecce homo*, (Anm. 6), 340.
9   Ebd., 337.
10 Friedrich Nietzsche, *Also sprach Zarathustra*, in: Friedrich Nietzsche. Sämtliche Werke, Kritische Studienausgabe, hrsg. v. Giorgio Colli u. Mazzino Montinari, Bd. 4 (München 1980). Im Folgenden zitiert mit Seitenangaben im Text ( ).
11 Ebd.
12 Nietzsche, *Ecce homo*, (Anm. 6), 335: »Man darf vielleicht den ganzen Zarathustra unter die Musik rechnen...«, vgl. auch Busch, *Aby Warburg und Friedrich Nietzsche*, (Anm. 3), 206. Wenn Sprache selbst zu Musik tendiert, werden Vertonungen leicht Verdoppelungen. Daran leidet auch die »sinfonische Dichtung« von Richard Strauss, uraufgeführt 1896.

phorik bilden einen geradezu enthusiastischen, vielleicht sogar dionysischen Duktus, der an die griechische Tragödie erinnert und seinerseits philosophische Dimensionen aufweist, eine Umsetzung in Musik jedoch überflüssig erscheinen lässt. Heinz Schlaffer hat in seinem Nietzsche-Buch *Das entfesselte Wort* von 2007 geschrieben: »So erfüllt sich Nietzsches höchster Wunsch: Seine Schriften gehen in Fleisch und Blut über.«[13]

Schlaffer bezieht dies lediglich auf den Leser. Es ist aber auch und ebenso der Redner und Sänger Zarathustra, der durch seine eigene Sprache sich in einen Zustand der Alterität, des Außer-Sich-Seins, des Rausches versetzt, der allerdings nur bei einem Teil seiner Zuhörer auf offene Ohren trifft. Deswegen zieht er, der als Redner vor dem Volke beginnt, im Laufe seiner Vita sich immer mehr zurück, singt seine monologischen Gesänge und verlässt am Ende seinen Eremiten-Ort und -Stand nicht mehr. Zur philosophischen Dimension des Textes gehört daher auch Zarathustras Verhalten, seine Lebensform, die am Ende, als er ein Greis geworden und mit Greisen ein dionysisches Fest feiert, eine ganz andere ist als zu Beginn, bevor er als Aufklärer des Volkes gescheitert ist.

Im Folgenden wird zunächst kurz auf Zarathustras Vita Bezug genommen, dann zu seinem Selbstverständnis übergegangen und schließlich die philosophische Dimension enthusiastischer Sprache zu ergründen gesucht.

Zarathustras Vita

Mit dreißig Jahren verlässt Zarathustra seine Heimat und geht als Eremit ins Gebirge. »Hier genoss er seines Geistes und seiner Einsamkeit und wurde dessen zehn Jahre nicht müde.« (11)

Geist und Einsamkeit sind somit eng verknüpft. Es scheint, als könne der Geist nur in der Einsamkeit sich selber finden und gedeihen. Zarathustras Eremiten-Status schließt lediglich die Gesellschaft von Tieren ein, zu denen insbesondere der stolze Adler und die kluge Schlange gehören, die ihrerseits in engster Weise verbunden leben. Nach dem gescheiterten Versuch, die Menschen zu belehren, indem er seine Gebirgshöhle verlässt, um auf öffentlichen Plätzen zu reden, kehrt er zu Beginn des zweiten Teils in die Einsamkeit zurück. Von dort aus geht er auf die »glückseligen Inseln« (109) und umgibt sich mit einer Schar von »Jüngern«, die er als »meine Brüder« (109) »meine Freunde« (129) oder »ihr Weisesten« (149) anredet im Unterschied zu der Volksmenge im 1. Teil. Von den »glückseligen Inseln« zieht es Zarathustra am Ende des 2. Teils wieder in die Einsamkeit seiner Höhle, und er lässt seine Jünger zurück. Gegen Ende des 3. Teils ist er erneut in seiner Höhle angekommen und erfährt dort eine Art Zusammenbruch, von dem ihn seine Tiere heilen. Er verlässt nun seine Einsamkeit nicht mehr, doch findet sich bei ihm nach Jahren des Alterns eine merkwürdige Gesellschaft buñuelscher Art ein, zu der

---

13 Schlaffer, *Das entfesselte Wort*, (Anm.2), 68.

ein Zauberer, ein gewesener Papst, zwei Könige und sein eigener Schatten gehören. Mit denen feiert er ein geradezu komisches Alten-Fest, in dessen Verlauf die Gäste zu Esels-Anbetern regredieren. Am Ende blickt Zarathustra erwartungsvoll in den kommenden Tag, den er selbst begrüßt »wie eine Morgensonne, die aus dunklen Bergen kommt« (408).

Ein offener, jedoch erwartungsvoller Schluss also, von keiner Resignation geprägt, dennoch ohne konkrete Hoffnung auf das Erreichen des Ziels, die Schaffung eines neuen Menschen, des Übermenschen, zu dem die »höheren Menschen«, die Zarathustra bisweilen umgeben, eine Stufe bilden. Zarathustras Menschheitsperspektive hat indessen nichts zu tun mit germanischer Rassenhygiene oder anderen biologistischen Konzepten. Vielmehr lässt sich jener »Übermensch« lediglich so beschreiben: er hat die Schwächen des bisherigen Menschseins, religiöse und moralische Bindungen und Abhängigkeiten, Kleinmut, fehlendes Selbstvertrauen, Krämertum zugunsten von anarchischer Autonomie und unbegrenzter intellektueller und emotionaler Produktivität überwunden. Wenn er denn entstehen soll, jener Übermensch, jener »Gott«, so wird er nicht geboren, sondern geschaffen, geschaffen von weitsichtigen und ihrerseits bereits freien Geistern wie Zarathustra, die sich von der negativ bewerteten gegenwärtigen Weltverfassung radikal gelöst haben. Weltverneinung heißt indessen nicht Lebensverneinung. Dies ist insofern von Bedeutung, als Zarathustra jeglichem Asketismus fern steht. Er huldigt nicht der Körperlosigkeit und Spiritualität, vermag vielmehr die Sinnenwelt in allen ihren Dimensionen zu genießen, wenngleich von Sexualität auffällig wenig die Rede ist: Frauen sind in diesen Texten allenfalls Randfiguren oder ferne Wunschgestalten, Zeichen männlicher Eroberungsmacht.

Zarathustras Selbstverständnis

Zu seiner Selbstdefinition gehört eine überaus offensive, imperiale Haltung zur Welt:

> Ich bin ein Gesetz nur für die Meinen, ich bin kein Gesetz für Alle. Wer aber zu mir gehört, der muss von starken Knochen sein, auch von leichten Füssen, –
> lustig zu Kriegen und Festen, kein Düsterling, kein Traum-Hans, bereit zum Schwersten wie zu seinem Feste, gesund und heil.
> Das Beste gehört den Meinen und mir; und giebt man's uns nicht, so nehmen wir's: – die beste Nahrung, den reinsten Himmel, die stärksten Gedanken, die schönsten Fraun! – (354 f.)

Dies alles klingt nicht nach Demut und Friedfertigkeit, erinnert im Ton vielmehr an eine spätere Herrenmenschen-Ideologie, die sich auf Nietzsche berief. Für ihn kann man in diesem Punkt auch nicht eine historische Unschuld gelten lassen, denn das Ideal der Mitmenschlichkeit, entstanden in der Frühphase bürgerlichen

Selbstverständnisses, wird von Zarathustra ebenfalls verhöhnt und verspottet. So wird das Mitleid, eine der Zentraltugenden des 18. Jahrhunderts[14], attackiert und verächtlich gemacht, weil es die Schwäche des Bemitleideten nicht aufhebt, sondern ihrer gerade bedarf. Offensiver, ja aggressiver Heroismus ist gepaart mit artistischen Zügen eines körperbetonten Herrschaftsbegehrens.

»Starke Knochen« und »leichte Füße«, Kraft also und artistisches Vermögen, sind gemeinsam notwendig, um den negativen Weltzustand, den Nietzsche mit zwei Begriffen, Pöbel und Krämertum, suggestiv zu kennzeichnen sucht, zu überwinden. Zarathustra versteht sich als Heilsbringer aufgrund seines Willens und seiner Schaffenskraft, wenngleich sich sein missionarischer Eifer im Verlauf seiner Vita und im Verlauf der vier Textteile immer mehr nach innen wendet. Anstelle seiner eruptiven Reden aus der Frühphase gleicht er am Ende selbst dem Gestirn der Sonne. So lautet der Schlusssatz des Textes: »Also sprach Zarathustra und verliess seine Höhle, glühend und stark, wie eine Morgensonne, die aus dunklen Bergen kommt.« (408) Sonne ist bekanntlich der Inbegriff von Energie, aber sie wird hier nicht in ihrer astronomischen Dimension angesprochen, sondern als Element des Irdischen. Jenseits seiner Rolle als Prophet und Missionar wird Zarathustra schließlich im Vergleich oder in der Identität mit dem Sonnengestirn zu einer anonymen Macht und Kraft, von der niemand weiß, wann sie implodiert und somit aufhört, als Energiequelle zu wirken. Anders gesagt: Zarathustra bringt keine Botschaft mehr, er ist aber eine solche, er verkündet nicht mehr den neuen, den Übermenschen, aber er ist, als Energiezentrum *Morgensonne*, im Prinzip bereits dieser.

Zarathustras Rhetorik

Der Habitus von Zarathustras Intellekt ist rhetorisch. In seiner Rede bzw. seinem Gesang dokumentiert sich ein Geist, der sich als unbändiger und unüberwindbarer geriert, als anarchisch und souverän. Reden ist für ihn vornehmlich keine Form der Mitteilung, sondern eine Art Selbstentäußerung, und zwar der gesamten Person, nicht lediglich des Gedankens oder des Gemüts. Gewiss wollen die Reden auch Themen und Inhalte vermitteln, sie tun dies aber in einer Weise, in der die Gebärde des Ausdrucks, die Sprachgebärde, ein größeres Gewicht besitzt als das ideelle Substrat, das sich in ihr vermittelt.

Um das Behauptete zu belegen, sei ein Textbeispiel aus dem 2. Teil mit der Überschrift »Vom Gesindel« (124-127) herangezogen. Nach einer Anfangspassage, in der über das Gesindel verachtungsvoll geurteilt wird, beginnt jener Teil

---

[14] Erst in der Französischen Revolution wird das Mitleid als eine für das öffentliche Interesse schädliche Empfindung verworfen. Vgl.: Hans-Jürgen Schings, *Über einige Grausamkeiten bei Heinrich von Kleist*, in: Kleist-Jahrbuch 2008/2009 (Stuttgart 2009), 115-137.

der Rede, in dem Zarathustra seine Distanznahme vom Gesindel zum Ausdruck bringt:

> Mühsam stieg mein Geist Treppen, und vorsichtig; Almosen der Lust waren sein Labsal; am Stabe schlich dem Blinden das Leben.
> Was geschah mir doch? Wie erlöste ich mich vom Ekel? Wer verjüngte mein Auge? Wie erflog ich die Höhe, wo kein Gesindel mehr am Brunnen sitzt?
> Schuf mein Ekel selber mir Flügel und quellenahnende Kräfte? Wahrlich, in's Höchste musste ich fliegen, dass ich den Born der Lust wiederfände!
> Oh, ich fand ihn, meine Brüder! Hier im Höchsten quillt mir der Born der Lust! Und es giebt ein Leben, an dem kein Gesindel mit trinkt!
> Fast zu heftig strömst du mir, Quell der Lust! Und oft leerst du den Becher wieder, dadurch dass du ihn füllen willst!
> Und noch muss ich lernen, bescheidener dir zu nahen: allzuheftig strömt dir noch mein Herz entgegen: –
> Mein Herz, auf dem mein Sommer brennt, der kurze, heisse, schwermüthige, überselige: wie verlangt mein Sommer-Herz nach deiner Kühle!
> Vorbei die zögernde Trübsal meines Frühlings! Vorüber die Bosheit meiner Schneeflocken im Juni! Sommer wurde ich ganz und Sommer-Mittag!
> Ein Sommer im Höchsten mit kalten Quellen und seliger Stille: oh kommt, meine Freunde, dass die Stille noch seliger werde! (125 f.)

Das Zitat ließe sich fortsetzen, bis Zarathustra sich zum Wind erklärt, der sich gegen die Niederungen richtet. Der Text beschreibt nicht, symbolisiert auch nicht den Aufschwung in die Höhenlage, auf die Spitze, wo die Quelle der Lust strömt, nein, er vollzieht jenen Aufschwung sprachlich, indem er die Dinge und Kräfte beim Namen nennt, zunächst in rhetorischen Fragen, sodann in einer nicht endenden Folge von sich steigernden Exklamationen. Wie Nietzsche die Sprache variiert, vom Brunnen zum altertümlichen Born bis hin zum Quell, wie er der lyrischen Tradition einstige Neologismen entnimmt wie das goethesche »überselig«[15], wie er den Sommer auf seinem Herzen brennen und das Ich im Sommer aufgehen lässt, der schließlich noch zum Sommer-Mittag intensiviert wird: Dieses Erzeugen von Lust im Zuge der Aufgipfelung des sprachlichen Vollzugs besitzt die Kraft einer Schöpfung, in der die Dinge sind, weil einer sie bei ihrem Namen genannt hat. Und die Lust, von der die Rede ist, darf als eine selbsterzeugte verstanden werden wie der Sommer und das zum Sommer verwandelte Ich.

Psychoanalytiker würden in diesem Zusammenhang möglicherweise von der Symbolisierung eines Geschlechtsaktes sprechen. Doch Nietzsches Sprache symbolisiert nicht, sondern sie ist ihrerseits unvermittelt von höchster Sinnlichkeit und Kraft, die den Redner Zarathustra selbst affiziert und den Redefluss weitertreibt.

Der Enthusiasmus sprachlicher Benennungs- und Erzeugungskraft mit alttestamentarischem Duktus hat zur Bedingung das Negative des Hasses auf das

---

15 Johann Wolfgang Goethe, *Dem aufgehenden Vollmonde*. Dornburg, 25. August 1828, in: Goethes Werke, Hamburger Ausgabe Bd. 1 (Hamburg 1958), 391. »Schlägt mein Herz auch schmerzlich schneller / Überselig ist die Nacht.«

»Gesindel«, von dem Zarathustra sich losspricht. Es ist Ekel, der dem Ich die Kräfte verleiht, ihn selbst und das Objekt des Ekels zu überwinden. Ekel und Lust sind Empfindungen, deren Wirkungskraft in ihrer affektiven Stärke begründet ist. Deswegen liegt im Ekel der Keim der Lust, und auch der Sommer selbst weist differente Qualitäten auf wie »schwermütig« und »überselig«. Auch hier handelt es sich im strikten Sinn nicht um Projektionen auf den Sommer, sondern um Affekte, die ihn als eine Art Seelenzustand hervorbringen. Entscheidend ist jeweils die Intensität der Empfindungen sowie die sprachliche Kraft, mittels deren sie sich manifestieren, nicht jedoch ihre landläufige Konnotation als negative oder positive. Zum Sommer gehören daher auch Hitze und »kalte Quellen«, und wenn sich Zarathustra zum Sommer erklärt, so schließt dieser die Extreme ein. Darin liegt die Stärke dieses philosophischen Ichs, dass es nicht bei einer Seite bleibt, sondern die Kraft besitzt, die Gegensätze zu vereinen und ihren Widerspruch auszuhalten. Dazu gehört auch der Widerspruch von moralischen Urteilen wie »gut« und »böse«. Für den produktiven Geist geht es nicht darum, »gut« oder »böse« als Urteile zu fixieren, sondern aus ihrem Widerspruch eigene Energie zu ziehen, eine Kraft, die sich dann *jenseits von gut und böse* zu realisieren vermag.

Ein weiteres Moment kommt hinzu, nämlich die Stimulierung eigener Affekte durch die Gewalt der Rede. Die Rede ist hier nicht nur ein Gestus, welcher der Prosa einen eigenen Atem des Lebendigen zukommen ließe, sondern sie entspricht der Rolle des redenden Propheten, der zu anderen spricht wie zum Volke oder zu seinen Jüngern und Freunden, aber sehr häufig auch zu sich selbst, zu seiner Seele oder zu seinem Herzen. Allerdings scheinen die Adressaten austauschbar zu sein. Der Duktus des Sprechens unterscheidet sich nicht unbedingt danach, ob andere oder der Sprechende selbst die Adressaten abgeben. Der Prophet weiß sich selbst und die anderen letztlich eins. Auch in Gemeinschaft mit anderen, die seine »Jünger« heißen, kommt es weniger darauf an, die Angesprochenen vom Inhalt einer Botschaft zu überzeugen, als darauf, sich selbst als Inhalt oder Gegenstand der Botschaft zu präsentieren. Dass Gott tot sei, braucht nicht mehr glaubhaft gemacht zu werden, insofern das Menschsein die umfassende göttliche Energie und Produktivität zumindest virtuell bereits erreicht hat. Folgerichtig wünscht Zarathustra die Teilhabe der anderen an seiner Schaffenskraft aufgrund der Verwandlung seines Selbst in das Gebärdenensemble seiner Rede. Sich selbst und den anderen Adressaten könnte er mit Fug sagen: ›Ich rede, also bin ich‹ oder ›im Reden bin ich‹.[16]

Aber: ich bin nicht irgendwie oder irgendeiner, sondern derjenige, der sich kraft seiner im Reden erzeugten Begeisterung über seine personalen Grenzen

---

16 In Analogie zu René Descartes' «je pense, donc je suis», in: R.D.: *Discours de la Méthode*, hrsg. v. Lüder Gäbe (Hamburg 1960, Nachdruck 1964), 52. Zugespitzter noch in der lateinischen Version: «sum cogitans».

ausdehnt, sich verwandelt und beispielsweise zum Sommer oder zur Morgensonne mutiert. Dies dürfte eine der wesentlichen Eigenschaften des von Zarathustra propagierten Übermenschen sein, nämlich die Grenzen der Individualität zu sprengen, sich auszudehnen hin zu einem Überpersönlich-Allgemeinen, welches die Möglichkeiten des Menschseins in sich versammelt. Den Gegenpol dazu bilden etwa »Pöbel« oder »Gesindel«, Ausdrücke für Kollektive, die es noch nicht zur personalen Identität gebracht haben, während der Sprecher auf dem Wege ist, deren Begrenztheit zu überwinden: »Wo ist Unschuld? Wo der Wille zur Zeugung ist. Und wer über sich hinaus schaffen will, der hat mir den reinsten Willen. Wo ist Schönheit? Wo ich mit allem Willen *wollen muss*; wo ich lieben und untergehn will, dass ein Bild nicht nur Bild bleibe.« (157)

So breit und tief klaffen die Abgründe zwischen Gestern und Morgen, Gesindel und Übermensch, während Zarathustras Reden ein wenn auch begrifflich nicht ausdifferenziertes, gleichwohl aber über sich hinausweisendes, zukunftsorientiertes Heute ausdrücken: »dass ein Bild nicht nur Bild bleibe«: der höchste Anspruch besteht darin, dass Sprache ihren Bild-, Zeichen- und Repräsentationscharakter überwindet zugunsten ihres Einswerdens mit der dargestellten Sache.

An dieser Stelle ließe sich anknüpfen an die zu Beginn erwähnte Frage nach dem Verhältnis von Philosophie und /oder Dichtung in Nietzsches Zarathustra-Texten. Philosophie ist nicht in erster Linie Inhalt der Reden, sondern sie liegt in deren Ausdrucksgehalt, in ihrer performativen Kraft, in ihrer poetischen Potenz. Die Texte rufen geradezu danach, sie als Ausdruck einer immensen sprachlich-dichterischen Produktivität zu lesen und damit als exemplarische Erzeugnisse der Philosophie, die sie realisieren. Der Text also handelt von (ästhetischer) Produktivität und er vollzieht sie zugleich in seiner eigenen Rhetorik. Zarathustra redet bzw. singt, aber auf einer anderen Ebene reflektiert der Autor Nietzsche auch über die Redepotenz seines exemplarischen Helden. Enthusiasmus, skeptische Ironie und Reflexion fallen in jedem Punkt der Zarathustra-Texte zusammen, bzw. sie treffen aufeinander, um sich gegeneinander zu reiben und auf diese Weise ein rhetorisches Feuer zu entfachen, welches seine Substanz aus sich selber generiert: Sinnbild einer nicht enden wollenden Selbst-Produktion von Energie durch ihren Verbrauch.

Produktivität ist jedoch nicht nur positive, lebensfrohe Begeisterung: »Geist ist das Leben, das selber in's Leben schneidet: an der eignen Qual mehrt es sich das eigne Wissen, – wusstet ihr das schon?« (134)

Geist also ist Leben, nichts Lebensjenseitiges, Abstraktes, Spirituelles. Aber er ist auch das mit sich selbst entzweite Leben, das in sich selbst, qual- und wissenerzeugend, hineinschneidet. Hegelianisch ließe sich sagen, dass der Geist als Element des Lebens zugleich das andere seiner selbst verkörpert, das sich auto-aggressiv gegen seine eigene Substanz richtet. Produktivität im Sinne Zarathustras schließt auch das Moment des Schmerzes, negativer Lust sozusagen, ein. Auch

Unlust, Qual ist produktiv, wenn sie als Gegenpol von Lust und nicht als deren absolute Negation verstanden wird. Übergeordnet ist der Begriff des Lebens, der alle seine Seiten in sich vereint. Deswegen kommt es für Zarathustra darauf an, seine Rede lebensvoll, lebendig zu machen, so als wäre sie ein sich selbst bewegender Organismus, der vor Kraft und Willen strotzt. Kein außerhalb seiner liegender Zweck, keine fremde Absicht steuert den Gang der Rede, es ist vielmehr ihr eigener Wille, der sich in ihr manifestiert; ihr eigener Wille, und nicht derjenige eines sie hervorbringenden Redners, der redend jemanden etwa von einer Sache überzeugen wollte. Schöpfung, auch und gerade sprachlich-musikalische, ist autonomes Leben, eines, das den Schöpfer in sich aufgesogen hat. Hier liegt, so könnte man meinen, der innerste Kern der Gott-ist-tot-Rede Nietzsches. Kein Gott mehr besitzt eine separate Lebensberechtigung, wenn das Leben ihn mit all seinen widersprüchlichen Momenten in sich hineingenommen hat, so wie die Rede den Redner, der aufgehört hat, neben seiner Rede ein anderes, besondere Leben zu führen.

Aber heißt es nicht am Ende einer jeden Rede, eines jeden Gesangs: »Also sprach bzw. sang Zarathustra«, wird der Urheber der Rede nicht als dieser gerade hervorgehoben? Offenbar will Nietzsche auf diese Weise betonen, dass die Zweiheit von Redner und Rede erst in dem Moment vollständig aufgehoben ist, wenn auch die Zweiheit von Rede und Leben zu Ende gebracht ist und der Redner Zarathustra wie eine Energie verkörpernde Morgensonne in das Leben selbst eingegangen ist. Deswegen heißt der letzte Satz des Textes: »Ende von *Also sprach Zarathustra*« (408). Die Reden haben ihr Ende, weil es, der Logik des Textes entsprechend, der Rede als einer eigenen Ausdrucksweise nun nicht mehr bedarf. Zarathustra hat sie – und sich – hinter sich gebracht.

Zarathustra als ein Typus der Intelligenz? Um nicht missverstanden zu werden: Es handelt sich bei Zarathustra nicht um ein sacrificium intellectus an das Leben. Betont und rhetorisch verwirklicht wird vielmehr, dass der Geist, der Intellekt, nicht lebensjenseitig situiert ist, sondern selbst ein Moment ist eines umfassend verstandenen Begriffs vom Leben. Wenn in der europäischen Philosophie[17] einschließlich des Christentums der Dualismus von Geist und Leben herrschte, ein Dualismus, in dem der Geist nicht immer die Oberhand behielt, wenngleich er als dem Leben überlegen beschworen wurde, stattet Nietzsche den Geist mit Lebensfunktionen aus. In Zarathustras Reden manifestiert sich Geist als Leben und strebt danach, in ihm aufzugehen. Auch das Christentum wünschte sich eine Geist-Leben-Einheit, allerdings unter der Führung eines starken, von Gott gelenkten Geistes: »Der Geist hilft unsrer Schwachheit auf«[18], »Der Geist aber ist

---

17 Ausgenommen den Idealismus Hegels, der die Identität von Geist und Sache in der Idee anstrebte.
18 Johann Sebastian Bach, *Der Geist hilft unsrer Schwachheit auf* (1729), Motette.

das Leben«[19], Sprüche, denen Zarathustra nur dann zu folgen geneigt wäre, wenn sie in lebensvoller, gänzlich irdischer Musik versinnlicht erschienen und auf diese Weise sich selbst aufhöben.

Nietzsche indessen kehrt jene Tradition nicht einfach um, indem er das Leben über den Geist herrschen ließe, sondern er erklärt den Geist zum Element des Lebens. Er bestätigt sich, wenn er das Leben bestätigt, er leidet, wenn das Leben ihn leiden macht, er schneidet in sich selbst hinein, wenn er ins Leben schneidet. Seine kritische Funktion ist damit nicht aufgehoben, aber intellektuelle Kritik sammelt Wissen und dient, indem der Geist sich selber stärkt, dem Leben.

Nietzsches Zarathustra verkörpert, indem er spricht, einen lebendigen Geist voller sinnlicher Ausdrucksformen in Farben, Düften und taktilen Empfindungen, als Element des Lebens ist er ein dionysischer Geist in einer Trunkenheit eigener Art, die nicht vom Weine herrührt, sondern aus ihm selbst. In einem Textstück des Schlussteils, das mit »Mittags« überschrieben ist, gelangt der suchende Zarathustra zu einem »alten krummen und knorrichten Baume«, »der von der reichen Liebe eines Weinstocks rings umarmt und vor sich selber verborgen war: von dem hiengen gelbe Trauben in Fülle dem Wandernden entgegen. Da gelüstete ihn, einen kleinen Durst zu löschen und sich eine Traube abzubrechen; als er aber schon den Arm dazu ausstreckte, da gelüstete ihn etwas Anderes noch mehr: nämlich sich neben den Baum niederzulegen, um die Stunde des vollkommenen Mittags, und zu schlafen.« (342)

Was darauf folgt, ist eine Rede, die der Einschlafende an sein Herz richtet. Diese Rede kann hier nur in wenigen Ausschnitten zitiert werden.

> Wie ein zierlicher Wind, ungesehn, auf getäfeltem Meere tanzt, leicht, federleicht: so – tanzt der Schlaf auf mir. Kein Auge drückt er mir zu, die Seele lässt er mir wach. Leicht ist er, wahrlich! federleicht.
> Er überredet mich, ich weiss nicht wie?, er betupft mich innewendig mit schmeichelnder Hand, er zwingt mich. Ja, er zwingt mich, dass meine Seele sich ausstreckt: –" (343) –

Die Rede endet mit dem Erwachen Zarathustras, der zum Himmel spricht:

> Oh Himmel über mir, sprach er seufzend und setzte sich aufrecht, du schaust mir zu? Du horchst meiner wunderlichen Seele zu?
> Wann trinkst du diesen Tropfen Thau's, der auf alle Erden-Dinge niederfiel, – wann trinkst du diese wunderliche Seele –
> wann, Brunnen der Ewigkeit! du heiterer schauerlicher Mittags-Abgrund! wann trinkst du meine Seele in dich zurück?" (344 f.)

Schlaf und Tod sind hier im Ambiente der Mittäglichkeit zusammengedacht, welche das Heitere und Schauerliche vereint. Es ist die Stunde des Pan, aber es ist der schlafend-wachende Zarathustra, der sich selbst redend wie ein Pan geriert. Leben und Tod, Mittag und Ewigkeit, Himmel und Seele bilden ein einziges, all-

---

19 Johann Sebastian Bach, *Jesu, meine Freude* (1723-1735), Motette.

umfassendes Ensemble von Empfindungen, die indessen nur sind, insofern sie zur Sprache gebracht wurden: zur Rede Zarathustras. Oder die sind, wenn der Himmel die Seele Zarathustras in sich zurück getrunken hat.

»Also sprach Zarathustra und erhob sich von seinem Lager am Baume wie aus einer fremden Trunkenheit.« (345)

Eines Rausches ganz eigener Art ist Zarathustra teilhaftig geworden: »fremde Trunkenheit«: Zarathustra hat nicht einmal die Trauben genossen, geschweige vom Weine. Der Schlaf gelüstete ihn mehr als die süßen Trauben. Die andere, fremde Trunkenheit, die er erlebt, ist die der Fülle des Lebens, die den Geist einschließt, der zugleich nach dem Ende des persönlichen Lebens fragt. Zarathustra wollte schlafen, aber er erfuhr nur ein Als-Ob des Schlafes. Tatsächlich musste er reden, um das Leben des Mittags in sich aufnehmen zu können. Es ist, wie beim Sommer, das Leben selbst, das aus ihm spricht und ihn in eine Trunkenheit, einen Rausch anderer Art versetzt.

Es handelt sich um eine Trunkenheit, die den Geist nicht lähmt, ihn vielmehr ins Unendliche erweitert, wie es vielleicht keine andere Droge vermöchte. Damit ist zugleich ein Typus von Intelligenz umrissen, der sich selbst rhetorisch zu entzünden vermag. Es hat wohl keinen anderen Philosophen gegeben, der der Sprache der Rede soviel zugetraut und zugemutet hätte. Nietzsches Sprache ist Dichtung, die Dichtung ist Philosophie, und Philosophie ist Leben. Zumindest suggeriert dies ihm und den Lesern die Rede. Dies dürfte der Grund sein, warum der Untertitel der Zarathustra-Schrift lautet: *Ein Buch für Alle und Keinen*. Alle sind gemeint, keiner muss erreicht werden, weil der Redner sich selber genug ist. Sich-selber-genug-Sein bedeutet hier keinen Autismus, sondern dessen Gegenteil: Erweiterung der Grenzen des Ich in Richtung auf das Universum. Und der Redner Zarathustra repräsentiert nicht als einzelner das Leben, sondern er *ist* es, viemehr er *begehrt* es zu sein. Hierin liegt der höchste Anspruch Nietzsches: seines Helden, an seinen Helden, an seine Philosophie, an seine Dichtung.

Anna Maria Carpi

Benn in minore

Macht Benn in der harten Dichtung der Anfänge (ab *Morgue* 1912) einen sehr sparsamen Gebrauch von Strophen und Reimen, so weist seine Prosa im Rönne-Zyklus (1915-18) – durch die expressionistiche Synästhesie von Farben und Klängen, die gezielten Auslassungen und die Kurzschlüsse des Sinns hindurch – ganz lyrische Kadenzen auf, die uns irgendwie schockieren.

Ich führe hier nur ein Beispiel aus der Novelle *Diesterweg* (1918) an: drei Zeilen, die man als Blankverse (fünffüßige Jamben) – das Versmaß der deutschen Klassik, also Shakespeare in deutscher Übersetzung, Goethe, Schiller, Kleist – lesen kann. Es sind 3 Zeilen, und sie lassen sich in 5 Blankverse einteilen:

> Mit tiefen Augen sah er durch den Saal:
> Dies war der Mensch, der fremde, der sich nannte,
> doch sah er hell das Wogen des Geschehens;
> das Formen warf zum Abspiel seiner Schalen
> und auftrank, wenn die Glieder sich erfüllt.[1]

Rönne und Diesterweg, die beiden Alteregos des jungen Arztes Benn, haben zur Welt eine mythische Beziehung. Zeitmaß ihrer Erfahrungen sind entweder die Äonen oder die Stunde, also das Ewige und das Flüchtige, als ob es dazwischen keine Weltgeschichte gäbe:

> Manchmal eine Stunde, da bist du, der Rest ist das Geschehen. Manchmal die beiden Fluten schlagen hoch zu einem Traum. Manchmal rauscht es: wenn du zerbrochen bist.[2]

Überempfänglich für alle Töne und Lichtwechsel besitzen die beiden Figuren ein schlafloses, hochentwickeltes Hirn; dieses Hirn, der biologische Endpunkt der ganzen Schöpfung, zergliedert alles und erschöpft sie derart, dass sie sich nur ein stilles und einsames Daliegen wünschen. »Fallen«, »fallen lassen«, »fließen« und »zerfließen«, »getragen werden« sind die immer wiederkehrenden Verben. Kein Reisen, kein Reden, kein Handeln, kein zu einem Ziel Bringen. Horizontale Ruhe, am Rande des Nichts: es ist Benns bekannte Lehre der Statik. Nur ein häufiges Fragen – »wo«, »woher«, »wohin« – bringt Bewegung in die Sprache: vor allem tut es aber der mächtige Rhythmus, der diese ausgesprochen musikalischen Prosatexte trägt.

---

1 Gottfried Benn, *Gesammelte Werke (GW)*, hrsg. v. Dieter Wellershoff, *Prosa und Szenen*, II (Wiesbaden 1965), 67. (Con occhi fondi guardava nella sala; questo era l'uomo, lo straniero, che si dava un nome; ma distingueva chiaro il flusso degli eventi; che figliava forme per spogliare involucri e a membra colme le sorbiva tutte).
2 Ebd., 59.

Benn hat nur eine schwache Beziehung zu den bildenden Künsten – mit Ausnahme von Statuen und Tempeln der Antike: »Ich verstehe ja nichts von Malerei«, bekennt er seinem Briefpartner Oelze[3]. Nicht unähnlich, wenn auch von Snobismus affiziert, sind seine Aussagen zur Musik:

> Ja, sonderbar, dass triviale Musik so anregt u. die grosse nur Duck- und Fluchtgedanken erzeugt, Überhaupt: die Künste gehen doch wohl nicht so ineinander über, wie die Romantiker es dachten und darstellten [4].

Oder:

> Ein Schlagerlied aus einem amerikanischen Revuefilm sagt mir mehr, erregt mich mehr als die tiefen Gedanken der Geschichte u. der deutschen Zeit.[5]

Oder:

> [...] ich gehe beinahe davon aus, dass die Musik, die mich tief erregt – und das geschieht sehr oft – keine erstrangige im Sinne der Produktion ist. Aber mir genügt diese Musik, sie bewegt mich, bewegt Dinge in mir, trägt mich.[6]

Und er fragt sich, wobei er vorausschickt »ich bin ein unglücklicher Mensch und habe eine tierische Natur«:

> Also was ist mit Bach? Wer ist das eigentlich? Für mich hätte er nicht zu existieren brauchen, ich habe nie das Geringste von ihm gesehen, gehört, geschmeckt, gefühlt.[7]

Verstärkt wird die paradoxe Äußerung dann durch das wohl schiefe Argument, der Protestantismus habe nichts Großes in der Kunst und in der Philosophie erzeugt. Ihm sei, ganz und gar wie den Romantikern, der weiche Katholizismus lieber.

Bachs Welt ist die heile Welt der kosmischen Harmonie, der Polyphonie, der Instrumentalmusik, und Benn ist ein Dichter der Dissonanzen, die zu bewältigen nur das moderne A-solo der Lyrik bzw. der Melodie imstande ist. Lyrik entsteht im Reich des Individuellen, sie ist sinnlich. Knapp und treffend sagt Oelze in seinem Vorwort zum Briefwechsel, Benns Werk sei von hoher Affektivität bestimmt und man könnte es begreifen als »einen einzigen großen Lyrismus«. Benn macht kein Hehl aus seiner Vorliebe für Barcarolen, Notturnos, Walzer und Blues und »Wolga Wolga« und berauscht sich sogar an den Namen gewisser Blumen. Alles das macht den harten, zynischen Gehirnmenschen weich und verhilft ihm zur

---

3 Brief Nr. 687 (13.8.1954) in: Gottfried. Benn, Briefe an F.W.Oelze (Frankfurt 1979-82), Vorwort von Oelze (1965).
4 Brief Nr. 49 (23.10.1935), ebd.
5 Brief Nr. 124 (30.5,1937), ebd.
6 Brief Nr. 264 (5.2.1944), ebd.
7 Brief Nr. 496 (17.7.1950), ebd.

Regression, alles das vernebelt den Widerspruch zwischen Hirn und Gefühl oder sagen wir sogar – das »Herz«.

Nun zurück zu den Zwanziger Jahren: nach 1920 experimentiert Benn mit einer für ihn neuen lyrischen Form, mit der Oktave: sie dominiert in *Trunkene Flut*, erscheint noch sporadisch zwischen 1932 und 1945 und verschwindet nach dem Krieg. Seltsamerweise ist sie das Versmaß des protestantischen Kirchenlieds. Dieses in Silbenzahl und Reimen ziemlich freie Versmaß taugt zu pathetischen Sequenzen, ironischen Pointen, flüchtigen, zauberhaften Bildern, kann sowohl einlullen als auch aufwecken und überraschen und entbehrt aller Zusammenhänge als assoziatives:

> Mich sensationiert das Wort ohne jede Rücksicht auf seinen beschreibenden Charakter rein als assoziatives.[8]

Trunkene Flut (der Titel ist ein Zitat aus Drostes *Im Grase*) ist der Ort des Luxus und der Nostalgie nach dem Unerreichbaren. Die Oktave ist bei Benn wohl der Gipfel des Monologischen, die Verabsolutierung des singenden Ichs und weiters eine (vorläufige) Absage an das vertikale, denkende Ich. Hier wird eine fast schamlose Sehnsucht nach schönen Tönen laut.

Bereits in den *Statischen Gedichten*, die in den späten Dreißiger-, meist aber in den frühen Vierzigerjahren geschrieben wurden, geschieht dann eine Rückkehr zur vierzeiligen gereimten Strophe der klassisch-romantischen Liederistik, also zu der großen deutschen Vergangenheit, Goethe, Eichendorff, Mörike, Droste, die die Nazis beschlagnahmt hatten, und sogar eine Annäherung an George. Von Hölderlin kann nicht die Rede sein, Benn mochte ihn nicht. Dazu gesellt sich, vornehmlich in den *Biographischen Gedichten* (1939-41), ein ganz neuer Reportage-Stil, in dem Benn aufs Experimentieren mit der Sprache verzichtet und dem »beschreibenden Charakter« mehr Platz einräumt. Da kommen freie reimlose Rhythmen vor, zum Beispiel im programmatischen Gedicht der Sammlung (1944), *Am Saum des nordischen Meers* (1935) und *Chopin* (1944). Also kein Bach: erst in Chopin oder in Schumann (1955, in *Primäre Tage*) oder in Čaikovskij[9] hat Benn einen Anhalt. In Chopin hat er einen regelrechten Doppelgänger:

> Nie eine Oper komponiert,
> keine Symphonie,
> nur diese tragische Progressionen
> aus artistischer Überzeugung
> und mit kleiner Hand.[10]

Zu vermerken ist in *Chopin* die entschiedene Aussage: »Ansichten waren nicht seine Stärke«. Darin nimmt Benn – ob ehrlich oder unehrlich lässt sich bei einem

---

8 *Schöpferische Konfession* (1919), GW, (Anm. 1), IV, *Autobiographische und vermischte Schriften*.
9 Brief Nr. 264, ebd.; dem Russen zuliebe unterzeichnet er sich Godja Gustawowitsch.
10 GW 1, *Gedichte*, (Anm. 1), 190.

Dichter kaum feststellen – all die eigenen ideologischen Stellungnahmen zurück. Oper und Symphonie sind ihm jedenfalls fremd, es sind ja konstruierte, also »ideologische« Gattungen, in denen er wohl eine Erscheinung des Größenwahns des »abendländischen« Menschen sieht.

Nehmen wir nun die Gedichte der Fünfziger Jahre aus *Apréslude, Destillationen, Fragmente*: hier legt sich der lyrische Drang vielfach auf das Alltägliche nieder, übernimmt vielfach einen Plauderton, und hier meldet sich Benns satirischer Geist, den wir aus der Morgue-Zeit, den Essays und den längeren Prosaschriften (*Roman des Phänotyp, Ptolemäer, Doppelleben*) kennen, zu Wort: beispielsweise *Restaurant* und *Stilleben* (beide 1950), oder *Außenminister* (1952) oder das herrliche, selbstironische *Radio* (1952-53), aus dem der unvergessliche Spruch stammt: »eigentlich ist alles im männlichen Sitzen produziert / was das Abendland sein Höheres nennt«.[11]

Zugleich aber tut sich ein neues Gefühl der Gemeinschaft kund: es hat sich ein »wir« geregt in dem Dichter, der dieses Pronomen so sehr hasste: »Dieser Plural schwächt im Denkerischen ab, Stil ergibt sich aus der Ich-Form«[12], meinte er.

In dem wohlbekannten *Die Gitter* (1950) entsteht die ethische Frage nach dem Sein der Mitmenschen:

> Die Gitter sind verkettet,
> ja mehr: die Mauer ist zu-:
> du hast dich zwar gerettet
> doch *wen* rettetest du?[13]

Aus 1950 stammt auch *Denk der Vergeblichen*, eine leise, beinahe rührende Hymne an die vielen, die ihr Leid verschweigen und nie verlangt haben, eine Spur von sich zu hinterlassen:

> mit einem Lächeln von wenig Ausdruck
> in ihren kleinen Himmel hoben,
> der bald verlöschen sollte.[14]

Menschen also, die sich nicht »ausdrücken« können, fern von jener Ausdruckswelt, die für den Dichter die einzige Wirklichkeit darstellte. Und das Wort, der seit eh und je höchste Wert des im Leeren weilenden, »gezeichneten Ich« (*Nur zwei Dinge*, 1953), ist an jene Mitmenschen gegangen, die es »unbedenklich«, nur vom Affekt her, gebrauchen:

> Und drüben brennen die Leuchten
> in sanftem Menschenhort,

11 GW 2, *Gedichte* (Anhang), (Anm. 1), 470.
12 Brief Nr. 254 (30.7.1943), ebd.
13 GW 1, *Gedichte*, (Anm. 1), 263.
14 Ebda., 247.

> von Lippen, rosigen, feuchten
> perlt unbedenklich das Wort (*Worte*, 1955).¹⁵

Durch einen semantischen Reim sind sprechende »Lippen« im wohlbekannten *Kommt* das Gegenbild zu den »Klippen«, die das schwache Boot des Einsamen bedrohen. Ein Beispiel ist aber auch das wenig bekannte *Herr Wehner* (undatiert), das das arme Gespenst von einem verstorbenen Niemand aus Benns dörflicher Kindheit (nun DDR) ohne jede poetische Absicht und dennoch mit hoch poetischem Effekt evoziert. Die Geschichte hat in Deutschland härter als woanders zugeschlagen. Das »Gobigraun« ist nicht mehr ein exquisites Erlebnis des Ichs, sondern la *condition humaine*.

So schwach die vertikale Linie nun geworden ist, so problematisch das Aufsteigen in metaphysische Räume, so leicht ist das horizontale Sichgehenlassen. »Alles in Moll, in con sordino«, heißt es in *Melodien* (1952):

> Ja, Melodien – uralte Wesen,
> die tragen die Unendlichkeiten an:
> Valse triste, Valse gaie, Valse nie gewesen
> verfliessend in den dunklen Ozean.¹⁶

Und wie nimmt sich nun der Dichter aus? In *Es gibt-* (1952) beteuert er:

> [...] du willst nicht mehr
> von Dingen wissen, die dich nicht zerstören,
> willst als Musik im Funk nur Wolga hören
> und Fernes, Fremdes und von Steppen her.¹⁷

Kein echter Todestrieb, aber auch keine Kulturwerte mehr, ihn verlangt es eher nach einer Anästhesie durch Trivialmusik: getrieben wird er nun von einer Liebe, die so »arm und krank« ist wie er selbst. Was bleibt, ob Zwang ob Pflicht – sagt er in *Es gibt* – ist für »sie auf Höfen singen gehen«. Das vermittelt uns gleichsam das alte und traute Bild eines armen Spielmanns.

---

15   Ebd., 299.
16   Ebd., 272.
17   Ebd., 273.

Arturo Larcati

Expressionistische Bildbeschreibungen als Form der kritischen Auseinandersetzung mit dem Futurismus

1. Einleitung. Zur Rolle der Ekphrasis im kunsttheoretischen Diskurs der Avantgarde in Deutschland

Im kunsttheoretischen Diskurs der Avantgarde spielen die Bildbeschreibungen der deutschen Expressionisten eine Schlüsselrolle.[1] In den kritischen Stellungnahmen zu den Werken anderer Künstler und den Polemiken zugunsten potentieller Verbündeter bzw. gegen Konkurrenten im Kampf um die Durchsetzung der modernen Kunst formulieren die expressionistischen Maler und Schriftsteller nicht primär Urteile, welche die Bildbeschreibungen der Kunsthistoriker vorwegnehmen und in einem interessanten Spannungsverhältnis zu ihnen stehen, sondern artikulieren zugleich auch nach und nach ihr eigenes Selbstverständnis, als sie noch über kein klar definiertes Programm bzw. keine ausgearbeitete Ästhetik verfügen. In diesem Rahmen soll ganz besonders auf die am Leitfaden der Ekphrasis geführte Auseinandersetzung mit den Futuristen fokussiert werden, weil gerade die Geschichte der »Anverwandlung und Abwehr des deutschen Futurismus« zu den spannendsten Episoden der Geschichte der Avantgarde-Bewegungen gehört.[2]

Die meisten und die wichtigsten expressionistischen Bildbeschreibungen futuristischer Werke entstehen in einem sehr engen Zeitraum – etwa zwischen 1912 und 1913. Es ist zweifellos eine kritische Zeit für die Expressionisten, denn diejenigen Künstler, die wir im Nachhinein als Expressionisten bezeichnen, die sich damals aber gerade zu einer Bewegung mühsam zusammenschlossen, müssen sich nicht nur gegen die reaktionären Kräfte im Kunst- und Kulturbetrieb behaupten, sondern haben auch zu versuchen, sich in der breiten Front der modernen Kunst zu positionieren. Insbesondere müssen sie sich gegen die Übermacht der französischen Kunst am Anfang des 20. Jahrhunderts zu Wehr setzen. In dieser vertrackten historischen Konstellation zeigen sie großes Interesse für die ersten futuristischen Ausstellungen in Deutschland im Jahre 1912. Diese Ausstellungen sind Teil einer breit angelegten Offensive, durch die Marinetti die futuristische Kunst in ganz Europa bekannt machen möchte. Die wichtigsten Etappen dieser Offensive sind Paris, London, Berlin und Moskau. In Deutschland werden die futuristischen Bilder zuerst in Berlin gezeigt. Herwarth Walden, der die Berliner Ausstellung vom 12. April bis zum 16. Mai 1912 in seiner Sturm-Galerie organi-

---

[1] Zum Bedeutungsspektrum von Ekphrasis vgl.: *Beschreibungskunst – Kunstbeschreibung. Ekphrasis von der Antike bis zur Gegenwart*, hrsg. v. Gottfried Boehm u. Helmut Pfotenhauer (München 1995).

[2] Hansgeorg Schmidt-Bergmann, *Die Anfänge der literarischen Avantgarde in Deutschland. – Über Anverwandlung und Abwehr des italienischen Futurismus* (Stuttgart 1991); vgl. auch Peter Demetz, *Worte in Freiheit. Der italienische Futurismus und die deutsche literarische Avantgarde (1912-1934). Mit einer ausführlichen Dokumentation* (München-Zürich 1990).

siert, bringt die Bilder später aber auch nach München, Köln und Hamburg. In diesen Städten werden sie von vielen expressionistischen Künstlern gesehen.[3]

Aus all dem geht hervor, dass die ekphrastischen Stellungnahmen der expressionistischen Künstler zunächst eine ›strategische‹ Funktion erfüllen. Durch sie bestätigen die Expressionisten, dass sie die tragende Rolle der Futuristen im harten Kampf gegen die Kräfte der Reaktion sofort erkennen. Jedoch: Parallel zur Suche nach Allianzen entbrennt innerhalb der Avantgarde-Bewegungen sofort ein harter, erbitterter Kampf um die Hegemonie, bei dem die nationale Komponente im Lauf der Jahre eine wachsende Rolle spielt: Jede künstlerische Bewegung – ob in Frankreich, Italien und Deutschland – reklamiert für sich den Primat der absoluten Originalität und der absoluten Modernität und will die führende Rolle mit keinem der anderen Mitstreiter teilen.

So wie expressionistische Ekphrasis aus der ursprünglichen Bestimmung von Bildbeschreibung im engsten Sinne immer mehr herauswächst und die Positionierungskämpfe innerhalb der Avantgarde reflektiert, lässt sie auch bei näherem Zusehen die Funktion erkennen, ästhetische Grundüberzeugungen zu vermitteln. Ekphrasis wird in diesem Sinne zum eigenständigen Medium der Reflexion über Kunst, sie transportiert grundsätzliche Fragen nach den richtigen Produktions- und Rezeptionsbedingungen von Kunst. Zur Debatte steht hier nicht nur, um nur zwei repräsentative Beispiele zu nennen, das Verhältnis von Kunst und Markt oder die Rolle des Künstlers in der Gesellschaft. Immer wieder kreisen expressionistische Bildbeschreibungen auch um Fragen der Intermedialität, um Fragen nach dem Verhältnis der Künste zueinander – mit anderen Worten: Sie führen immer wieder ins Herz der Auseinandersetzung mit dem so genannten »Laokoon-Paradigma«.[4] Wenn man bedenkt, dass viele der expressionistischen Künstler Doppelbegabungen sind, dann versteht es sich von selbst, dass sich diese zwangsläufig mit dem Problem konfrontieren, ob die Literatur, die Malerei und die Musik zusammengehen können bzw. ob sie nicht sogar zu einer Einheit verschmelzen sollen. Das konstante Interesse der Künstler für die Thematik des Zusammengehens bzw. der Synthese der Künste ersetzt jenes für die »wechselseitige Erhellung der Künste« (Walzel) und führt dazu, dass das romantische Konzept des Gesamtkunstwerks in den verschiedensten Kontexten wieder aktuell wird.[5]

In den ekphrastischen Bilderinterpretationen erkennen die expressionistischen Künstler übereinstimmend die Modernität der futuristischen Malerei, aber

---

3 Vgl.: Lilli Weissweiler, Futuristen auf Europa-Tournee. Zur Vorgeschichte, Konzeption und Rezeption der Ausstellungen futuristischer Malerei (1911-1913), (Bielefeld 2009).
4 Das Laokoon-Paradigma. Zeichenregime im 18. Jahrhundert, hrsg. v. Inge Baxmann in Zusammenarbeit mit Bernhard Siegert (Berlin 2000); Laokoon und kein Ende. Der Wettstreit der Künste, hrsg. v. Thomas Koebner (München Edition Text + Kritik 1989).
5 Vgl. den Aufsatz über die Wiedervereinigung der Künste: Verena Zimmermann, Die Vereinigung der Künste im Bühnenbild des deutschen Expressionismus (Aachen Diss. 1987); Andreas Anglet, Das frühexpressionistische »Gesamtkunstwerk« als Traumspiel bei Kokoschka, Pappenheim und Schönberg, in: Arcadia 37 (2002). H. 2, 269-288.

sie bewerten diese aus unterschiedlichen Schwerpunkten. Während sich etwa Ludwig Meidner zu einer Bejahung der Großstadt und der Moderne hinreißen lässt, stehen die Künstler des Blauen Reiters (Marc und Kandisky) den Elementen der Zivilisation viel skeptischer gegenüber. Alfred Döblin hingegen interessiert sich vor allem für die Entstehungsbedingungen der futuristischen Gemälde und analysiert deren psychische Voraussetzungen. In ihrer Auseinandersetzung mit den futuristischen Bildern fokussieren die Künstler des Blauen Reiters ihrerseits insbesondere die Kompositionsverfahren: Marc konzentriert sich auf das Verfahren der Abstraktion, Kandinsky hingegen stellt in seinen Überlegungen jenes der Komposition in den Vordergrund. Während sowohl Döblin als auch die Künstler des Blauen Reiters ihr Augenmerk auf die Produktionsbedingungen von Kunst setzen, privilegiert Paul Klee den Aspekt der Rezeptionsproblematik. Er untersucht den Effekt der futuristischen Gemälde auf den Betrachter, denkt über die Emotionen nach, die von ihnen ausgelöst werden, stellt Überlegungen zu einer Affekttheorie der Malerei an.

2. Ludwig Meidner. Ein deutscher Futurist.

Ludwig Meidner (1884-1966), der Gründer der Gruppe der so genannten Neopathetiker, ist in unserem komparativen Zusammenhang von spezieller Bedeutung, weil er sozusagen der futuristischste unter allen expressionistischen Malern ist. Er lernt die Bildsprache des Futurismus sehr wahrscheinlich in der Berliner Ausstellung von 1912 kennen, als er Herwarth Walden und dem Sturm-Kreis nahe steht. Die Konsequenz aus dieser Begegnung ist eine dezidierte Ausrichtung seiner Formensprache am Futurismus, die sich in seinen *apokalyptischen Landschaften* (1912-1916) niederschlägt.[6] So scheinen Bilder wie zum Beispiel *Ich und die Stadt* (1913) mit Boccionis *Der Lärm der Strasse dringt in das Haus (Visioni simultanee,* 1911) eng verwandt. Besonders auffällig wird aber seine enge Beziehung zum Futurismus in seinem Manifest *Anleitungen zum Malen von Großstadtbildern* (1914), das mehrere futuristische Mythen verherrlicht:

> Malen wir das Naheliegende, unsere Stadt-Welt! Die tumultuarischen Straßen, die Eleganz eiserner Hängebrücken, die Gasometer, welche in weißen Wolkengebirgen hängen, die brüllende Koloristik der Autobusse und Schnellzugslokomotiven, die wogenden Telephondrähte (sind sie nicht wie Gesang?), die Harlekinaden der Litfasssäulen, und dann die Nacht ... die Großstadtnacht ....[7]

Wie man sieht, schließt das Zitat mit einer großen, pathetischen Beschwörung der Großstadtnacht. Zwar enthält der Text keine Bildbeschreibung, er zeigt aber, dass Meidner jenseits der Gattungsgrenzen denkt, wie es die Futuristen

---

6   Vgl. Dorothea Eimert, *Der Einfluß des Futurismus auf die deutsche Malerei* (Köln 1974), 127f.
7   Ludwig Meidner, *Anleitungen zum Malen von Großstadtbildern,* in: Literaturrevolution 1910-1925. Dokumente - Manifeste - Programme, hrsg. v. Paul Pörtner, II Bde. (Berlin 1961), Bd. II: Zur Begriffsbestimmung der Ismen, 164-169; hier: 169.

programmatisch taten.⁸ Der Text fordert programmatisch die Zusammenführung von verschiedenen Mediensystemen: Gesang, Malerei, Koloristik werden mit dem Phänomen der Großstadt und dem Lärm in Verbindung gebracht. Dabei wird dieses Zusammengehen bereits in der Sprache vollzogen: Meidner bringt gleichsam die »Synästhesie der Großstadt« in eine syntaktische Form, indem er von »brüllender Koloristik« spricht. Er zwingt sozusagen die Synästhesie rhetorisch herbei, er zwingt sie in die Sprache.⁹

In Meidners *Anleitungen* zum Malen spielt überraschenderweise das Bruitistische eine Rolle. Dies erzeugt einen verfremdenden Effekt, denn Malerei hat mit dem Lärm im Grunde genommen gar nichts zu tun. Meidner kannte Boccionis Bild *Der Lärm der Strasse dringt in das Haus* – möglicherweise auch Russolos Manifest der *Geräuschekunst* (1913) – und macht sich die futuristische Provokation zu eigen, sich in der Malerei nicht nur mit dem Visuellen, sondern auch mit dem Lärm zu beschäftigen. Somit zeigt er, eine doppelte Grenze überschreiten zu wollen: die eine Grenze zum Lärm, weil er auch Geräusche malen will, und die andere zur Musik. Diesbezüglich spricht er von Bussen und Lokomotiven, die sich wie Gesang anhören.

Durch seine Assimilierung der Geräusche der Großstadt an den Gesang redet Meidner keineswegs einer Romantisierung bzw. einer Spiritualisierung der Großstadt das Wort, wie in der Forschung behauptet wird. Vielmehr bedient er sich eines Verfahrens, das er aus Marinettis Gründungsmanifest des Futurismus übernimmt. In den Anfangspassagen dieses Manifestes beschreibt Marinetti mit reichen Details ein bürgerliches Milieu, ein schönes und gemütliches Ambiente, um es dann durch eine Verherrlichung des Abenteuers bzw. des Risikos einer verrückten Autofahrt als dekadent zu entlarven. Meidner verwendet ein ähnliches Verfahren, um ähnliche Widersprüche zu erzeugen. Er greift etwa den Gasometer als Inbegriff der Beleuchtung in den Städten – und überhaupt als Inbegriff der Moderne – auf und setzt ihn in einen lyrischen Ton, um zu provozieren und zu schockieren. Es setzt offensichtlich voraus, dass man den Bürger durch die Darstellung von Gasometern schockieren kann – so wie Ernst Ludwig Kirchner durch seine Darstellung von eleganten Huren und bürgerlichen Freiern (also durch die Darstellung der wenig respektablen Seiten des Großstadtlebens) erwarten konnte, seine bürgerlichen Zuschauer in Empörung zu versetzen. Ähnlich provokant sollte auch Meidners Behauptung der ästhetischen Überlegenheit eines Fabrikschornsteins über Raffaels Meisterwerke wirken, die Marinettis berühmte Formel über die Schönheit der Schnelligkeit paraphrasiert: »Würde uns nicht die

---

8   Diese programmatische Absicht geht bereits aus den Titeln einiger Manifeste hervor: *Die Malerei der Töne, Geräusche und Gerüche* (1913) von Carlo Carrà oder *Chromophonie. Die Farbe der Töne* (1913) von Enrico Prampolini.
9   Dass die Synästhesie als sprachliches Phänomen behauptet wird, passt zu dieser Art von Text. Da wir es mit einer programmatischen Schrift zu tun haben, ist es konsequent, die synästhetische Zusammenschau in einem programmatischen Ton einzufordern.

Dramatik eines gut gemalten Fabrikschornsteins tiefer bewegen als alle Borgo-Brände und Konstantinsschlachten Raffaels?«[10]

Gerhard Sauder vergleicht expressionistische Texte, Zeichnungen und Bilder von Meidner, um die Frage zu beantworten, ob er einer Divergenz oder vielmehr einer Synthese der Künste das Wort redet.[11] Er zeigt einerseits, dass sich der Künstler der Spezifik von Bild- und Sprachkunst durchaus bewusst war, er zitiert aber auf der anderen Seite auch eine Stelle, in der die Unterschiede zwischen den Künsten zugunsten der Priorität des schöpferischen Aktes relativiert werden:

> Wenn man dann zu Pinsel oder Feder greift und die Kraft hat zu bilden, wird man bald gewahr, daß dies die Höhepunkte im Leben des Künstlers sind: Trunkenheit und Inspiration. Nicht das fertige, gelungene Werk kann der mächtige Freudenspender sein, sondern mein Rausch, der mich so hoch über Menschen und Erdenwelt erhebt. Es ist nicht die Dichtung, die auf dem Papier steht, noch das Malwerk, noch die Zeichnung voll Innigkeit, sondern jenes himmlische Geschenk der Eingebung, das mir nicht alle Tage zuteil wird, das ich nicht wollen und erraffen kann, – jene trostreiche Stunde des Glühens ist's, die mein Ichgefühl stärker macht, den Lebensodem erhöht und dem irdischen Tag ein Wohlgeschmack verleiht wie nichts sonst in diesem Erdenwallen. – Wohlan laßt uns Künstler sein und Schaffende und glühen und vergehen im süßen Wind erhabener Gesichte.[12]

Ähnlich wie Meidner haben auch schon die Futuristen die Bedeutung des vollendeten Werkes zugunsten der schöpferischen Tätigkeit in den Hintergrund gestellt.[13] Sie waren sogar über die Position des deutschen Künstlers hinausgegangen, indem sie zu einer radikalen Kritik des Meisterwerkes gelangt waren. Bereit 1912 hatte Boccioni den Primat der schöpferischen Kraft behauptet und die Forderung gestellt, dass jeder Künstler die ihm eigene Gattung überschreiten könne, um das höhere Ziel der Wirklichkeitsdarstellung zu erreichen:

---

10 Meidner, Anleitungen zum Malen von Großstadtbildern, (Anm. 7), 169. Marinettis Formel lautet: »Ein Rennwagen, dessen Karosserie große Rohre schmücken, die Schlangen mit explosivem Atem gleichen ... ein aufheulendes Auto, das auf Kartätschen zu laufen scheint, ist schöner als die Nike von Samothrake.« (F.T. Marinetti, Manifest des Futurismus, in; Futurismus. Geschichte, Ästhetik, Dokumente, hrsg. v. Hansgeorg Schmidt-Bergmann [Reinbek bei Hamburg 1993], 75-80; hier: 77.) Vgl. dazu Heinz Brüggemann, Großstadt und neues Sehen. Ludwig Meidners ›Anleitungen zum Malen von Großstadtbildern‹ im Kontext der ästhetischen Moderne Europas, in: Ludwig Meidner. Zeichner, Maler, Literat 1884-1966. (Mathildenhöhe Darmstadt 15. September 1991-1. Dezember 1991), hrsg. v. Gerda Breuer u. Ines Wagemann (Stuttgart 1991), Bd. I, 48-56; hier: 50f.
11 Gerhard Sauder, Ludwig Meidners expressionistische Texte, Zeichnungen und Bilder – Divergenz oder Synthese der Künste? In: Immer ist es Sprache. Mehrsprachigkeit – Intertextualität – Kulturkontrast. Festschrift für Lutz Götze zum 65. Geburtstag, hrsg. v. Thomas Grimm u. Elisabeth Venohr (Frankfurt am Main/Berlin u.a. 2009), 383-411; hier: 390.
12 Ludwig Meidner, Ohne Titel [1921], in: Ludwig Meidner. Zeichner, Maler, Literat 1884-1966, (Anm. 10), Bd. II, 362.
13 Meidners Bekenntnis zur Kraft der Inspiration als wichtigstes Kriterium für die Schaffung von Kunst liefert die theoretische Begründung für das in den Anleitungen über das Malen von Großstadtbildern praktizierte Verfahren der Synästhesie.

> Schließlich können wir behaupten, daß der Künstler in der Plastik vor keinem Mittel zurückschrecken darf, um eine WIRKLICHKEIT zu erreichen. Keine Angst ist dümmer als die, die uns fürchten läßt, die Kunstgattungen, die wir ausüben, zu überschreiten. Es gibt nicht Malerei, Plastik, Musik, Dichtung. Es gibt nur Schöpfung!¹⁴

Die von Meidner und den Futuristen formulierten und von Friedrich Nietzsche inspirierten Thesen zum Primat des schöpferischen Aktes bilden die Grundlagen für die Ästhetik der Performance, die vom Dadaismus weiterentwickelt und nach dem Zweiten Weltkrieg zu einem gesamteuropäischen Phänomen der Kunst wird.¹⁵

3. Alfred Döblin. Das »Ja« zum Futurismus

Auch Döblin (1978-1957) sieht die Ausstellung der futuristischen Malerei von 1912 in Berlin. Er veröffentlicht sofort eine begeisterte Stellungnahme im Sturm mit dem Titel *Die Bilder der Futuristen*.¹⁶ Gleich am Anfang thematisiert er die Differenz von Literatur und Malerei, die das geheime Zentrum seines Essays bildet:

> Für eine Sinfonie, ein Quartett, ein Drama gilt das Hineinhören, Hineinlesen als selbstverständlich; ja man sieht sogar die Schwierigkeit des Verständnisses, die Langsamkeit des Hineinwachsens in das Kunstwerk als Charakteristikum, als Index seiner Güte an. Für die Malerei und Plastik nicht so: Die Erleuchtung soll nur so von den Wänden knallen. Man passiert eine Ausstellung; mit jeder Kopfbewegung holt man sich einen Kunstwert herunter, wie die Jungen Spatzen beim Schützenfest. Hier die Grundnegation der Futuristen. Sie verlangen Zeit für sich. Jedes Bild ist ein Gedicht, eine Novelle, ein Drama; man liest das nicht in zwei Minuten. Man braucht schon mehr Zeit als bei den Pointillisten und Impressionisten; mit den vier Schritten an die gegenüberliegende Wand und »rechtsum kehrt« ist es nicht getan. Ein Bild will gedeutet sein. Es stellt eine Aufgabe.¹⁷

---

14 Umberto Boccioni, *Die futuristische Bildhauerkunst*, zit. nach: Futurismus. Geschichte, Ästhetik, Dokumente, (Anm. 10), 316-323; hier: 321.

15 Zu den philosophischen Hintergründen der futuristischen Positionen vgl. Massimo Cacciari, *Der Geist des Futurismus. Gefährliche Liebschaften bei den künstlerischen Avantgarden Europas*, in: Lettre Internationale 89 (2010), 82-85.

16 Zusammen mit Boccioni lernt Döblin damals in Berlin auch Filippo Tommaso Marinetti persönlich kennen und begleitet zusammen mit Herwarth und Nell Walden dessen unkonventionelle Auftritte in der Öffentlichkeit. (Vgl. Nell Walden/Lothar Schreyer, *Ein Erinnrungsbuch an Herwarth Walden und die Künstler aus dem Sturmkreis* [Baden-Baden 1954], 11-12.) Während Döblin aber der futuristischen Literatur nach Erscheinen des Romans *Mafarke le futuriste* (1912) eine herbe Absage erteilt und sein »Naturalismus«-Konzept als direkten Gegenentwurf zu Marinettis »futuristischer Worttechnik« entwickelt, bleibt seine Bewunderung für die futuristischen Maler bis ins hohe Alter ungebrochen. Trotz dieser Einschränkung ist aber das »engagierte Eintreten für Marinetti und die – zumindest anfangs – vorbehaltlose Rezeption der italienischen Modernebewegung Döblins wichtigster Beitrag zum deutschen Frühexpressionismus.« (Sabina Becker, Zwischen Frühexpressionismus, Berliner Futurismus, »Döblinismus« und »neuem Naturalismus«: Alfred Döblin und die expressionistische Bewegung, in: Expressionistische Prosa, hrsg. v. Walter Fähnders [Bielefeld 2001], 21-44; hier: 29.) Vgl. dazu Walter Busch, »*Naturalismus, Naturalismus; wir sind noch lange nicht genug Naturalisten*«. Alfred Döblin und der italienische Futurismus – Ein Vergleich in naturwissenschaftlicher Sicht, in: Die Mechanik in den Künsten. Studien zur ästhetischen Bedeutung von Naturwissenschaft und Technologie, hrsg. v. Hanno Möbius u. Jörg J. Berns (Marburg 1990), 245-263.

17 Alfred Döblin, *Die Bilder der Futuristen* (Mai 1912), in: ders., Kleine Schriften I (1902-1921), hrsg. v. Anthony W. Riley (Olten und Freiburg im Breisgau 1985), 112-117; hier: 112.

Dem zeitgenössischen gebildeten Leser wird sofort klar, dass hier Döblin Lessings Opposition von Literatur und Malerei aufgreift, um sie allerdings angesichts der futuristischen Bilder zu negieren. Bekanntlich hatte Lessing in seiner Laokoonschrift (1766) behauptet, dass die Literatur eine Handlung in der Zeit darstellt, während die Malerei nur Körper im Raum abbilden kann. Und er hatte diese Unterscheidung getroffen, um die Überlegenheit der Literatur gegenüber der Malerei vor Augen zu führen. Wenn nun Döblin suggeriert, dass Lessings Opposition für die futuristischen Bilder nicht gilt, dann liegt es daran, dass in seinen Augen die futuristischen Bilder eine Qualität besitzen, die bei Lessing nur die Literatur hat. Um diese These anschaulich zu machen, thematisiert Döblin die Suggestion einer unmittelbaren Rezeptionsform, die dann gegeben ist, wenn der Maler in seinem Werk einen prägnanten Augenblick beschreibt und der Zuschauer mit einem Blick alles fassen kann. Während aber Lessing diese unmittelbare Rezeptionsform auf die Malerei bezogen hatte, lässt sie Döblin nur für die Werke der Pointillisten und Impressionisten gelten. Im Gegensatz dazu, behauptet er, sperren sich die Werke der Futuristen dieser unmittelbaren Rezeption, weil sie aus seiner Sicht qualitativ hohe Kunstprodukte sind, die das Niveau der Literatur erreichen.

An den futuristischen Werken schätzt Döblin zunächst ihre Fähigkeit, die Desautomatisierung der Wahrnehmung zu befördern. Die Wahrnehmung wird desautomatisiert, wenn ein gutes Kunstwerk die Aufmerksamkeit des Lesers (oder des Zuschauers) auf sein Gemachtsein wendet. Das trifft Döblin zufolge für die Gemälde der Futuristen, die »Disziplin, Eindringen, Bemühung, Bemühung«[18] brauchen, um verstanden zu werden. Aufgrund des Widerstandes, den die futuristischen Bilder gegen eine unmittelbare Rezeption leisten, irritieren sie den Leser und lenken dessen Aufmerksamkeit auf ihre Struktur, auf ihre Artifizialität. Und in dieser Autoreflexivität des Kunstwerks liegt aus Döblins Sicht der Beitrag der futuristischen Maler zur Desautomatisierung der Wahrnehmung.

Die zweite positive Eigenschaft, die Döblin den futuristischen Malern zuschreibt, lässt sich aus der Beschreibung von Boccionis Bild *Das Lachen* (*La risata*) ableiten:

> Der Maler tanzt wie ein Trunkener um den Hut einer Frau; immer wieder kehrt der Hut, gesehen von oben, von rechts, von links, schräg, aufgestellt. Der Maler sieht sich nicht satt an dem spiegelnden Marmortisch, der wie ein Leitmotiv durch alle Elane des Bildes wandert; und immer wieder zünden zwei Hände über einer roten Flamme eine Zigarette an.[19]

Diese Beschreibung wird vor dem Hintergrund des so genannten *Berliner Programms* über psychologische und psychiatrische Kunst verständlich. Darin unterscheidet Döblin zwischen einer psychologischen und einer psychiatrischen Form der Narrativik und verwirft die psychologische Form, weil sie einen Zusammenhang von

---

18 Ebd., 113. Diesbezüglich stellt sich die Frage, ob Döblin etwas vom russischen Formalismus gewusst hat. In der Auseinandersetzung mit dieser Problematik liegt ein wichtiges Desiderat der zukünftigen Döblin-Forschung.

19 Ebd., 114.

Ursache und Wirkung, eine Ordnung und eine Rationalität suggeriert, die es im wirklichen psychischen Leben nicht gibt. Gegenüber den psychologischen »Analysen« und »Differenzierungsversuchen«, die aus seiner Sicht »mit dem Ablauf der wirklichen Psyche« nichts zu tun haben[20], bevorzugt Döblin die psychiatrische Form des Erzählens, weil sie ihm mit ihren Sprüngen, ihrem Chaos und ihrem unmotivierten Handeln veristischer erscheint. Wenn das Subjekt psychiatrisch und nicht psychologisch denkt, wenn seine Gedanken simultan, sprunghaft und logisch ungeordnet entstehen, wie etwa die Erzählung Die Ermordung einer Butterblume (1912) vorführt, dann sei der Schriftsteller besser beraten, sich an der Psychiatrie zu orientieren und sich »auf die Notierung der Abläufe, Bewegungen« der Psyche zu beschränken, » – mit einem Kopfschütteln, Achselzucken für das Weitere und das ›Warum‹ und ›Wie‹.«[21]

In der Beschreibung von Boccionis Bild scheint Döblin das Berliner Programm anzuwenden: Es ist nämlich genau das psychiatrische Prinzip, das zum Modell der Bildbeschreibung wird. Dementsprechend wird der Maler als jemand beschrieben, der sich außerhalb des Bildes befindet, wie ein Irrer tanzt und wie ein Photograph viele Bilder macht, die er dann in das Gemälde aufeinander legt. Dadurch charakterisiert Döblin allerdings weniger das Bild an sich als vielmehr die Dynamik der Entstehung von Boccionis Werk. Dazu kommt, dass das skizzierte psychiatrische Modell mit dem Lob des Wahnsinns in vielen futuristischen Manifesten im Einklang steht.[22] In beiden Fällen kommt eine radikale Rationalitätskritik zum Ausdruck.

Die Ebene der Bildbeschreibung ist allerdings nicht die einzige Reflexionsebene von Döblins Aufsatz. Parallel zur Würdigung der futuristischen Bilder entwickelt er auch eine kunstsoziologische These, die jedoch eine gewisse Distanz zum Futurismus durchblicken lässt:

> Der Futurist lehnt zum Beispiel als Maler die Theatralik ab. Es ist im Grunde fabelhaft, daß den Malern nicht ihre Beziehung zu den Kulissenschiebern längst aufgefallen ist. Vor dem Bild sitzt ein Parkett; jedes Bild »stellt sich« vor einem Parkett. Dies ist grundschlecht; entspricht nicht der Würde der Kunst, ihrer Heimlichkeit, Einsamkeit, Versunkenheit.[23]

Döblin verwendet den Begriff der ›Theatralik‹ nicht mit Blick auf das Theater. Er meint darunter vielmehr die Prostitution der Kunst vor dem Publikum. Er polemisiert gegen das Phänomen der Massenhaftigkeit von Kunst, weil sie die Langsamkeit der Auseinandersetzung mit dem Kunstwerk verhindert, weil sie die

---

20 Alfred Döblin, An Romanautoren und ihre Kritiker. Berliner Programm (Mai 1913), in: ders., Schriften zu Ästhetik, Poetik und Literatur, hrsg. v. Erich Kleinschmidt (Olten und Freiburg im Breisgau 1989) 119-123; hier: 120.
21 Ebd., 121.
22 Vgl.: Edith Ihekweazu, Wandlung und Wahnsinn. Zu expressionistischen Erzählungen von Döblin, Sternheim, Benn und Heym, in: Orbis Litterarum 37 (1982), 327-344.
23 Döblin, Die Bilder der Futuristen, (Anm. 17), 113.

desautomatisierte Beziehung zum Kunstwerk verhindert. Aufgrund dieser Voraussetzungen kann Döblin kein Verständnis dafür aufbringen, dass die Futuristen Massenspektakel wie die so genannten futuristischen Abende veranstalten oder sich selbst so inszenieren, wie es Marinetti und Boccioni in Berlin taten. Ebenso wenig kann er die futuristischen Tendenzen zur Entsakralisierung und Entauratisierung der Kunst mittragen.

Bei dieser Kritik am Futurismus kann auch unsere Metakritik ansetzen. Wenn man genau hinschaut, vertritt Döblin ein Modell der Kunstrezeption, das wir mit den Worten von Gottfried Benn als »monologisch« bezeichnen könnten. Heutzutage erscheint dieses Modell etwas angestaubt, antiquiert und anachronistisch, mag es noch von so gewichtigen Stimmen wie der von George Steiner verteidigt werden.[24] Stattdessen pflegen wir heute ein eher »dialogisches« Modell der Kunstinterpretation, ein Modell der kommunikativ bestimmten Lektüre. Das heißt: Wenn wir über Kunst reden, stehen wir in einer kommunikativen Gemeinschaft, wir reden miteinander, bauen uns gemeinsam ein Urteil über einen bestimmen Gegenstand und lesen, was andere vor uns über diesen Gegenstand behauptet haben, also wir kommunizieren sowohl synchron als auch diachron. Vor diesem Hintergrund erscheint es problematisch, das Heroische des Leseaktes – die Einsamkeit des Lesers vor dem Kunstwerk – zu verherrlichen, wie Döblin es tut; und noch weniger auf den »Einbruch des Göttlichen« zu warten, wie sich George Steiner erhofft.

Der größeren bzw. minder großen Aktualität von Döblins Auffassung der Kunstinterpretation ungeachtet, bleibt die Frage nach der spezifischen Art der von ihm angewandten Ekphrasis zu klären. Bei der Analyse der Zitate sollte aufgefallen sein, dass sich Döblin zwar als ästhetischer Mensch gerne mit Malerei beschäftigt, dass zugleich aber sein Hauptinteresse – wie das von Lessing – die Literatur ist. In seinem Essay beschreibt Döblin zwar die Bilder von Boccioni und Severini, aber es geht ihm weniger um die Bilder an sich, sondern wie bei Lessing um die Klärung des poetologischen Potentials der Literatur. Jedoch verfährt er mit der Ekphrasis anders als sein Vorbild. Bei Lessing ist die Ekphrasis das Beispiel einer misslungenen Literatur, das Beispiel einer Malerei, die Literatur sein will, es aber nicht schafft, weil sie einer »Schilderungssucht« verfällt.[25] Bei Döblin hingegen avanciert die Ekphrasis zum Motor des Nachdenkens über Kunst. Ihm als Schriftsteller geht es nicht um die Bedingungen der Abgrenzung zwischen

---

24 Vgl.: George Steiner, *Von realer Gegenwart. Hat unser Sprechen Inhalt?* (München-Wien 1990).
25 Vgl. bereits die Vorrede des *Loakoons*: »Ja diese Afterkritik hat zum Teil die Virtuosen selbst verführet. Sie hat in der Poesie die Schilderungssucht, und in der Malerei die Allegoristerei erzeugt; indem man jene zu einem redenden Gemälde machen wollen, ohne eigentlich zu wissen, was sie malen könne und solle, und diese zu einem stummen Gedichte, ohne überlegt zu haben, in welchem Maße sie allgemeine Begriffe ausdrücken könne, ohne sich von ihrer Bestimmung zu entfernen, und zu einer willkürlichen Schriftart zu werden.« (G.E.L., *Laokoon*, in: ders., Werke. In Zusammenarbeit mit Karl Eibl, Helmut Göbel u.a., 8 Bde., [München 1970-1979], Bd. VI *Kunsttheoretische und kunsthistorische Schriften*, hrsg. v. Albert von Schirnding [München 1974], 10-11)

den verschiedenen Medien, zwischen Malerei und Literatur. Vielmehr leitet er aus der Ekphrase wichtige poetologische Prinzipien für die Kunst ab.

4. Der Blaue Reiter. Futurismus als Vorstufe der Kunst der Abstraktion

Zur Zeit seiner literarischen Anfänge steht Döblin dem Sturm-Kreis und Herwarth Walden sehr nahe. Im Sturm erscheinen allerdings nicht nur Döblins erste literarische Arbeiten und die futuristischen Manifeste. Mit der Zeit konzipiert Walden seine Zeitschrift vor allem als Plattform für die expressionistische Kunst bzw. Künstler des Blauen Reiters. So treten Döblin, Marc und Kandinsky zunächst gemeinsam im Sturm als Vorkämpfer der modernen Kunst auf, schon bald aber trennen sich die Wege dieser starken individuellen Persönlichkeiten: Während Döblin den Weg des »neuen Naturalismus« und der Sachlichkeitsästhetik einschlägt, vertreten Marc und Kandinsky die Position der Abstraktion. Nichtsdestotrotz: Im Futurismus erkennen die Künstler des Blauen Reiter ähnlich wie Döblin erste Ansätze einer modernen Malerei, bevor sie sich – auch darin mit Döblin ähnlich und mit verwandten Argumenten – von ihren italienischen Mitstreitern und Konkurrenten distanzieren.

Dass Franz Marc (1880-1916) grundsätzlich den futuristischen Malern nicht abgeneigt ist, zeigt seine Reaktion auf die Münchner Ausstellung im Aufsatz mit dem Titel Die Futuristen. Hier versucht Marc, »die Futuristen nicht nur gegen das Unverständnis ihrer kunsttheoretischen Ziele in Schutz zu nehmen, sondern wendet sich auch gegen eine blasierte, einzig an den Kriterien der französischen Avantgarde-Kunst orientierte Kunstkritik.«[26] Deshalb nimmt er einen Picasso-Sammler auf den Arm, der eine futuristische Ausstellung besucht und sich über die Neuigkeiten der Futuristen wundert. Er stellt sich vor, ihn aus der Rolle zu bringen, indem er ihn mit zwei auf Boccionis Bild Der Lärm der Straße dringt in das Haus bezogene Stellen aus dem Manifest der futuristischen Malerei konfrontiert:

> Man kann ihm [dem Picassosammler, der eine Futuristenausstellung besucht, A.L.] dann ein japanisches Gedicht vorlesen oder etwas, das mindestens so schön ist und nicht immer nur von Kranichen und Pflaumenblüten handelt, vorlesen: »Wenn man ein Fenster öffnet, tritt der ganze Lärm der Straße, die Bewegungen und die Gegenständlichkeit der Dinge draußen plötzlich in das Zimmer.«

Oder:

> Die Macht der Straße, das Leben, der Ehrgeiz, die Angst, die man in der Stadt beobachten kann, das erdrückende Gefühl, das der Lärm verursacht.[27]

---

26 Johanna Eltz, Der italienische Futurismus in Deutschland 1912-1922. Ein Beitrag zur Analyse seiner Rezeptionsgeschichte (Bamberg Lehrstuhl für Kunstgeschichte u. Aufbaustudium Denkmalpflege an der Universität Bamberg 1986), 103.
27 Franz Marc, Briefe, Schriften und Aufzeichnungen, hrsg. v. Günter Meißner. Mit 42 Abbildungen (Leipzig-Weimar 1989), 248.

Über die Ironie hinaus enthält der Aufsatz auch ein irritierendes Element, denn es versteht sich nicht von selbst, warum sich Marc, der in einem früheren Brief an Kandinsky ein futuristisches Gemälde offen gelobt hatte, plötzlich mit Kunstsammlern und Ausstellungsbesuchern beschäftigt, warum er den Fokus seiner Aufmerksamkeit von den Bildern hin zu den Kunstrezipienten verschiebt. Das hat grundsätzlich nichts mit der Kritik an der Prostitution der Kunst zu tun, die bereits Döblin artikuliert hatte – ein Reflex der typisch deutschen medienfeindlichen Haltung in dieser Zeit: Döblin hat etwa die futuristische Begeisterung für die neuen Medien nicht geschätzt und konnte aufgrund dieser Voreingenommenheit nur Missfallen daran finden, dass Marinetti die erste Seite von Le Figaro gekauft hatte, um das Gründungsmanifest des Futurismus zu lancieren. Viel eher teilte er die elitäre Haltung eines Stefan George, der seine frühe Lyrik und seine *Blätter für die Kunst* in wenigen Exemplaren drucken ließ und sich die Adressaten seiner Texte selber aussuchte. Marc geht von ähnlichen Voraussetzungen aus wie Döblin. Bereits im zitierten Brief an Kandinsky unterscheidet er zwischen der hohen Qualität des futuristischen Bildes und dem medialen ›Lärm‹, der den Auftritt der Künstler in Berlin begleitet hatte. Hier erweitert Marc nun diese Kritik und beanstandet die Marktmechanismen der Kunst im Allgemeinen. Es ist anzunehmen, dass er die Legende des von der Gesellschaft marginalisierten und verachteten Künstlers kultiviert, die Legende, nach der Cézanne nur ein paar Bilder und van Gogh gar keins verkauft hat. Indirekt reflektiert er auch die Unvereinbarkeit von künstlerischer Authentizität und Publikumserfolg, die später Adorno zum Prinzip erheben sollte. Marc zitiert Kunstsammler und Ausstellungsbesucher, denen er unterstellt, keinen authentischen Zugang zu den Kunstwerken zu haben, weil es in einem bestimmten, von Nietzsche maßgeblich inspirierten Diskurs der Avantgarde wichtig war, von den Kunstsammlern und vom Publikum nicht verstanden und nicht gekauft zu werden.[28] Die Absage durch die breite Masse gilt in diesem Zusammenhang als ein Zeichen von Distinguiertheit und Qualität. »Odi profanum« (nach der Anfangszeile aus Ovids dritter Ode »Odi profanum vulgus et arceo«) ist nicht zufällig der Titel, den die jungen Maler der Gruppe *Die Brücke* ihrem Stammbuch gaben. Diese elitäre Künstlerpose wird auch Gottfried Benn übernehmen, der sich zum großen, von der Gesellschaft nicht verstandenen Einzelnen stilisieren wird.[29] Mit diesem »Pathos der Distanz« handeln sich die Künstler der

---

28 Vgl.: Arturo Larcati, *Das unanständige Angebot der Avantgarde an ihr Publikum. Voraussetzungen der Kunstrezeption im Expressionismus und Futurismus*, in: Jahrbuch der Universität Salzburg 1993-1995 (1997), 229-250.

29 Vgl. die sarkastische Art und Weise, mit der sich Benn in einem Brief an Paul Zech vom 2.9.1913 vom kommerzialisierten Kunst- und Literaturbetrieb distanziert: »[...] Kunst ist eine Sache von 50 Leuten, davon noch 30 nicht normal sind. Was große Verlage verlegen, ist keine Kunst, sondern Arbeit von Leuten, die ihrer Mittelmäßigkeit schriftstellerisch gerecht werden. Nietzsche hat zeit seines Lebens seine Rechungen nicht bezahlen können, van Gogh lebte von 28 Tassen Kaffee den Tag u. Heinrich Mann ist arm, soviel ich weiß. Kunst ist Irrsinn und gefährdet die Rasse.« (Zit. nach: *Expressionismus. Manifeste und Dokumente zur deutschen Literatur 1910-1920*. Mit Einleitungen und Kommentaren hrsg. v. Thomas Anz u. Michael Stark [Stuttgart 1982], 496.)

deutschen Avantgarde allerdings beachtliche Legitimationsschwierigkeiten ein: Denn es gehört ganz sicher zu den größten Widersprüchen des Expressionismus, dass die expressionistischen Künstler einerseits Elitarismus und Geheimnistuerei pflegen und sich von der ganzen Ökonomisierung der Kunst, von der Kunstvermarktung und von der Öffnung gegenüber dem großen Publikum gestört fühlen, dass sie aber auf der anderen Seite mit ihrer Kunst Wirkungsabsichten verbinden, ja große gesellschaftliche Veränderungen herbeiführen wollen.

In einem weiteren Brief an Kandinsky präzisiert Franz Marc seine kritische Stellungnahme gegenüber den italienischen Künstlern:

> Die Futuristen [...] sind natürlich Impressionisten, strengster Naturalismus; es sind nicht die Ideen des Blauen Reiters und das was Sie als Kommendes sehen; aber ich glaube, daß wir uns beide (ich für meinen Teil jedenfalls) geirrt haben, wenn wir dachten, daß sich der Naturalismus in Picasso in die letztmögliche Form verflüchtigt hat [...]. Sie [die Futuristen, A.L.] stehen mit beiden Füßen in der Wirklichkeit; die Titel ihrer Bilder sind wie japanische Gedichte; dabei ist von ›literarischer Malerei‹ keine Rede; herb und hart; [...] mir ist eigentlich ganz wohl bei den Gedanken, daß diese großen Naturalisten leben; ich gehe dabei ruhiger und langsamer meinen Ideen nach [...].[30]

Zwar betont Marc die künstlerische Selbstständigkeit des Blauen Reiters, um den möglichen Einwand von Kandinsky von vorneherein zu entkräften, dem Futurismus zu viel Bedeutung für die Entwicklung der modernen Kunst einzuräumen. Jedoch empfindet er ein starkes Bedürfnis, die Futuristen in Schutz zu nehmen und ihre Leistung zu würdigen. Auch wenn er sie als »große Naturalisten« – also als Antagonisten der Abstraktion – bezeichnet, rechnet er ihnen hoch an, dass ihre Malerei keine »literarische« ist. Mit dieser Behauptung greift er ein Zitat von Cézanne wieder auf, um gegen eine ›narrative‹ Malerei zu polemisieren, die auf historische Stoffe und mythologische Allegorien rekurriert und dadurch vom authentischen Leben entfernt bleibt – wie etwa die zelebrative Historienmalerei eines Franz Makart. Wenn sich die Malerei mit Mythologie beschäftigt, so Marcs These, dann kann sie nicht »mit beiden Füßen in der Wirklichkeit stehen«, wie es im Zitat heißt. Sie läuft Gefahr an der Oberfläche zu bleiben, nicht in die tiefen Schichten der Wirklichkeit zu dringen und höchstens dekorativ zu wirken. So artikuliert Marc einerseits eine Kritik an der Verbindung von Motiv und Tradition und andererseits polemisiert er gegen die akademische Malerei.

In seinem Brief an Kandinsky rechtfertigt also Marc die futuristische Malerei als wichtige Vorstufe zum Blauen Reiter, die allerdings in seinen Augen den Höhepunkt der modernen Malerei darstellt. In diesem Sinne erklärt Marc in der Fortsetzung des Briefes, dass die futuristische Abstraktion, die sich an den geometrischen Formen des Maschinellen orientiert, zwar eine legitime Form der Abstraktion darstellt, aber noch nicht die höchste. Diese wird durch die Orientierung an den vom Geistigen induzierten Formen erreicht:

30 Brief vom 23. Oktober 1912 an Kandinsky, 79-80.

> Heute dröhnt die Welt unter der Schöpfung neuer Formen; alles zittert unter der Arbeit der wunderbaren Maschinen (und Fabriken). Es gibt neue Bewegungen, neue Rhythmen, neue Formen, die Welt hat sich bis zum kleinsten Gegenstand verändert; und all dies vollzog sich in atemloser Schnelligkeit. Nun treten – wie zu allen Zeiten, Maler auf den Plan, die es als Selbstverständlichkeit ansehen, sich dieser neuen Form malerisch bedienen zu dürfen; ja sie denken gar nicht so weit. Ihr Auge begeistert sich und schult sich im Weltbild; es sieht an der Stelle des alten Ornamentes einen Winkel und seine Hand malt so. Er braucht nicht Maschinen zu malen, – er kann und wird innerlich sogar etwas ganz anderes wollen; aber sein Werk trägt äußerlich den Stempel der Maschinedynamik und Chemie [...]. Und nun die Futuristen! Unser modernes Leben ist so durch und durch futuristisch vom Telephon zu den X-Strahlen – Nun haben sie mich; so viele, die das lesen, freuen sich diebisch; nun haben wir ihn; platt, platt; das ganze Geistige, das Abstrakte ist erlogen; Nein, meine Herren, es ist nicht erlogen, ich zeigte Ihnen bescheiden das Äußerliche, Zeitliche, Vergängliche an unserer Kunst, – nur das. Ich zeigte Ihnen unser instinktives aber offensichtliches Bemühen, uns mit dem Weltbild von heute malerisch auseinanderzusetzen, um unsre künstlerische Offenheit zu zeigen; um zu zeigen, daß wir genau so um das Weltbild unserer Zeit ringen wie die Impressionisten um das Ihre.[31]

Die gegen den Futurismus gerichteten Argumente des Briefes sind in den Kontext der expressionistischen Poetologie zu setzen. Diese basiert auf der Gegenüberstellung von Empirischem und Geistigem: als erkenntnistheoretische Größe oder einfach als das Synonym für das Bürgerliche und das Banale intendiert, ist und bleibt das Empirische – in diesem Fall die Welt der Maschinen – immer das Nachrangige, es ist die instrumentelle Realität. Marc und Kandinsky suchen hingegen das Geistige, das die wahre, die höchste Wirklichkeit darstellt.[32] Mit anderen Worten: Marc respektiert zwar die futuristische Öffnung der Kunst für den lebensweltlichen Bereich als möglichen Gegenstand der Malerei, am Schluss des Briefes verortet er jedoch diese Öffnung im Kontext der Opposition zwischen Empirie und wahrer Wirklichkeit, um sie in Frage zu stellen. Da Marc davon ausgeht, dass die Welt der Telephone und X-Strahlen die oberflächliche Welt ist, verlangt er von den Malern, dass sie nicht an der Oberfläche bleiben, sondern dass sie sich um das Geistige bemühen, dass sie versuchen, die »Brücke ins Geisterreich« zu schlagen.

In diese Richtung argumentiert auch Wassily Kandinsky (1866-1944) in seinem Brief an Herwarth Walden vom 12. November 1913, wobei seine Futurismus-Kritik viel radikaler als jene von Marc ausfällt. Zu einem Zeitpunkt, in dem sich Walden mit seinen vielfältigen Initiativen bemüht, die modernistischen Tendenzen aus ganz Europa zu vertreten und zu fördern, bittet ihn Kandinsky, sich mehr für den Blauen Reiter zu engagieren als für die Futuristen. In einem nach dem *Ersten Deutschen Herbstsalon* verfassten Brief fordert er den Wortführer des Sturm-Kreises

---

31 Ebd.
32 In dieser Stellungnahme liegt eine spezifisch deutsche Position, die sich dem Technischen nie wirklich öffnen konnte. Die technische Welt war die Schwelle, die man nie wirklich überschritten hat. Das gilt auch für Walden und den Sturm-Kreis, die ebenfalls sehr konservativ und an das Geistige gebunden sind.

offen auf, keine Futuristen-Ausstellungen mehr in Deutschland zu organisieren, und begründet diese Aufforderung mit dem Argument der mangelnden Qualität der futuristischen Bilder:

> Aber Kunst ist tatsächlich eine heilige Sache. Und die Futuristen spielen mit den wichtigen Dingen, die sie hier und da bringen. Aber alles so wenig durchdacht und durchgeführt. [...] Ich weiß, [das] gehört alles in unser heutiges Leben, das unendlich vielseitig ist und beispiellos mannigfaltig schafft. Aber doch habe ich das Recht, die mir unsympathischen Elemente nicht direkt zu unterstützen. Es genügt, wenn ich sie nicht bekämpfe.[33]

Kandinsky behauptet, dass die futuristischen Bilder mit Blick auf die Komposition, sein zentraler Begriff in diesem argumentativen Zusammenhang, mangelhaft sind. Das einzige Bild, das er in einem späteren Brief an Walden kompositionell gelten lässt, ist die *Rüttelnde Droschke* (*Sobbalzi di una carrozza*) von Carlo Carrà:

> In dem futuristischen Katalog habe ich jetzt wieder gewissenhaft die zeichnerische Seite der Bilder untersucht. Zum dritten oder vierten Mal wieder s e h r, s e h r objektiv, und ... nein! Gezeichnet sind die Sachen nicht. Kompositionell ist nur die »rüttelnde Droschke« gut, die übrigen Bilder sind kompositionell akademisch – also so, wie wir sie in Museen sehen, die »überschwemmt werden müssen«. [...] – mit dem Unterschied, daß sie in der schematischen Periode stecken bleiben, was bei keinem Meister geschehen kann, d.h. wenn er auch schematisch komponiert. In der Musik kann jeder Schüler einen »Choral« komponieren [...]. Ist das Musik? [...][34]

Kandinsky kritisiert an der futuristischen Komposition, dass sie akademisch ist, weil sie sich auf eine strenge Befolgung der Regeln beschränkt. Offensichtlich ist große Kunst in seinen Augen mehr als das bloße Exekutieren von Regeln. In dieser Logik bleibt kein großer Meister im Schematischen stehen, sondern er verlässt das Schema.

Der zweite Einwand gegen die Futuristen betrifft die hastige Eile beim Zeichnen: »Die Leichtsinnigkeit und hastige Eile sind heute für viele radikale Künstler charakteristisch, dadurch haben sich die Futuristen, wie ich schon gesagt habe, auch das Gute ihrer Ideen verdorben.«[35] In dieser Polemik gegen die Eile kommt die antizivilisatorische Seite des Expressionismus zum Ausdruck. Kandinsky problematisiert nämlich – wie schon Marc es vor ihm getan hatte – den zentralen Topos der Modernisierung und wendet sich gegen die Moderne als Beschleunigung, als Akzeleration der Lebensrhythmen. Unabhängig davon, ob die Polemik mehr kulturkritisch oder mehr ästhetisch akzentuiert wird, auf jeden Fall wird die futuristische Verherrlichung der Geschwindigkeit als ästhetisches Prinzip und des Dynamismus als Lebensmaxime an den Pranger gestellt.

---

33 Zit. nach: *Der Blaue Reiter. Dokumente einer geistigen Bewegung*, hrsg. v. Andreas Hüneke (Leipzig 1986), 211f.
34 Ebd.
35 Ebd.

Im Zusammenhang mit dieser Polemik ist von Bedeutung, dass auch Döblin gegen die »Eile« und für die »Langsamkeit des Hineinwachsens in das Kunstwerk« eingetreten war, nur dass er diese als »Index der Güte« der futuristischen Gemälde intendiert hatte. In das gleiche Horn hingegen stoßen Kandinsky und Döblin, als sie gegen den allzu »spielerischen« bzw. »theatralischen« Umgang der Futuristen mit der Kunst opponieren. Gegen Marinettis Forderung, keine Opfer mehr auf dem *Altar der Kunst* zu bringen, die »Feierlichkeit« der Kunst zu zerstören und »die Allüren von Hohen Priestern« zu beseitigen[36], verteidigen beide dezidiert den »Ernst« und die Würde der künstlerischen Beschäftigung. Obwohl Döblin sehr bald ein anderes ästhetisches Konzept als die Künstler des Blauen Reiters entwickeln wird, stellt er 1911 mit großer Emphase eine rhetorische Frage, welche von Kandinsky oder Marc hätte stammen können: »Wir rühren immerwährend die Trommel für die hohe und reine Kunst. Wer tritt auf unsere Seite?«[37]

Mit Blick auf Kandinskys Würdigung von Carrà ist hingegen zu beobachten, dass der Wortführer des Blauen Reiters gegen dessen bereits erwähntes Manifest über die *Malerei der Töne, Geräusche und Gerüche* (1913) Stellung nimmt, in dem sich der italienische Künstler für eine grenzüberschreitende, »totale Malerei« stark gemacht hatte. Dabei deckt der Vorwurf des leichtfertigen Umgangs mit einer »heiligen Sache« – im zitierten Brief an Walden bezeichnet Kandinsky das Manifest als noch »leichtsinniger als die früheren« – den Umstand, dass Carrà eine vergleichbare gattungsüberschreitende Synthese der Künste anstrebte, die Kandinsky selbst mit seinem Konzept des Gesamtkunstwerks vorwiegend auf dem Gebiet des Theaters zu verwirklichen suchte.

5. Paul Klee. Futurismus als Bereicherung der Malerei

Bekanntlich hat Paul Klee (1879-1949) vorwiegend in der Schweiz gearbeitet, aber er hat auch die Kunstszene in München sehr genau beobachtet. So ist ihm die in der Galerie Thannhauser veranstaltete Futuristenausstellung 1912 nicht entgangen. Darin sieht er ein epochales Ereignis, den Einbruch der Moderne, und notiert gleich in seinem Tagebuch amüsiert und ironisch die Empörung der konservativen Kritik:

> Die moderne Galerie, das ist Herr Thannhauser, hat ihren Paraderaum den Futuristen in »nicht verantwortlicher Weise« eingeräumt (es war lustig, wie beim Hängen die gewohnten hochanständigen »Modernitäten« Platz machend abzogen). Der eigentliche Veranstalter ist der heldenhafte Walden vom Berliner »Sturm«... Und das Maß ist noch nicht voll! Man führt sogar Schönberg auf, das tolle Melodram Pierrot Lunaire! Platze, du Spieß, ich glaube dein Stündlein schlägt![38]

---

36 Marinetti, *Technisches Manifest der futuristischen Literatur*, in: Futurismus. Geschichte, Ästhetik, Dokumente, (Anm. 10), 287.
37 Döblin, *Zwei Liederabende* (1.4.1911), in: ders., Kleine Schriften I (1902-1921), (Anm. 17), 102.
38 Paul Klee, *Tagebücher 1989-1918*, hrsg. u. eingeleitet v. Felix Klee (Köln 1957), 286 (Nr. 915).

In seinen Beobachtungen über die Ausstellung, die er in der Zeitschrift *Die Alpen* veröffentlicht, geht er auch auf die einzelnen Gemälde ein:

> Man zetert hier über die heranbrechende Zeitwendung, insbesondere über die futuristischen Maler, die uns doch zumindestens mit ihrem großen Talent anregten [...]. Das große Talent, das ich erwähnte, heißt Carrà; man braucht nicht über die neue Schwelle zu stolpern und kann hier an Tintoretto denken oder an Delacroix, so verwandt sind die Klänge der Farbe und das Temperament der Faktur. Bei Boccioni und Severini geht das mit den alten Meistern allerdings schon weniger gut. Da steht im Manifest beispielsweise zu lesen:»Wenn man ein Fenster öffnet, tritt der ganze Lärm der Straße, die Bewegungen und die Gegenständigkeit der Dinge von draußen plötzlich in das Zimmer«, oder:»die Macht der Straße, das Leben, der Ehrgeiz, die Angst, die man in der Stadt beobachten kann, das erdrückende Gefühl, welches der Lärm verursacht.« In der Tat, es finden sich solche Dinge überzeugend ausgedrückt. (Heiliger Laokoon!!)[39]

Unter den futuristischen Malern hebt Klee ähnlich wie Kandinsky die Bedeutung von Carrà hervor, während er die Malerei von Boccioni und Severini nur aufgrund ihrer Modernität schätzen kann.[40] Carrà hingegen schätzt Klee auch unabhängig vom »futuristischen Prinzip« hoch. Er stellt ihn in die gleiche Reihe mit alten Meistern wie Tintoretto oder Delacroix. Anders als Kandinsky würdigt Klee allerdings nicht so sehr Carràs gekonnten Umgang mit der Komposition, wie man angesichts der späteren Bedeutung dieser Kategorie für seine Studien und für seine Praxis hätte erwarten können, sondern vielmehr dessen Verwendung der Farben und sein »Temperament«. In seinem positiven Gesamturteil stimmt Klee mit Döblin überein: hatte dieser in der futuristischen Malerei einen gewaltigen Schritt »nach vorwärts«[41] gesehen, so spricht Klee von einer Bereicherung der Malerei durch die Futuristen. Und das Gebiet der Malerei ist um ein neues Stück abermals bereichert, das ist zu würdigen ....

Der Kommentar schließt mit dem Zitat der Passagen aus dem *Manifest der futuristischen Malerei*, die zum Teil auch Franz Marc erwähnt hatte, und dem Aufruf »Heiliger Laokoon!!«, wodurch es offensichtlich wird, dass Klee die Bilder der Futuristen mit Blick auf die Laokoon-Debatte beziehen will. Dabei muss man in Erinnerung rufen, dass es in der Debatte nicht nur um die Grenzen zwischen Malerei und Literatur, sondern auch um die Grenzen der Emotionalität ging. Angesicht der letzten Augenblicke im Leben des Laokoon stellt sich Lessing die Frage: Wie viel an Emotionalität darf dargestellt werden? Wie viel Pathos darf es in einem Kunstwerk geben? Was darf an Affekten dargestellt werden? Welche Affekte sind zulässig, dargestellt zu werden? Trifft diese Interpretation zu, dann bezieht sich Klee mit seinem Aufruf auf die Affekte und Erschütterungen der Psyche, die

---

39 Ebd., 285-286 (Nr. 915).
40 Im Jahr 1913 differenziert Klee sein Urteil, das ein Jahr davor – unter dem unmittelbaren Eindruck der Ausstellung etwas anders ausgefallen war: »Carrà, Boccioni und Severini sind gut, sehr gut, Russolo mehr typisch.« (Ebd., 284 – Nr. 914)
41 Döblin, *Die Bilder der Futuristen*, in: ders., Kleine Schriften I (1902-1921), (Anm. 17), 113.

im futuristischen Manifest genannt werden: »der Ehrgeiz, die Angst, die man in der Stadt beobachten kann, das erdrückende Gefühl, das der Lärm verursacht.« Und er bestätigt den Futuristen, dass sie die Dynamik der Großstadt in gelungener Form – also mit dem Einsatz der richtigen Effekte – dargestellt haben.

Noch bevor Klee auf die futuristischen Künstler zu sprechen kommt, macht er sich Gedanken über die Logik, die der Ausstellung der Bilder zugrunde liegt:

> Nochmals, tags darauf, konnte man den kleinen Herwarth Walden beim Hängen der Futuristen in der Galerie Thannhauser beobachten. Lebt von Zigaretten, befiehlt und rennt wie ein Stratege. Er ist wer, aber irgendetwas fehlt. Er liebt die Bilder auch gar nicht! Er riecht nur was dran, mit seinem guten Riechorgan. [...] »Diese Bilder sind unverkäuflich, so berühmt sind sie, die Leute können gar nicht genug malen«, sprach Herwarth zu mir. Ich hörte es.[42]

Indem Klee die Art und Weise problematisiert, wie Walden die Bilder aufhängt[43], und ihm kommerzielles Kalkül unterstellt, thematisiert er ein großes Anliegen der Avantgarde: neue Demonstrationsformen jenseits der Museen zu finden. Die Futuristen lehnen die Museen ab und bezeichnen sie als Friedhöfe der Kunst, weil diese in ihren Augen bürgerliche Institutionen sind und die Dynamik der modernen Produktion und Rezeption von Kunst nicht berücksichtigen.[44] Marinetti und Boccioni attackieren nicht nur die »passatischen« Bilder, die in den Museen hängen, sondern auch die Memoria-Funktion der Museen überhaupt und reflektieren über alternative Praktiken der Ausstellung, die sich an einem neuen, unbelasteten, an der Gegenwart orientierten Modell von Gedächtnis orientieren.[45]

---

42 Klee, *Tagebücher 1989-1918*, (Anm. 38), 284 (Nr. 914).
43 Im Vorfeld der Berliner Futuristenausstellung hatte Boccioni vergleichbare Vorwürfe der Inkompetenz gegen Walden gerichtet.
44 Vgl. Sven Pieker: »Für die historischen Avantgardebewegungen – vom Futurismus und Surrealismus bis zum sowjetischen Konstruktivismus – ist das Museum der Inbegriff einer auf dem Primat der Kontemplation beruhender Klassenkunst.« (Sven Pieker, *Vom Umhertasten in der Kunst*. El Lissitzkys *Demonstrationsräume* zwischen Labor und Büro, in: Pictogrammatica. Die visuelle Organisation der Sinne in den Medienavantgarden 1900-1938, hrsg. v. Inge Münz-Koenen u. Justus Fetscher [Bielefeld Aisthesis 2006], 197-217; hier: 197)
45 Zu diesem Komplex des Museums als Archivform, als Gedächtnisform und zur futuristischen Rezeption von Bergsons Gedächtnismodell vgl. Busch, »Naturalismus, Naturalismus; wir sind noch lange nicht genug Naturalisten«, (Anm. 16), 245f.

Alessandra Basile

«Un délicieux voyage à deux».
Les Fenêtres von Rainer Maria Rilke:
Worte und Bilder einer Liebesgeschichte

> Wie soll ich jemals es begreifen können,
> daß im Entbehren das Glück ist?
> R.M.Rilke

Allgemeine Bemerkungen zum Zyklus

Rilke schrieb die 10 Gedichte, aus denen der Zyklus Les Fenêtres besteht, zwischen Juni-Juli 1924 und Anfang April bis 22.-24. Mai 1926[1], als er zwischen Ragaz und Valmont weilte, aber sie wurden erst 1927, nach seinem Tod, veröffentlicht.[2]

In seiner Chronik Rilkes Schweizer Jahre[3] berichtet Rudolf von Salis, Rilke hätte schon im August 1929 vorgehabt, sich einer Fenster-Dichtung zu widmen und kurz danach hätte er auch mit seiner damaligen Liebenden, der Malerin Baladine Klossowska[4], geplant, einige bebilderte Fenster-Gedichte zu veröffentlichen, obwohl es ihm niemals gefallen hatte, verschiedene Kunstformen zu mischen.[5] Er hatte danach auf dieses Projekt verzichten müssen zugunsten der Elegien, die er zu dieser Zeit zu Ende bringen wollte.

Rilke hatte diese Arbeit unter dem Druck von Baladine schon zur Zeit der Veröffentlichung des anderen Vergers Zyklus angefangen, als wäre es ein Liebespfand

---

1 Das III. und das VI. Gedicht wurden 1924 (III, ohne Ort, zweite Hälfte Juni; IV, Ragaz, um den 10.7.) und die restlichen acht 1926 verfasst (I, Val-Mont, Anfang April 1926; IX, Val-Mont, Anfang April 1926; VIII, Val-Mont, Mitte April 1926; II, Val-Mont, gegen Mitte April 1926; X, Val-Mont, 22.-24.5.1926; VI, Val-Mont, Mitte Mai 1926; V, ohne Ort, 22.-24.5.1926; VII, Val-Mont, Anfang Mai 1926).
2 Rainer Maria Rilke, Les fenêtres, dix poèmes de Rainer Maria Rilke illustrés de dix eaux-fortes par Baladine (Paris 1927). Zwischen dem 18. und dem 20. Juni des gleichen Jahres hatte er auch zwei andere Gedichte zum Thema ›Fenster‹ geschrieben: D'abord, au matin, petite fenêtre und Depuis quand nous te jouons und der Abschnitt Ce jour elle fut d'humeur finestrière geht auch auf die Zeit zwischen dem 22. und dem 25. April zurück. Diese drei Gedichte wurden von der Veröffentlichung ausgeschlossen wie auch das Gedicht Assiette verticale qui nous sert, das dennoch mit anderen im Zyklus eingeschlossen zwei in Vergers vorkommt und das zwischen dem 12. und 18. Juni 1926 geschriebene deutsche Gedicht Längst, von uns Wohnenden fort, unter die Sterne versetztes Fenster. Vgl. Giuliano Baioni u. Andreina Lavagetto (Hrsg.), Rainer Maria Rilke, Poesie II 1908-1926 (Torino 1995), 898.
3 Rudolf von Salis, Rilkes Schweizer Jahre. Ein Beitrag zur Biographie Rilkes Spätzeit (Frankfurt am Main 1975).
4 Baladine war der Künstlername der Malerin Elisabeth Dorothee Klassowska, geborene Spiro, und der Name Merline, der im Titel des Briefwechsels vorkommt, wurde von Rilke als Kosename wahrscheinlich in Anlehnung an den Namen Merlin, den Zauberer der alten Sage, gewählt.
5 Manfred Engel u. Dorothea Lauterbach (Hrsg.), Rainer Maria Rilke, Gedichte in französischer Sprache mit Prosaübertragungen, Supplementband der Kommentierten Ausgabe in vier Bänden (Frankfurt am Main und Leipzig 2003), 560 (im Folgenden zitiert als: KA V).

und aus Dank dafür, dass sie ihm bei der Veröffentlichung geholfen hatte. Die Widmung des Bandes lautet nämlich «A Mouky et à Baladine».[6]

Les Fenêtres, wie auch Vergers, wurden eigentlich von Merline konzipiert, die sich um die Auswahl der Gedichte, ihre Veröffentlichung und ihre Einordnung bemüht hatte.[7] Sie hatte nämlich die Texte angeordnet, als wären sie die Etappen einer Liebesgeschichte, wahrscheinlich ihrer eigenen, die sie auf diese Weise wiedergeben wollte.

In seinem Brief vom 18. März 1926 hatte Rilke geschrieben: «Oui, il faut absolument que nous fassions un jour une édition de vos ‹Fenêtres›: moi, dans mes trois pièces, j'ai à peine effleuré ce sujet tentant: vous en êtes pleine, et vous pourriez faire un ensemble unique et ravissant. Pensez y souvent.»[8] Und als Merline den ersten Entwurf der Gedichte Rilkes bekommt, schreibt sie zurück: «Combien je vous remercie et quelle surprise vous me faites! Elles sont toutes belles, elle font une courbe très sensible et la dernière, où il n'ya a rien, qu'elle est belle!! (Je pense à ma fenêtre – il n'y en a qu'une seule et vous savez où et à mes deux bras qui pendaient)[9]. Elle, la première, commence avec une realité qui ne sera bientôt plus (la seconde) de nouveau, (la troisième) elle s'impose avec toutes ses attaches, pour devenir rêve et tout a passé; (la quatriéme). Je les trouve très belles et belles dans leur suite, chéri, mais moi – comment en inventer de pareilles? Je tâcherai, certes, j'y penserai, ami.»[10]

Jenseits dieses gemeinsamen poetischen Projekts erweist sich der Zyklus, wie alle anderen, Les Roses ausgenommen, als heterogen. Die Motive werden hier nicht planvoll durchgeführt oder in eine große Gesamtkonzeption integriert, sondern auf ihre verschiedenen möglichen Bedeutungen hin frei entfaltet. Auch der Bild-Text Bezug ist nicht zu eng.[11] Die Bilder wurden nämlich nicht nur nach den Gedichten zu Ende gebracht, sondern Rilke hatte auch beim Schreiben der Gedichte

---

6   Beide Namen beziehen sich auf die gleiche Person. ›Mouky‹ kann sicher aufgrund ihres Liebesverhältnisses auch als Kosename neben Merline gelesen werden. Merline hatte den Brief an Rilke vom 11. Mai 1926 mit den beiden Namen ›Merline‹ und ›Baladine‹ unterzeichnet. Vgl. Dieter Bassermann (Hrsg), Rainer Maria Rilke et Merline, Correspondance 1920-1926 (Zürich 1954), 579 und vielleicht hatte Rilke sie bei der Veröffentlichung von Les Fenêtres imitieren wollen. Dazu Hans W. Panthel in seinem Aufsatz: Zu Rilkes Gedichtzyklus Les Fenêtres in: «Etudes Germaniques» 24 (1969), 48-57; hier: 49, wo er auch die Anmerkungen von Angelloz in seinem Werk Rainer Maria Rilke, Leben und Werk, erwähnt.
7   Im Brief vom 24. Mai 1926 hatte Rilke geschrieben: «Encore quatre ‹Fenêtres› nouvelles, sans que je sache leur assigner la place qu'elles prendront dans la suite de nos deux ‹séries›. C'est à vous de les disposer pour le plaisir de votre crayon!»
8   Bassermann (Hrsg), Rainer Maria Rilke et Merline, Correspondance 1920-1926, (Anm. 5), 566.
9   Sowohl im ersten als auch im letzten Gedicht ist nicht von hängenden Armen die Rede, sondern von Armen, die sich in die Luft ausstrecken. «Et si elle lève les bras» lautet das erste und «En me montrant tes bras/tendus vers la nuit» lautet das letzte Gedicht.
10 Bassermann (Hrsg.), Rilke et Merline, Correspondance 1920-1926, (Anm.5), 578. Rilke hatte Merline Anfang Juni 1919 in Genf besucht. Er hatte sie mehrere Jahre zuvor in Paris kennen gelernt und ihre Adresse hatte er von gemeinsamen Freunden bekommen.
11 Im Brief vom 29. Mai 1926 schreibt Merline von ihrer Darstellungsarbeit der Gedichte Rilkes: «Nature, cela ne va pas, quand on veut illustrer un poème, tout tout oublier, ne plus rien savoir que l'essence d'une fenêtre, le parfum d'une fenêtre.»

kein entsprechendes Bild im Kopf. Nur das erste, das achte und teilweise das zweite und das sechste wurden auf die Radierungen hin konzipiert. Von einem künstlerischen Standpunkt aus gesehen sind die Radierungen dennoch sehr reizvoll, weil sie den Stil des Art Nouveau andeuten und sich auf einer sehr seltenen und interessanten Abstraktionstechnik gründen, die durch eine sparsame Verwendung der Mittel und durch einen fragmentarischen Aufbau charakterisiert ist. Die dargestellten Objekte werden eben nur bruchstückhaft wiedergegeben, lassen sich aber auf einen bildkünstlerischen Begriff von Ganzheit zurückführen.

Das Fenster ist immer, wie die Rose, eines der wichtigsten Symbole der Poetik Rilkes. Es kommt im ganzen Werk, besonders in den *Aufzeichnungen des Malte Laurids Brigge* und in der neunten Elegie[12] vor, aber seine Bedeutung erreicht seinen Höhepunkt in diesem ihm gewidmeten späten Zyklus.

Als Rilke sich mit diesem Thema beschäftigt, vergisst er nicht die vielen und verschiedenen Traditionen, auf die sich dieses Motiv gründet. Er knüpft dabei sicher an eine Tradition der Lebensphilosophie an, die die alltäglichen und elementaren Gegenstände wie auch das Fenster als symbolische Formen und als Verwirklichung der Grundbedürfnisse und Grundgefühle interpretiert. Nach Meinung des mit Rilke befreundeten Philosophen und Soziologen Georg Simmel, der in seinem Aufsatz *Brücke und Tür* viele Symbole analysiert, zeigt die Brücke, wie »der Mensch die Geschiedenheit des bloß natürlichen Seins vereinheitlicht«, und die Tür, wie er »die uniforme, kontinuierliche Einheit des natürlichen Seins scheidet«.[13]

Rilke greift aber auch an die Fenster-Bilder der Romantik auf, in denen das Fenster zwei ansonsten getrennte Räume verbindet: den Innen- und den Außenraum. Der Innenraum strebt nach der Ferne, nach dem Unendlichen, und wenn Rilke das Fenster als einen Blick des Innenraums auf den Außenraum vermittelt, erweist er sich sicher als Fortsetzer der romantischen Tradition. *Les Fenêtres* bieten in diesem Sinn eine völlig andere Dimension als *Les Roses*. Einerseits gibt es das Maß und die Form, andererseits gibt es das Offene, den Überfluss an Leben, das weiche Sich-Hingeben.[14]

Das Fenster erschließt dennoch nicht nur einen Blick vom Innen nach Außen, sondern auch umgekehrt vom Außen nach Innen und wirkt bei Rilke zudem nicht nur als Schwelle zwischen diesen Räumen. Er betrachtet zum ersten Mal in seinem Werk das Fenster als Beschreibungsmittel eines in einem Rahmen begrenz-

---

12 Manfred Engel, Ulrich Fülleborn, Horst Nalewski, August Stahl (Hrsg), Rainer Maria Rilke, Werke. Kommentierte Ausgabe in 4 Bänden (Frankfurt am Main und Leipzig 1996), KA II, 228.
13 Georg Simmel, Brücke und Tür in: «Der Tag» 15.09.1909. Vgl.: Manfred Engel u. Dorothea Lauterbach (Hrsg.), Rainer Maria Rilke, *Gedichte in französischer Sprache mit Prosaübertragungen*, KA V, (Anm.5), KA V, 563.
14 Claude David in seinem Aufsatz *Roses et Fenêtres* in: «Etudes Germaniques» 30 (1975), 425-437; hier: 435, vergleicht den Unterschied zwischen den beiden mit dem Unterschied zwischen Dichtung mit ihrer Freiheit, ihrem Glück und ihrer Kreativität und Kunst mit ihrer Ablehnung des Schicksals.

ten Raums. Auf diese Weise knüpft er nicht zuletzt an eine mediale Praktik des XVIII. Jahrhunderts an, die auch von August Langen in *Anschauungsformen in der deutschen Dichtung des 18. Jahrhunderts*[15] erwähnt wird – die Guckkästen der Jahrmärkte und die ›Camera Obscura‹.

Die angebotene Vision, von der hier die Rede ist, ist die Vision aus dem Inneren in einen begrenzten ausgeschnittenen Teil des beobachteten Phänomens. Während aber die Guckkästen einen Ausschnitt außerhalb der Wirklichkeit anboten, reflektiert Rilke durch das Fenster über das alltägliche Leben und über die einfachen Gegenstände, die es füllen. Die durch das Fenster beobachteten Gegenstände gelten als Natura Morta, aber sie werden dadurch auch vor der unerbittlichen und unaufhörlichen Vergänglichkeit gerettet. Rilke gelingt es, dem Augenblick, der immer wertvoller wird, Dauer zu verleihen. Das Rilkesche Fenster grenzt daher nicht nur den Raum, sondern auch die Zeit durch eine spezifische Perspektive ab.

Das Fenster wird zur Zeitachse und zum Maß des Verlusts und der Vergänglichkeit, indem Rilke eine vierte Dimension einführt: die Zeit.

Verse und Bilder

Ich werde in meinem Beitrag versuchen, die Gedichte aus dem Zyklus *Les Fenêtres* von Rainer Maria Rilke mit Hilfe der entsprechenden Radierungen von Baladine Klossowska zu interpretieren und sie als poetische Darstellung ihrer Liebesgeschichte zu betrachten, wobei bekannt ist, dass Leben und Kunst bei Rilke die gleichen Wege gehen und auf die gleichen Hindernisse stoßen. Rilke und Merline lebten eine ferne aber sehr leidenschaftliche Beziehung, die sich leicht im Briefwechsel rekonstruieren lässt.

Der Titel ist nicht klar. Aus dem Zyklus geht hervor, dass es sich immer um dasselbe Fenster handelt, aber die Verwendung des Plurals verweist vielleicht auf die verschiedenen Fenster als Sinnbilder der verschiedenen Etappen der Beziehung Rilkes zu Merline. Für jede Etappe steht eine verschiedene Fenster-Situation, aber das Fenster bleibt immer dasselbe.

Die qualvolle Liebe zwischen dem deutschen Dichter und der russischen Malerin kann eigentlich nicht nur als konkrete Realisierung seiner poetischen Theorie der besitzlosen Liebe gelesen werden. Es ist die autobiographische Wiedergabe des Spiels zwischen Erscheinen und Verlieren, Anwesenheit und Abwesenheit, wobei etwas erst wirklich anwesend sein kann, wenn man seine Abwesenheit begreift. Dieser Begriff hatte schon seinen Höhepunkt in den Versen von *Abelones Lied* aus den *Aufzeichnungen des Malte Laurids Brigge* gefunden: »Ach in den Armen hab ich sie verloren [...] Weil ich niemals dich anhielt, halte ich dich fest.«[16]

---

15 August Langen, *Anschauungsformen in der deutschen Dichtung des XVIII. Jahrhunderts* (Darmstadt 1965).
16 Engel, Fülleborn, Nalewski, Stahl (Hrsg), Rainer Maria Rilke, KA III, (Anm. 11), 628.

Sieben dieser Gedichte sind, wie alle *Quatrains Valaisans*, in Vierzeilern geschrieben, das zehnte hat neben zwei Vierzeilern eine Strophe mit fünf Versen. Nur das erste Gedicht der Reihe mit zwei fünfversigen Strophen und das sechste mit zwei Strophen von sechs Versen bilden formal eine Ausnahme.

I

Il suffit que, sur un balcon
ou dans l'encadrement d' une fenêtre,
une femme hésite, pour être
celle que nous perdons
en l'ayant vue apparaître.

Et si elle lève les bras
pour nouer ses cheveux, tendre vase:
combien notre perte par là
gagne soudain d'emphase
et notre malheur d'éclat!

Im ersten Gedicht des Zyklus sind unpersönliche Züge zu sehen, ein Blick von außen, der in der ersten Strophe mit einer Überlegung auftritt und in der zweiten beschreibt, was er sieht. Die Überlegung betrifft eines der Hauptmotive, die in der Poetik Rilkes der letzten Jahre vorkommen und besonders in den vielen französischen Gedichten, die er zwischen 1924 und 1926 verfasst. *Les Fenêtres* zählen zu seinen späten Gedichten und sind seine allerletzte poetische Veröffentlichung vor dem Tod. Die letzten zwei Verse der ersten Strophe: «celle que nous perdons en l'ayant vue apparaître» verweisen auf den Mythos von Orpheus, nach dem der Sänger Orpheus sich dazu verurteilt, seine Geliebte Eurydike für immer zu verlieren, indem er sich beim Aufstieg von der Unterwelt zur Oberwelt nach ihr umschaut.

Im ersten Gedicht wird die Erscheinung der Frau am Fenster oder auf dem Balkon erwähnt, obwohl es in der entsprechenden Radierung Merlines keine Spur von dem Balkon gibt. Was Verse und Bild vereinigt, ist die Darstellung einer Frau, die ihr Haar hochbindet, eine Bewegung, die sie in der Radierung einer schlanken Vase ähneln lässt.[17] Das Bild der Vase ist natürlich sehr evokativ, sowohl aus der

---

17 Auf diese Verbindung verweisen die Herausgeber der Kommentierten Ausgabe *Rilke Werke* und auch Hans W. Panthel in dem schon zitierten Aufsatz. Er meint, der Ausdruck ›tendre vase‹ müsse nicht unbedingt der freudschen Symbolik entliehen werden, obwohl Freud den Menschen mehrmals mit einer Vase vergleicht, deren Inhalt erst dann sichtbar wird, wenn sie zerbricht,

Perspektive der psychologischen Studien als auch als reine allgemeine Assoziation der Form einer Vase mit der eines weiblichen Körpers. Das Bild der Vase, das auch in der zweiten Strophe vorkommt und das auch auf die Bewahrung der vergänglichen Schönheit verweist, trägt zu der wiedergekehrten positiven Stimmung der zweiten Strophen bei – im Gegensatz zu dem traurigen Ton der ersten. Was in der ersten Strophe verloren scheint, bekommt in der zweiten Strophe Nachdruck, und die dunkle Stimmung des Verlusts wird erhellt. Hier wird dem Verb «perdre» sein Gegenteil «gagner» entgegensetzt und in dem Ausdruck «malheur d'éclat» wird die negative Bedeutung von «malheur» durch die Genitivergänzung «d'éclat» gemildert.

In diesem Zyklus bemerkt man auch, wie in allen anderen, das ständige semantische und lexikalische Spiel Rilkes, antinomische Wörter nebeneinander zu stellen, wie in diesem Fall das Erscheinen, d.h. die Anwesenheit, neben den Verlust. Eine ähnliche Antinomie tauchte schon in den *Vergers* auf: «Je suis sans besoin de te voir apparaître, il m'a suffi de naître pour te perdre un peu moins»[18]. Das Verb «apparaître» in den Versen passt auch zu der Radierung Merlines, die eine intime Beobachtung wiedergeben will, fast ein Ausspionieren, ein verbotenes Schauen, weil die Frau nicht weiß, dass sie beobachtet wird.[19] Der Blick könnte auch der Beginn einer Liebe sein, der Blick als Symbol des Begehrens, der aber schon den Keim des Verlusts in sich birgt.

während das Unbewusste für ihn durch die Büchse der Pandora repräsentiert wird, in der die niedrigsten Triebe der kapitalistischen Gesellschaft enthalten sind.
18 Engel u. Lauterbach (Hrsg.), Rainer Maria Rilke, KAV, (Anm. 4), 46.
19 Vielleicht wurde Rilke für dieses Gedicht auch von dem Bild Merlines *La femme au Miroir* irgendwie inspiriert. In diesem Bild, das Rilke in seinem Brief vom 12. Dezember 1920 beschreibt, wird der Frau, die ihre Haare binden will, von einer anderen geholfen. In der dem Gedicht Rilkes entsprechenden Radierung Merlines wird die Frau von außen beobachtet, sie ist allein aber vielleicht betrachtet sie sich auch im Spiegel. Er ist natürlich nicht zu sehen, weil die Erscheinung der Frau im Rahmen des Fensters eingegrenzt ist. Diesem Gedicht scheint aber besser das Bild Merlines *La fille à la Fenêtre* zu entsprechen, das in demselben Brief auch von Rilke beschrieben und gelobt wird.

II

Tu me proposes, fenêtre étrange, d'attendre;
déjà presque bouge ton rideau beige.
Devrais-je, ô fenêtre, à ton invite me rendre?
Ou me défendre, fenêtre? Qui attendrais-je?

Ne suis-je intact, avec cette vie qui écoute,
avec ce cœur tout plein que la perte complète?
Avec cette route qui passe devant, et le doute
que tu puisses donner ce trop dont le rêve
m'arrête?

Im zweiten Gedicht kommt das Motiv der Erwartung vor, das auch in der Radierung wiedergegeben wird. Hier sieht man ein zur Hälfte von einem Vorhang verdecktes Fenster und im Hintergrund eine Frauenhand, die eine Vase mit zwei großen Rosen auf ein rundes Tischchen stellt. Es ist, als ob die Frau alles für die Ankunft eines Gastes vorbereiten möchte. Das Lyrische Ich wendet sich an das Fenster, um einen Rat zu bekommen, ob es die Einladung annehmen oder ablehnen sollte. Die Vase in der Radierung enthält zwei Rosen, eine aufgeblühte und eine verwelkte Rose, die die zwei möglichen Antworten auf die Einladung darstellen könnten. Die verwelkte könnte auch als Symbol für ein unerfülltes Warten gelten. Auch hier, in der zweiten Strophe, taucht noch einmal die Opposition auf zwischen dem Begriff ›Verlust‹, der indirekt auf eine Anwesenheit verweist, und einer Fülle, die ihr Gegensatz ist: «Ne suis-je intact, avec cette vie qui écoute/avec ce cœur tout plein que la perte complète?».[20]

Die Fülle des Herzens kann ihre Vollständigkeit erst dank des Verlusts erreichen, wie die Rose, die vollständig ist, weil sie den Verlust besitzt: «rose qui infiniment possède la perte»[21].

---

20 Engel u. Lauterbach (Hrsg.), Rainer Maria Rilke, KA V, (Anm. 4), 132.
21 Ebd., 116.

In den letzten zwei Zeilen der letzten Strophe knüpft das Verb «arrêter» an das Verb «attendre» der ersten an, wobei der Begriff des Anhaltens schon den Anfang einer Bewegung impliziert. Es taucht hier eine Dynamik auf, die sich dem statischen Charakter des Verbs «attendre» entgegensetzt.

Innerhalb der geschichtlichen und biographischen Koordinaten, auf deren Hintergrund sich die Beziehung zwischen Rilke und Merline entwickelt, könnte dieses Gedicht die Phase wiedergeben, in der Rilke Einsamkeit für seine Arbeit verlangt – und dadurch ihre Beziehung beeinträchtigt. Viele Stellen aus ihrem Briefwechsel gelten als Beweis dieser Krise.[22] Bei Rilke war aber eigentlich jede tiefe Beziehung ein Hin und Her zwischen Nähe und Distanz.

III

N'est-tu pas notre géométrie,
fenêtre, très simple forme
qui sans effort circonscris
notre vie énorme?

Celle qu'on aime n'est jamais plus belle
que lorsqu'on la voit apparaître
encadrée de toi; c'est, ô fenêtre,
que tu la rends presque éternelle.

Tous les hasards sont abolis. L'être
se tient au milieu de l'amour,
avec ce peu d'espace autour
dont est maître.

Das Thema des Anhaltens in Bezug auf den Begriff der Nicht-Überwindung der Grenzen kommt auch im dritten Gedicht des Zyklus vor, wo das Fenster als einfache Form dargestellt wird, die das von Rilke als «énorme» bezeichnete Leben umschließt. Trotzdem werden die Grenzen der Zeit in der zweiten Strophe doch

---

22 Vgl. Brief vom 22. Februar 1921, 2. April 1921, 10. Mai 1921, 22. Mai 1921, 27. Mai 1921, 16. Sept. 1923, 16. Nov. 1926. Vgl.: Bassermann (Hrsg.), Rainer Maria Rilke et Merline, Correspondance 1920-1926, (Anm. 5).

überschritten. Die im Fenster eingerahmte Liebende erscheint nicht nur schöner, sondern ihr wird auch Ewigkeit verliehen.

In seinem letzten französischen Zyklus scheint Rilke sich auf einen Raum zu beschränken, den des Fensters, der wie die Rose auf das Unendliche hinausgeht, ohne sich ihm völlig hinzugeben. Der Raum des Fensters versucht dem durch das Unendliche vermittelten Leben eine Form und ein Maß zu geben, die in seinem Blendrahmen enthalten sein könnten.

Wie das Auge, das filtert, was es sieht, filtert das Fenster die genaue Lebensmenge, die der Mensch ertragen kann, und innerhalb seiner Grenzen wird alles Teil einer aus Schönheit und Ewigkeit bestehenden Welt.

Die Radierung Merlines stellt eine Frau mit verschwommenen Umrissen dar, die fast in die vier Seiten des Fensterrechteckes eingeklemmt scheint, obwohl nur zwei Seiten bildlich dargestellt sind. Der rechte Arm wird innerhalb des Rechteckes gezeichnet, damit er innerhalb des Rahmens bleibt, während ihr Kopf die Oberseite streift. Nur ein Bein ist gebeugt, damit das Gleichgewicht des Körpers gehalten wird.

In der letzten Strophe taucht das Thema des Zufalls auf, das natürlich mit den vorigen geometrischen Bezügen nichts zu tun hat. Die Geometrie unterliegt nämlich sehr strikten Regeln.

«Tous les hazards sont abolis» lautet die erste Zeile dieser letzten Strophe in Bezug auf die Meinungen, die sowohl Valéry als auch Mallarmé zu diesem Thema hatten. Für sie galt die Überwindung des Zufalls als das letzte unerreichbare Ziel der Dichtung und der Kunst im Allgemeinen. In einem Brief vom 11.06.1924 hatte Rilke an Antoinette Bonstetten über Valéry geschrieben: «C'est son parfait désir d'éliminer le hasard qui entraîne Valéry à établir ces intentions supposées, possibles et à la fois impossibles par leur expression même. »[23]

Die zitierte Stelle aus Les Fenêtres ist sicher von dem Einfluss geprägt, den Valéry in dieser Zeit auf das gesamte Werk Rilkes ausübte, weil Rilke eine völlig andere Meinung dazu hatte. Seiner Meinung nach konnte gerade die Überwindung des Zufalls nicht geplant werden; der Zufall war für ihn sogar ein auf einen glücklichen Augenblick eingeschränktes Geschenk, sowohl im Leben als auch in der Kunst. Jahre vorher hatte er sich in seinem Brief an Merline vom 13. Dezember über den Zufall positiv und negativ, je nachdem, ausgedrückt: «Désormais, je voudrais toujours vivre en dehors du hasard. Cette pure solitude! Jamais personne qui vous regarde, qui se rende compte de ce qui vous agite et qui, par cela même, déjà s'impose et se mêle à vos intentions. Le hasard: Je veux dire toutes ces rencontres inutiles, tous ces bavardages embarrassés, tout ce qui se jette sur vous par inoccupation, par mégarde même, enfin le hasard brut que nous connaissons si bien et qui parfois décide de nous pour des heures, voire pour toute une journée. Ce hasard, je n'en veux plus. Il n'a raison qu'à Paris: puisque là où son choix est

---

23 Rainer Maria Rilke, Lettres autour d'un jardin (Paris 1977), 26.

énorme, il devient généreux et même inspiré, et dans un monde complet il se fait élementaire – il ne produit plus d'incidents – il crée des costellations!»[24]

In seinem Briefwechsel mit Merline setzt sich Rilke oft mit diesem Thema auseinander; manchmal verwendet er das Wort «hasard», manchmal das Wort «sort». In dem Brief vom 16.12.1920 definiert er den Zufall als «le singe docile et adroit de la loi»[25] und er schreibt über den «sort»: «[...] j'appelle ‹sort› tous les événements extérieurs (inclusivement les maladies par exemple) qui, inévitablement, peuvent venir interrompre et anéantir une disposition d'esprit et une élévation solitaire par sa nature [...]»[26]

IV

Fenêtre, toi, ô mesure d'attente,
tant de fois remplie,
quand une vie se verse et s'impatiente
vers une autre vie.

Toi qui sépares et qui attires,
changeante comme la mer, -
glace, soudain, où notre figure se mire
mêlée à ce qu'on voit à travers;

échantillon d'une liberté compromise
par la présence du sort;
prise par laquelle parmi nous s'égalise
le grand trop du dehors.

Das vierte Gedicht des Zyklus knüpft an das zweite an, indem es noch einmal das Motiv des Fensters als Maßstab des Wartens behandelt. Das lyrische Ich wendet sich direkt an das Fenster mit der Bezeichnung «mesure d'attente».

Die Tendenz eines Lebens nach einem anderen Leben, von der in der ersten Strophe die Rede ist, könnte die unlösbare Beziehung zwischen Innen und Außen andeuten, die auch in den folgenden Strophen vorkommt.

Das Fenster trennt und zieht an, weil es alle Beziehungen zum Außen unterbrechen kann, wenn es zu ist, und es weist auf eine Skansion, einen Übergang zwischen Innen und Außen oder umgekehrt hin, wenn es geöffnet ist. Seine

24 Bassermann (Hrsg.), Rainer Maria Rilke et Merline, Correspondance 1920-1926, (Anm. 5), 118.
25 Ebd., 131.
26 Ebd., 130.

Anziehungskraft besteht aber in einem doppelten Angebot. Es zieht diejenigen an, die sich im Inneren befinden und die durch das Fenster das Außen erfahren wollen, und es zieht auch diejenigen an, die draußen sind, die neugierig auf das Innere sind. Der Vergleich mit dem Meer im zweiten Vers der zweiten Strophe gibt sehr gut die ständige Bewegung von Entfernung und Annäherung der Wellen vom Ufer wieder: «toi qui sépares et qui attires,/changeant comme la mer».[27]

In den letzten zwei Versen derselben Strophe wird das Fenster zum Glas, in dem sich das Bild des Menschen von sich selbst widerspiegelt. In den *Aufzeichnungen des Malte Laurids Brigge* beschreibt Malte den Dichter Francis Jammes so:
»Ein glücklicher Dichter, der von seinem Fenster erzählt und von den Glastüren seines Bücherschrankes, die eine liebe, einsame Weite nachdenklich spiegeln«.[28]

Rilke deutet die ganze Menschheit an, indem er das Possessivpronomen «notre» benutzt. Das Fenster spiegelt dennoch das wider, worauf es hinausgeht. Das Gedicht endet mit einer Überlegung, nach der das Fenster als Filter von dem «trop du dehors» bezeichnet wird.

Die diesem vierten Gedicht entsprechende Radierung Merlines stellt eine Frau dar, die sich aus dem Fenster lehnt, als ob sie auf etwas oder jemanden warten würde. Das Sich-Anlehnen ihres Körpers außerhalb der Fenstergrenzen könnte auf die Suche nach einem Kontakt hinausweisen, auf die Suche nach einem Gleichgewicht zwischen Innen und Außen, zwischen Trennung und Vereinigung.

V

Comme tu ajoutes à tout,
fenêtre, le sens de nos rites:
Quelq'un qui ne serait que debout,
dans ton cadre attend ou médite.

Tel distrait, tel paresseux,
c'est toi que les mets en page:
il se ressemble un peu,
il devient son image.

Perdu dans un vague ennui,
l'enfant s'y appuie et reste;
il rêve..Ce n'est pas lui,
c'est le temps qui use sa veste.

Et les amantes, les y voit-on,
immobiles et frêles,
percées comme les papillons
pour la beauté de leurs ailes.

---

27 Engel u. Lauterbach (Hrsg.) Rainer Maria Rilke, KA V, (Anm. 4), 134.
28 Engel, Fülleborn, Nalewski, Stahl (Hrsg.), Rainer Maria Rilke, KA III, (Anm. 11), 482.

Wie die Herausgeber des Supplementbandes anmerken, würde die fünfte Radierung Merlines eigentlich nur der letzten Strophe des zugehörigen Gedichtes mit einigen Unstimmigkeiten entsprechen. Im Bild werden drei sitzende Personen gezeigt, ein Paar und eine Frau. Im Hintergrund hat die Frau des Paares ihren rechten Arm um den Hals des Mannes gelegt und davor links von den Beinen des Mannes hat die andere Frau den Kopf in die Hand gestützt, während die andere Hand sich über das Knie des Mannes hinweg ausstreckt und auf dem Knie der ersten Frau ruht. Das Paar sitzt vermutlich auf einem Bett, vor dem ein baldachinartig drapierter Vorhang und ein schmiedeeisernes Gitter zu sehen sind, und die andere Frau sitzt vielleicht auf einem Stuhl, weil die drei Figuren auf verschiedenen Ebenen sind. Es könnte sich aber auch nicht um ein Bett, sondern um einen Balkon oder ein Fenster handeln, das total anders als die bisher dargestellten ist, und die Züge der Frau im Vordergrund davor könnten auch die eines zweiten Mannes sein.

Diese Figur wird nämlich nur skizziert. Die drei Personen schauen mit einem gelangweilten Blick in drei verschiedene Richtungen, und das weist auf die erste Stelle der dritten Strophe des entsprechenden Gedichtes hin, obwohl im Gedicht von einem Kind die Rede ist, das im Bild nicht erscheint: «perdu dans une vague ennui/l'enfant s'y appuie et reste;/il rêve...Ce n'est pas lui,/c'est le temps qui use sa veste.».[29]

Wie Helmut Naumann im Kapitel seiner Monographie *Rainer Maria Rilke, Stufen seines Werkes* bemerkt, sind das Warten und das Zeitverbringen schon in einem Gedicht von 1905/1906 Kennzeichen der Kindheit,[30] aber erst im späten Zyklus kommt auch das Motiv des Fensters vor.

In der vierten Strophe, die mit der Radierung übereinstimmt, werden «les amantes» bezeichnet als Frauen, die lieben und die wegen ihrer Schönheit mit den Flügeln der Schmetterlinge verglichen werden. Er bezieht sich auf die Schmetterlinge, die aufgespießt von Sammlern in ihren Glasvitrinen ausgestellt werden, um sie bewundern zu lassen:

«Et les amantes, les y voit-on, /immobiles et frêles, /percées comme les papillons/pour la beauté de leurs ailes.»[31]

Das auf dem Unterteil des Fensters geschilderte Motiv evoziert die Züge eines Schmetterlings.

Dieses Motiv kommt sowohl in vielen Gedichten aus dem Zyklus *Les Roses* mit verschiedenen Konnotationen vor als auch im Briefwechsel. Im Brief vom 11.10.1922 schreibt Merline an Rilke: «Mon coeur palpite comme les ailes de mon papillon quand nous lui percions son corps.»[32]

29 Engel u. Lauterbach (Hrsg.), Rainer Maria Rilke, KA V, (Anm. 4), 136.
30 Helmut Naumann, *Rainer Maria Rilke. Stufen seines Werkes* (Rheinfelden und Berlin 1995), 137-165; hier: 148.
31 Engel u. Lauterbach (Hrsg.), Rainer Maria Rilke, KA V, (Anm. 16), 136.
32 Bassermann (Hrsg.), Rainer Maria Rilke et Merline, *Correspondance 1920-1926*, (Anm. 5).

Die vierte Strophe des fünften Gedichtes, bezeichnet, wie schon zitiert wurde, «les amantes» als «percées comme les papillons pour la beauté de leur ailes.» Wahrscheinlich handelt sich bei der Liebhaberin um Merline. Sie zählt sicher zu den großen Liebenden im Sinn Rilkes.[33]

VI

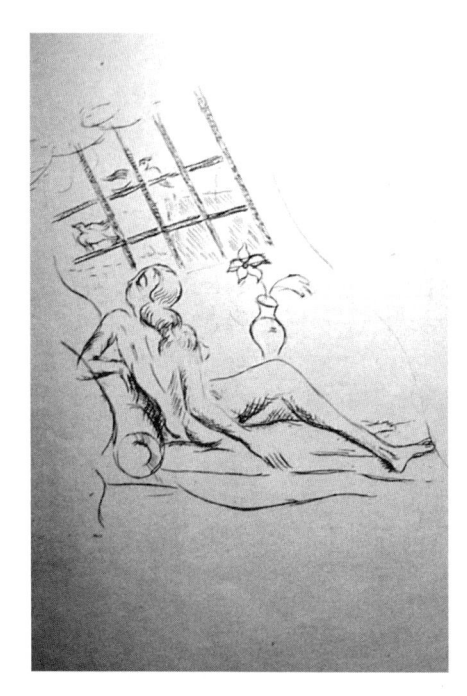

Du fond de la chambre, du lit, ce n'était que pâleur qui sépare,
la fenêtre stellaire cédant à la fenêtre avare qui proclame le jour.
Mais la voici qui accourt, qui se penche, qui reste:
après l'abandon de la nuit, cette neuve jeunesse celeste consent à son tour!

Rien dans le ciel matinal que la tendre amante contemple,
rien que lui-même, ce ciel, immense exemple:
profondeur et hauteur!
Sauf les colombes qui font dans l'air de rondes arènes,
où leur vol allumé en douces courbes promène
un retour de douceur.
(Fenêtre matinale)

Das sechste ist das einzige Gedicht des Zyklus, in dem die Blickperspektive sich nicht nur auf die begrenzte Oberfläche des Fensters erstreckt, sondern sich über den Innenraum des Zimmers hinaus dehnt. Es ist die Perspektive eines Subjektes, das von Innen nicht einfach nach Außen schaut, sondern nach dem geschlossenen Fenster, das in allen anderen Gedichten außer dem ersten offen war.

Die nackte Frau auf der ›chaise longue‹, wie das dargestellte Möbelstück im *Supplementband* bezeichnet wird, lässt ahnen, dass es sich im Bild um die Übergangsphase vom Tag zur Nacht handelt. Auch unter der letzten Strophe des Gedichtes taucht die Schrift *Fenêtre matinale* auf, die das mittelalterliche Tagelied vom ›morgendlichen Fenster‹ hervorruft. Es geht um die Klage des liebenden Dichters nach dem Ende der Liebesnacht.[34]

---

33 Im Aufsatz Naumanns, *Rainer Maria Rilke. Stufen seines Werkes*, (Anm. 30), 161 wird berichtet, dass Rilke den Name Mouky in ein Exemplar von Goethes *Briefwechsel mit einem Kinde* eingetragen hatte, das er an Frau Klossowska schickte. Wenn das zutrifft, hätte er diesen Kosenamen im Zusammenhang mit einer der großen Liebenden gebraucht, die er in den *Aufzeichnungen des Malte Laurids Brigge* nennt.
34 Da traten anstelle der Tauben die Lerchen auf.

Der Gegensatz ist zwischen der Sternennacht und dem Tagesfenster, das aus in der letzten Strophe besser geklärten Gründen als «avare» bezeichnet wird. Es ersetzt das «fenêtre stellaire». Das Motiv der Verbindung zwischen Nacht und Sternen und die Andeutung der Freiheit, die jenseits des Fensters zu finden ist, kommt auch schon 1910 in den *Aufzeichnungen des Malte Laurids Brigge* vor, als von dem Mädchen Abelone erzählt wird: »Wenn sie abends spät hinauf in ihr Zimmer kam, so meinte sie müde zu sein wie die anderen. Aber dann fühlte sie auf einmal das Fenster und wenn ich recht verstanden habe, so konnte sie vor der Nacht stehen, stundenlang, und denken: das geht mich an. Wie ein Gefangener stand ich da, sagte sie, und die Sterne waren die Freiheit.«[35]

Das lyrische Ich schreibt, dass die weiche Liebhaberin nichts mehr am Himmel zu betrachten hat als den Himmel selbst, der in sich die Dichotomie Tiefe-Höhe vereinigt. Der Rahmen des Fensters, wie Naumann behauptet, »holt das Draußen, die Unendlichkeit und Ewigkeit des Himmels ins Innerste herein«.[36]

Die letzten drei Verse der letzten Strophe scheinen dem, was in den ersten drei schon gesagt wurde, genau zu widersprechen. Es stimmt nicht, dass die Liebhaberin nichts am neuen Morgenhimmel zu betrachten hat. In der Radierung Merlines beobachtet die dargestellte Frau zwei Tauben durch das Glasfenster eines Dachzimmers. Eine Taube sitzt, während die andere Bewegungen in der Luft macht, die im Gedicht als «rondes arènes» bezeichnet werden. Sie sind Auftakte zur Tageswärme nach der Nachtkühle. In keinem anderen Gedicht des Zyklus wird so explizit das Objekt des Beobachtens wiedergegeben.

Es gibt auch ein anderes Gedicht, das in den Zyklus nicht eingeschlossen wurde, das sich gerade am Anfang auf den Morgen bezieht: «D'abord, au matin, petite fenêtre farouche». Das dem Fenster zugeschriebene Adjektiv «farouche» könnte auch an das Adjektiv «avare» anknüpfen, das im sechsten Gedicht des Zyklus vorkommt. Die Andeutung an die Nummer fünf des zweiten Verses könnte nach Meinung der Herausgeber des *Supplementbandes* auch ein autobiographischer Zug sein. Es handelt sich wahrscheinlich nicht um die fünfte Etage, sondern um das fünfte Arrondissement von Paris. Merline hatte nämlich in der Nähe des Jardin du Luxembourg gewohnt und Rilke hatte auch in einem Hotel in der Umgebung Unterkunft gefunden. Trotzdem gibt es keinen sicheren Beweis dafür, und heute liegt der Jardin du Luxembourg im 6. Arrondissement.

Der Brief von Merline vom 16. Juni 1923 könnte als bessere Erklärung dieses siebten Gedichtes des Zyklus gelten: «Est-ce que Baladine vous fait plus peur que Merline? Oh cher, et la mansarde. Sera-t-elle libre pour ces deux filles: Baladine et Merline? Pourrais-je venir un matin – comme un oiseau matinal?»[37]

---

35 Engel, Fülleborn, Nalewski, Stahl (Hrsg), Rainer Maria Rilke, *Werke. Kommentierte Ausgabe*, (Anm.11), KA III, 558.
36 Naumann, *Rainer Maria Rilke. Stufen seines Werkes*, (Anm. 28), 153.
37 Bassermann (Hrsg.), *Rainer Maria Rilke et Merline, Correspondance 1920-1926*, (Anm. 5), 431.

Was in der Radierung Merlines wiedergegeben wird, ist gerade ein Dachzimmer, und der Vogel kann eine Anspielung auf die Tauben sein, die sich am frühen Morgen einstellen.

VII

Fenêtre, qu'on cherche souvent
pour ajouter à la chambre comptée
tous les grands nombres indomptés
que la nuit va multipliant.

Fenêtre, où autrefois était assise
celle qui, en guise de tendresse,
faisait un lent travail qui baisse
et immobilise...

Fenêtre, dont une image bue
dans la claire carafe germe.
Boucle qui ferme
la vaste ceinture de notre vue.

Das siebte Gedicht fasst den Sinn und die Funktion zusammen, die Rilke dem Symbol des Fensters verleiht. Das Fenster ist für ihn das Mittel, durch das er seinen poetischen Überschwang in seinem letzten Werk metaphorisch begrenzen will. Das Fenster teilt uns die Lebensration zu, die wir ertragen können.

In der ersten Strophe taucht sofort die Gegenüberstellung zwischen «la chambre comptée» auf, das innerhalb der vier Wände eingegrenzt ist, und dem Fenster, das eine Verbindung zu «les grands nombres indomptés» schafft, die die Nacht vermehrt. Diese mathematischen Andeutungen sind über den ganzen Zyklus verstreut: «géométrie», «mesure», «multipliant» und sind offenbare Kennzeichen für den Einfluss von Valéry in diesen Jahren.

Auch im sechsten Gedicht bot der Nachthimmel der weichen Liebhaberin viel mehr zu betrachten an als der Morgenhimmel. Die zweite Strophe ist vermutlich diejenige, die in der Radierung Merlines dargestellt wird. Hier erscheint eine Frau, die mit abwesendem Blick am Fenster steht. Wie in der dem dritten Gedicht entsprechenden Radierung ist die Figur auch hier skizziert, obwohl es sich dieses Mal um ein Brustbild handelt, und ist in den Blendrahmen eingeklemmt, um auf eine Grenze hinzuweisen.

Die dritte Strophe beschreibt genau, worauf gerade angespielt wurde. Das Fenster wird mit einem «boucle qui ferme la vaste ceinture de notre vue» verglichen. Dieser Satz weist auf das Gedicht Valérys La Ceinture hin, das Rilke in den vorhergehenden Jahren übersetzt hatte.[38]
Während der Gürtel, der im Gedicht Valérys am Himmel biegsame Gegenstand, der jede Form annehmen könnte, als Symbol des schöpferischen Gedankens galt, ist die Ceinture, von der hier die Rede ist, eine Metapher des Blickes, der innerhalb der Fenstergrenzen eine Gestalt annimmt. Die Schnalle des Gürtels ist das, was die Weite des menschlichen Blickes beschränkt.

VIII

Elle passe des heures émues
appuyée à sa fenêtre,
tout au bord de son être,
distraite et tendue.

Comme les lévriers en
se couchant leurs pattes disposent,
son instinct de rêve surprend
et règle ces belles choses

que sont ses mains bien placées.
C'est par là que la reste s'enrôle.
Ni les bras, ni les seins, ni l'épaule,
ni elle-même ne disent: assez!

Die dem achten Gedicht entsprechende Radierung scheint es besser als die vorherige bildlich wiederzugeben. In der ersten Strophe erscheint das Gesicht einer Frau, die in Gedanken versunken ist, «tout au bord de son être, distraite et tendue». Der in der Radierung Merlines erscheinende Gesichtsausdruck könnte zwar als zerstreut und angespannt gelesen werden, aber es könnte auch sein, dass die Frau auf etwas konzentriert ist. Die Augen schauen nämlich in eine genau vorgegebene Richtung. Außerdem erweist die Figur sich als traurig wie die ganze Stimmung im Bild, die durch einen Schatten verdunkelt wird, den die Malerin genau

38 Rilke-Archiv (Hrsg.) in Verbindung mit Hella Sieber-Rilke, besorgt durch Walter Simon, Karin Wais u. Ernst Zinn, Rainer Maria Rilke, *Sämtliche Werke: Die Übertragungen*, Band VII (Frankfurt am Main und Leipzig 1997), 336-337.

auf einen Teil des Gesichts fallen lässt, sodass nur die Nase und der Mund zu sehen sind. Die Haare sind von dem sichtbaren Oberteil des Fensters bedeckt. Alle diese Einzelheiten tauchen trotzdem nicht im Gedicht auf, wogegen die Stellung der Hände der Frau sehr genau fokussiert wird. Die aufeinander ruhenden Händen werden mit den Pfoten von Windhunden verglichen, die vor dem Einschlafen in eine ähnliche Position gebracht werden.

Das Bild erweist sich als statisch, als ob die Frau überhaupt keine Absicht hätte, diese Position zu ändern. Vielleicht ist das der Sinn, der der letzten Strophe zuzuschreiben wäre, die lautet:

«Ni les bras, ni les seins, ni l'épaule, ni elle-même ne disent: assez!».[39]

Vielleicht deutet sich hier schon langsam die Resignation Merlines an oder, wahrscheinlich das Gegenteil, dass sie sich nämlich nicht ergeben will und von ihrer Sehnsucht und ihrem Traum nicht genug bekommen kann.

IX

Sanglot, sanglot, pur sanglot!
Fenêtre, où nul ne s'appuie!
Inconsolable enclos,
plein de ma pluie!

C'est le trop tard, le trop tôt
qui de tes formes décident:
tu les habilles, rideau,
robe du vide!

Was die Verbindungen zwischen dem neunten Gedicht und der entsprechenden Radierung Merlines betrifft, fällt es schwer, deutliche und direkte Zusammenhänge zu finden. Es ist trotzdem möglich, ein gemeinsames Wortfeld zu finden, in dem Verse und Bilder sich bewegen: das Weinen.

Das Gedicht fängt mit der Wiederholung des Wortes «sanglot» an und im letzten Vers der ersten Strophe benutzt Rilke den Ausdruck «plein de ma pluie», der sich bestimmt auf das Weinen bezieht. Die Herausgeber des *Supplementbandes* haben in der Beschreibung der Radierung Merlines die Tropfen als Tränen in-

39 Engel u. Lauterbach (Hrsg.), Rainer Maria Rilke, Ka V, (Anm. 4), 138.

terpretiert, die auf dem Fensterglas rechts auf der ersten Etage im Bild zu sehen sind. Die Frau, die am Fenster, links auf der zweiten Etage erscheint, sieht niedergeschlagen aus, aber abgesehen von diesen eher oberflächlichen Verbindungen entspricht die neunte Radierung Merlines gar nicht dem neunten Gedicht. Bemerkenswert ist jedoch, dass das neunte Fenster leer ist. Das geliebte Wesen ist dort nicht mehr angelehnt.

X

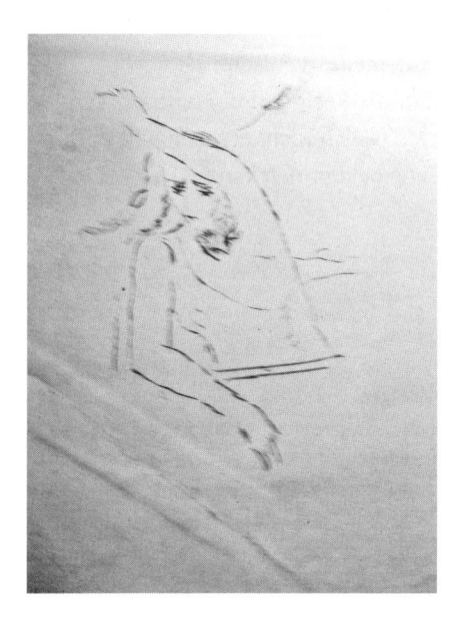

C'est pour t'avoir vue
penchée à la fenêtre ultime,
que j'ai compris, que j'ai bu
tout mon abîme.

En me montrant tes bras
Tendus vers la nuit,
tu as fait que, depuis,
ce qui en moi te quitta,
me quitte, me fuit...

Ton geste, fut-il la preuve
d'un adieu si grand,
qu'il me changea en vent,
qu'il me versa dans le fleuve?

Das zehnte Gedicht, das den Zyklus abschließt, könnte das Nachspiel der Liebesgeschichte zwischen Rilke und Merline sein und die Herausgeber des *Supplementbandes* belegen mit dem Brief vom 2. März 1921, den Merline anlässlich einer ihrer Trennungen geschrieben hatte, diese Vermutung: «Je me perds dans un abîme de souffrances».[40] Die erste Strophe lautet:
«C'est pour t'avoir vue/penchée à la fenêtre ultime,/que j'ai compris, que j'ai bu/ tout mon abîme.»[41]

Das Wort «abîme», das sowohl im Brief als auch in dem Gedicht vorkommt, trägt aber eine andere Bedeutung als die normale. Der französische Ausdruck ‹un abîme de désespoir› bedeutet auch ›der Gipfel der Verzweiflung‹ und evoziert mehr den Begriff der Höhe als den der Tiefe.

Dieses Gedicht bietet eine Perspektive aus der Vergangenheit an. Der Liebende hat die Frau verlassen, die am Fenster eine Gebärde des Abschieds macht. Es kommt noch einmal das Motiv der Fähigkeit des Mannes zur Liebe und seiner

---

40 Bassermann (Hrsg.), Rainer Maria Rilke et Merline, *Correspondance 1920-1926*, (Anm. 4), 231.
41 Engel u. Lauterbach (Hrsg.), Rainer Maria Rilke, KA V, (Anm. 16), 140.

Zerstreutheit zur Sprache vor, wovon schon sowohl in den Portugiesischen Briefen[42] als auch in den Aufzeichnungen[43] die Rede war.

In der zweiten Strophe werden die Arme, die auch in der Radierung Merlines in einer Gebärde des Abschieds auftreten, beschrieben. Was eigentlich evoziert wird, ist nicht nur der Abschied, sondern die Trennung. Eine Hand der Frau ist nämlich auf das Fensterbrett gestützt und die andere schwankt in der Luft über dem Kopf der Frau als Zeichen des Abschieds. Eine vertritt das Bleiben und die andere das Gehen. In der letzten Strophe spricht der lyrische Ich von «geste d'un adieu si grande».

In der letzten Strophe kommt der schon in der ersten Strophe eingeführte Begriff wieder vor, als wollte Rilke einen Kreis schließen, in diesem Fall den Gedichtzyklus. Es handelt sich um den Abschiedsblick, wie der Blick von Orpheus in einem Aufsatz[44] genannt wird.

«C'est pour t'avoir vue/penchée à la fenêtre ultime, que j'ai compris, que j'ai bu/ tout mon abîme» knüpft an die erste Strophe des ersten Gedichtes an: «une femme hésite... pour être/celle que nous perdons/en l'ayant vue apparaître».

In beiden Fällen führt das Schauen der Geliebten zum definitiven Verlust oder zum Leiden, der Besitz führt zum Verlust. Das war der Ausgangspunkt meines Aufsatzes und das wiederkehrende Motiv des ganzen Zyklus, der innerhalb der Phasen der autobiographischen Ereignisse der Beziehung zwischen Rilke und Merline noch bedeutungsvoller wird.

---

42 Vgl. Rainer Maria Rilke, Portugiesische Briefe: Die Briefe von Annamaria Alcoforado (Leipzig 1913).
43 In den Aufzeichnungen schreibt Rilke über die Frauen: «Sie haben Jahrhunderte lang die ganze Liebe geleistet, sie haben immer den vollen Dialog gespielt, beide Teile. Denn der Mann hat nur nachgesprochen und schlecht. Und hat ihnen das Erlernen schwer gemacht mit seiner Zerstreutheit, mit seiner Nachlässigkeit, mit seiner Eifersucht, die auch eine Art Nachlässigkeit war». Vgl.: Engel, Fülleborn, Nalewski, Stahl (Hrsg), Rainer Maria Rilke, KA III, (Anm. 11), 832.
44 Silke Pasewalck betitelt so ein Kapitel ihrer Monographie Die fünffingrige Hand (Berlin und New York 2002), 81.

II
Shoah und Gedächtnis

Raul Calzoni

Zwischen Gedächtnis und Zerstörung.
Walter Busch im Dialog mit Walter Benjamin und W.G. Sebald

1990 jährte sich zum fünfzigsten Mal der Todestag Walter Benjamins, ein Anlass, der von der Germanistik dankbar aufgegriffen wurde, um sich erneut mit seinen Werken zu beschäftigen. Im gleichen Zeitraum führte das Erscheinen des letzten Bandes der *Gesammelten Schriften* des Autors, dessen Werke lange Zeit eine Randposition in der Forschungsdebatte eingenommen hatten, zu einer zunehmenden Aufmerksamkeit der Forschungsgemeinde. Um es mit den Worten Walter Buschs zu sagen, »machten die in den ›Gesammelten Schriften‹ neu publizierten Arbeiten, wie die Rundfunkvorträge und –geschichten sowie eine äußerst interessante Variante zum Aufsatz ›Das Kunstwerk im Zeitalter seiner technischen Reproduzierbarkeit‹ neue Dimensionen im Bilde des Autors und Kritikers Benjamins sichtbar«.[1]

Eine Beobachtung, die einem der beiden Beiträge entstammt, die Walter Busch zum Erscheinen der *Gesammelten Schriften* Benjamins im fünfzigsten Todesjahr des Autors publizierte und mit denen er einen neuen Forschungsbereich innerhalb seiner Studien erschloss, dem er sich fortan mit zunehmendem Interesse widmen sollte.[2] Keinesfalls handelt es sich bei seinem Interesse an Walter Benjamin jedoch um eine zufällige, durch Jubiläum und Erscheinen der Werkausgabe hervorgerufene Neugierde. Fast unvermeidlich erscheint das Interesse des Germanisten an dieser so zentralen Figur der deutschen Literatur- und Kulturkritik, wenn man bedenkt, welch bedeutende Interpretationsschlüssel er Benjamins Werken für seine Hans Jakob Christoffel von Grimmelshausens *Der abentheurliche Simplicissimus Teutsch* gewidmete Monographie und seine Studien zu Bertolt Brecht, Rainer Maria Rilke und W.G. Sebald verdankt.[3] Die Lektüre der Gesamtproduktion

---

1 Walter Busch, *Begriff der Geschichte und kollektives Gedächtnis. Anmerkungen zur Aktualität Walter Benjamins*, in: Quaderni di Lingue e Letterature Straniere dell'Università degli Studi di Verona, 15 (1990), 43-55; hier: 43.
2 Vgl. den soeben zitierten Beitrag *Begriff der Geschichte und kollektives Gedächtnis. Anmerkungen zur Aktualität Walter Benjamins* und Walter Busch, *Marxistische Ideologiekritik und kollektives Unbewußtes. Zur Geschichtsphilosophie im »Passagenwerk« Walter Benjamins*, in: Perspektiven (1990), 19-31.
3 Im ersten Fall bezieht sich der Germanist auf Benjamins *Über Sprache überhaupt und über die Sprache des Menschen*, vgl. Walter Busch, *Der abentheurliche Simplicissimus Teutsch von Hans Jakob Christoffel von Grimmelshausen* (Frankfurt am Main 1988), 34. Im zweiten Fall nimmt er Bezug auf das *Passagenwerk*, *Einbahnstraße*, *Deutsche Menschen*, *Angelus Novus* und andere Essays von Benjamin, vgl.: Walter Busch, *Bild – Gebärde – Zeugenschaft. Studien zur Poetik von Rainer Maria Rilke* (Bozen, Wien, Innsbruck 2003), 8, 11, 12, 18, 20, 77, 83, 87, 133, 165, 196. Besonders interessant ist der Fall Sebald in diesem Zusammenhang, weil Busch Bezug auf mehrere Essays Benjamins nimmt, wie z.B. *Stifter*, *Der Erzähler. Betrachtungen zum Werk Nikolai Lesskows*, *J. P. Hebel zum 100. Geburtstag*, vgl.: Walter Busch, *La saggistica di W.G. Sebald: una biografia intellettuale*, in: Cultura Tedesca 29 (2005, »W.G. Sebald: Storia della distruzione e memoria letteraria«, hrsg. v. Walter Busch), 7-32. Im Fall eines weiteren Beitrags zu Sebald bezieht sich Busch vor allem auf Benjamins theoretische Ansätze zur »Montage« und zur »neuen Prosa«, sowie auf seine Thesen *Über den Begriff der*

Walter Buschs lässt den Eindruck entstehen, dass der kritische Ansatz Benjamins einen konstanten Referenzpunkt für die zahlreichen Analysen darstellt, die in der schaffensfreudigen Karriere des Germanisten entstanden. Einige Beispiele mögen an dieser Stelle genügen: Grundlegend sind Benjamins anlässlich der Pariser Erstaufführung von *Furcht und Elend des Dritten Reiches* 1938 entstandene sowie die in dem Band *Versuche über Brecht* veröffentlichte Überlegungen zu Brecht für die von Busch bereits 1982 durchgeführten und veröffentlichten Untersuchungen zum Werk des Dramaturgen aus Augsburg.[4] Neben den *Versuchen*, die sich als hermeneutische Anleitung zu Buschs Brecht-Studien lesen lassen, sind hier Benjamins theoretische Ansätze zur Rolle des Erzählers grundlegend. Das Interesse am Werk Benjamins geht auch aus seinen Döblin-Analysen hervor, deren Niederschrift parallel zum Verfassen einiger Aufsätze erfolgt, die sich mit den Grundbegriffen des historischen Materialismus benjaminscher Prägung beschäftigen.[5] Insbesondere in zwei Artikeln methodologischer Ausrichtung von 1990 betrachtet er die Begriffe, mit denen Walter Benjamin zum einen die bürgerliche Gesellschaft des Paris des *fin de siècle* unter die Lupe nimmt, und aus denen er zum anderen seine Konzeption der Geschichtsphilosophie ableitet, welche in den Thesen *Über den Begriff der Geschichte* Ausdruck findet. Busch gelingt es zentrale Konzepte aus Benjamins theoretischem Rüstzeug zu problematisieren und zu aktualisieren, indem er sie zu literarischen Experimenten der zeitgenössischen deutschen Literatur in Dialog setzt. Es handelt sich um Begriffe, die in der wissenschaftlichen Produktion Walter Buschs zu wahrhaftigen Analysekategorien werden, mit denen sich die Ausdrucksmöglichkeiten kanonischer Formen des Schreibens und der deutschen Sprache »nach Auschwitz« mit Verweis auf die Tradition der Frankfurter Schule und insbesondere auf Theodor W. Adorno untersuchen lassen. So lässt sich insbesondere in den zwei Beiträgen, die die Konzepte der »Marxistischen Ideologiekritik«, des »kollektiven Gedächtnisses«, der »Geschichte« und des »kollektiven Unbewussten« problematisieren, der Ursprung eines klar umrissenen kritischen Parcours erkennen. Sie enthalten die Prämissen eines Forschungsansatzes, der in den folgenden Jahren zahlreiche Früchte tragen sollte. Bekanntermaßen liefert das Studium des historischen Materialismus Walter Busch effiziente hermeneutische Instrumente für innovative Analysen der Werke

---

Geschichte, vgl.: Walter Busch, *»Le »tracce di sofferenza« della storia. Immaginazione ed esperienza storica in Austerlitz di W. G. Sebald*, in: Nuova Corrente, 57 (2010) (im Druck).
4 Vgl. Walter Busch, *Bertolt Brecht: Furcht und Elend des dritten Reiches* (Frankfurt am Main u.a. 1982), 33.
5 Vgl. Walter Busch, *»Naturalismus, Naturalismus; wir sind noch lange nicht genug Naturalisten«. Alfred Döblin und der italienische Futurismus - Ein Vergleich in naturwissenschaftlicher Sicht*, in: Hanno Möbius u. Jörg Jochen Berns (Hrsg.), Die Mechanik in den Künsten. Studien zur ästhetischen Bedeutung von Naturwissenschaft und Technologie (Marburg 1990), 245-263 und Walter Busch, *Alfred Döblin und die Tradition der physiologischen Methode - Zur Bedeutung des »inneren Figurenmilieus« im Romanzyklus »November 1918«*, in: Werner Stauffacher (Hrsg.), Internationales Alfred Döblin-Kolloquium Lausanne 1987 (Bern 1991 = Jahrbuch für Internationale Germanistik, Reihe A, Kongressberichte Bd. 28), 120-164.

verschiedener Schriftsteller und Denker des 20. Jahrhunderts. (Man denke zum Beispiel an Buschs Studien zu Franz Kafka, Ernst Bloch und Max Kommerell, die in den verschiedenen Beiträgen dieser Festschrift ausführlich behandelt werden.) Dabei kommt den Benjaminschen Kategorien des kritischen Denkens, wie etwa »Katastrophe«, »Montage« und »Erzähler«, eine zentrale Rolle zu.

Buschs Forschungsinteresse an der »Marxistischen Ideologiekritik« von Benjamin ist anfänglich dahingehend ausgerichtet, jene Methode zu untersuchen, die der Denker, neben und in Verbindung mit dem Marxismus, genutzt hat, um seine originelle »Theorie der modernen Gesellschaft« und die sich mit dieser verbindende und integrierende, ebenso einzigartige »Erkenntnistheorie« zu formulieren. Hier stellt das *Passagenwerk* für Busch den wahren Forschungsgegenstand dar, um Benjamins methodologische Herangehensweise an Sozialforschung und Epistemologie zu untersuchen. Daher gilt: »Der Marxismus repräsentiert […] den höchst entfalteten, bewußtesten Ausdruck des 19. Jahrhunderts, doch billigt er ihm nicht den Anspruch zu, die einzig wichtige Theorie der modernen Gesellschaft«[6] zu sein.

Dieses Bewusstsein veranlasst Busch jene Traditionen westlichen Denkens zu vertiefen, welche, neben dem Marxismus, eine wichtige Rolle in der Herausbildung der kritischen Methode Benjamins gespielt haben. Dies sind vor allen Dingen Ansätze der Soziologie und Kollektivpsychologie, die in Frankreich in den ersten Jahrzehnten des 20. Jahrhunderts entwickelt wurden. Busch hinterfragt den Einfluss der Studien von Maurice Halbwachs, Émile Durkheim und Maurice Blondel auf die Gesellschafts- und Kulturkritik von Benjamin. Um aufzuzeigen, inwiefern sich Benjamins Denken aus einer Synthese dieser Einflüsse entwickelt, geht Busch vom Kern der marxistischen Kritik, dem Begriff der »kapitalistischen Akkumulation«, aus und zeigt auf, dass die Kritik Benjamins an der bürgerlichen Gesellschaft des 19. Jahrhunderts nicht auf den Dynamiken von »Masochismus und Mechanismus« basiert, sondern auf »einem narkotischen Historismus jener Epoche […]. Auf das Gewissenhafteste exzerpiert und kommentiert er darum vor allem jene Ausführungen, in denen Marx vom ›Fetischismus‹ der Ware und des Kapitals spricht, jenen sinnlich-übersinnlichen Maskierungen, die eine Gesellschaft notwendig annimmt, die ihre Güter und ihre Produktionsbedingungen in der Form von Waren produziert«.[7]

Busch macht das Zentrum des kritischen und provokatorischen Denkens von Benjamin in der »Kategorie des Ausdrucks« aus, die den Einfluss der marxistischen Ideologie auf das *Passagenwerk* aufzeigt, in welchem zufällig zu lesen ist: »Der Überbau ist der Ausdruck des Unterbaus«.[8] Die Kategorie des Ausdrucks

---

6 Busch, *Marxistische Ideologiekritik*, (Anm. 2), 19.
7 Ebd., 19.
8 Walter Benjamin, *Das Passagenwerk*, in: Walter Benjamin, *Gesammelte Schriften*, hrsg. v. Rolf Tiedemann (Frankfurt am Main 1982), Bd. V.1, 495.

verfügt über eine zentrale Rolle im Werk Benjamins, da sie »die Zentralstation der Darstellung des *bürgerlichen* Second Empire«[9] repräsentiert, während sie im *Passagenwerk* die Funktion einnimmt, das marxistische Konzept der »ideologischen Form« zu erweitern, welches ermöglicht »das Innere des bürgerlichen Bewußtseins zu erhellen«.[10] Aus diesem Grund ist es für Benjamin von essentieller Bedeutung zu erforschen, »wie sich die Wirtschaft in der Kultur Ausdruck verschafft«.[11]

Hiermit ist eine methodologische Perspektive zur Erforschung der kulturellen und gesellschaftlichen Dimension des Bürgertums eingeführt, die ihren programmatischen Kern in der Problematisierung der »Kategorie des Ausdrucks« findet, welche von Busch wie folgt definiert wird: »Es geht im wesentlichen um einen immanenten, der metaphysischen, auch der transzendentalen Sicherungen entratenen Zusammenhang zwischen den sozialen Fakten und deren geistigen und kulturellen Manifestationen«.[12]

Der Materialismus Walter Benjamins ist in anderen Worten ein »anthropologischer Materialismus«, dessen »Grundbegrifflichkeit und Bildlichkeit auf Manifestationen der sozialen Natur, deren Zusammenhang mit psychologischen Voraussetzungen verweisen«.[13] Im Lichte dieser Feststellung entwickelt sich Buschs Analyse des Konzepts des »kollektiven Bewußtseinslebens« auch dank der Kategorien »Schlaf« und »Wachen«, die Benjamin aus seinen Proustlektüren ableitet, welche ihm bedeutende Inspirationsquelle waren. Insbesondere im Hinblick auf die Verwendung von Traumbildern bei seiner Wirklichkeitswahrnehmung ist eine Andeutung auf die Eröffnungspassage von À *la recherche du temps perdu* erkennbar, über welche man im *Passagenwerk* liest: »Die Verwertung der Traumelemente beim Aufwachen ist der Kanon der Dialektik. Sie ist vorbildlich für den Denker und verbindlich für den Historiker«.[14]

Indem Busch sich auf diese Textpassage bezieht, legt er den Grundstein zu einer seiner ergiebigsten Forschungslinien, nämlich der Analyse der verschiedenen Arten der Übertragung des »dialektischen Bildes«[15] in Literatur und Geschichtsschreibung des 20. Jahrhunderts. Die jüngste wissenschaftliche Produktion des

---

9   Busch, *Marxistische Ideologiekritik*, (Anm. 2), 20.
10 Ebd., 21.
11 Ebd.
12 Ebd.
13 Ebd.
14 Benjamin, *Das Passagenwerk*, (Anm. 8), 424.
15 Vgl. hierzu Sven Meyer, *Walter Benjamin zur Einführung* (Hamburg 2003), 119: »Einerseits verdankt sich das dialektische Bild einer aktiv-destruktiven Operation, andererseits stellt es sich ein. Sobald es vorliegt, wirkt es unterbrechend. Die Reflexion auf die Geschichte konzentriert sich auf einen entscheidenden Punkt, anstatt rastlos kausale Verkettungen in der Geschichte nachzuvollziehen. Darin liegt die Chance, der konstitutiven Nachträglichkeit der Geschichtsbetrachtung zu entgehen. [...] Die Auseinandersetzung mit einem dialektischen Bild könnte dagegen ein Vergangenes für ein Jetzt erobern. In diesen Bildern liegt nämlich etwas gebunden, was das Subjekt oder das Kollektiv betrifft, dem sie sich zeigen. [...] wo kein Fortschritt im Denken mehr stattfindet, bringt die Konstellation, in die das Denken eingebunden ist, mit dem Bild eine Zäsur, also eine Unterbrechung hervor. An diesen Vorgang knüpft Benjamin utopisch aufgeladene Vorstellungen, wie die des messianischen Umschlags, der Rettung und des Erwachens«.

Germanisten geht aus den Forschungsdesideraten hervor, die dialektischen Grenzen der Darstellung des Benjaminschen »Bildes« in Geschichtswissenschaft und Literatur zu bestimmen. In diesen Kontext lässt sich auch seine Beschäftigung mit den Themenfeldern Zeugenschaft, Trauma, sowie individuelles, kollektives und kulturelles Gedächtnis einordnen, wobei er sich jüngster Theorien bedient[16], ohne je den Grundsatz aus den Augen zu verlieren, dass das »Bild dasjenige [ist], worin das Gewesene mit dem Jetzt blitzhaft zu einer Konstellation zusammentritt. Mit anderen Worten: Bild ist die Dialektik im Stillstand«.[17] Und weiter:

> Zum Denken gehört ebenso die Bewegung wie das Stillstellen der Gedanken. Wo das Denken in einer von Spannungen gesättigten Konstellation zum Stillstand kommt, da erscheint das dialektische Bild. Es ist die Zäsur in der Denkbewegung. Ihre Stelle ist natürlich keine beliebige. Sie ist [...] da zu suchen, wo die Spannung zwischen den dialektischen Gegensätzen am größten ist. Demnach ist der in der materialistischen Geschichtsdarstellung konstruierte Gegenstand selber das dialektische Bild. Er ist identisch mit dem historischen Gegenstand; er rechtfertigt seine Absprengung aus dem Kontinuum des Geschichtsverlaufs.[18]

Die Dialektik stellt folglich einen Kernpunkt von Buschs Studien zur deutschen Literatur dar, sodass man in folgenden Überlegungen Benjamins de facto eine Prämisse der methodologischen Herangehensweise des Germanisten sehen kann: »Man sagt, daß die dialektische Methode darum geht, der jeweiligen konkret-geschichtlichen Situation ihres Gegenstandes gerecht zu werden. Aber das genügt nicht. Denn ebensosehr geht es ihr darum, der konkretgeschichtlichen Situation des *Interesses* für ihren Gegenstand gerecht zu werden«.[19]

Nicht grundlos rekurriert in seinen Beiträgen das Konzept der *Dialektik* und verleiht ihnen eine Einheit, die in der Perspektive des Dialogs zwischen häufig gegensätzlichen Instanzen begründet ist, welche wiederum im dialektischen *Bild* einen Ort der Diskussion finden. Diese kritische Herangehensweise offenbart sich bereits, als Busch die Kategorie des »kollektiven Unbewußten« erörtert, die im Lichte der dialektischen Beziehung zwischen »sozialem Substrat« und »kulturellem Leben« auf der einen Seite und »körperlicher Substanz« und »psychischer Substanz« auf der anderen Seite konzeptualisiert wird.[20] Auf gleiche Weise thematisiert Busch auch das Konzept des »sozialen Unbewußten«, wobei er von den Studien von Gabriel Tarde Gebrauch macht und als Ausgangspunkt seiner Überlegungen »die elementare Wechselbeziehung zwischen (mindestens) zwei Individuen«[21] wählt und von hier ausgehend die Frage aufwirft, welche Regeln die

---

16 Vgl. hierzu Walter Busch, *Testimonianza, trauma e memoria*, in: Elena Agazzi, Vita Fortunati (Hrsg.), *Memoria e saperi. Percorsi transdisciplinari* (Roma 2007), 547-564.
17 Benjamin, *Das Passagenwerk*, (Anm. 8), 576.
18 Ebd., 595.
19 Benjamin, *Das Passagenwerk*, (Anm. 8), 494.
20 Busch, *Marxistische Ideologiekritik*, (Anm. 2), 22.
21 Ebd., 23.

Dialektik zwischen diesen bestimme: »Wie entsteht Übereinstimmung im Denken und Wollen dieser Individuen?«[22] Die Antwort auf diese Frage ist weder in der organistischen Vererbung, noch im Umgang mit dem gleichen Milieu und schon gar nicht in anderen naturalistischen Prinzipien zu finden. Die Übereinstimmung erfolgt hingegen nach den Regeln der dialektischen und sozialen Nachahmung.

Aus dieser Argumentation leitet sich auch die Erkenntnis ab, dass Benjamin mit dem *Passagenwerk* nicht das Vorhaben verfolgte, eine Theorie der bürgerlichen Gesellschaft, eine Autobiographie, ein Dichtungswerk oder gar eine allgemeine Geschichte des 19. Jahrhunderts zu verfassen. Hauptgegenstand des *Passagenwerks* ist ein präzises soziales Gebilde, das Paris des bonapartistischen Kaiserreiches.

Bereits in früheren Werken, wie etwa in *Einbahnstrasse* (1928) und *Berliner Chronik* (1932), ausführlich thematisiert, ist die Großstadt für Benjamin jener Ort, in dem sich der Ausdruck einer präzisen Kollektivität offenbart, denn ihre »**Straßen sind die Wohnung des Kollektivs**. Das Kollektivum ist ein ewig waches, ewig bewegtes Wesen, das zwischen Häuserwänden soviel erlebt, erfährt, erkennt und ersinnt wie Individuen im Schutze ihrer vier Wände«.[23] Des Weiteren ist nach Benjamin »die Passage der Salon« der Stadt, denn hier »**[m]ehr als an jeder andern Stelle gibt die** Straße sich in ihr als das möblierte, ausgewohnte Interieur der Massen zu erkennen«.[24] In diesem Kontext erklärt sich das Interesse Benjamins an der Stadt als Form des Wohnens und als privilegierten Ort, um seine Analysen zum Konzept des sozialen Unbewussten durchzuführen, welches sich dem aufmerksamen Beobachter bereits aus der Architektur der Stadt erschließt. Diese ist von Bahnhöfen, Ausstellungshallen und Warenhäusern geprägt, die für den Autor des *Passagenwerks* Sinnbild sind für »die Traumhäuser des modernen bürgerlichen Kollektivlebens; immer handelt es sich um Architekturen, in denen das Auftreten großer Massen von vornherein vorgesehen war«.[25] Das zentrale architektonische Element dieser Strukturen der Metropole ist die *Passage*, ein aus Eisen und Glas gebauter »Salon der Masse«, der dank elektrischer Beleuchtung in den Lebensprozess der Stadt eingebettet ist. Die Passage ist folglich Ausdruck jener Poetik der Schwellen, die so kennzeichnend für das Werk Benjamins ist, und die in einer Verortung in den Zwischenräumen zweier differenter ontologischer und zeitlicher Welten besteht. Von grundlegender Bedeutung ist der symbolische Wert der ›Schwelle‹, der *Passage*, die im *Passagenwerk* als Raum des Übergangs zwischen Gegensätzen (wie etwa 19./20. Jahrhundert, Urbanität/Natur, Wachzustand/Traum) verstanden wird. In der Entfaltung dieses Spiels der multiplen Perspektiven gleicht die Poetik des letzten Benjamin einem Labyrinth. Die *Passagen*

---

22 Ebd., 24.
23 Benjamin, *Das Passagenwerk*, (Anm. 8), 533.
24 Ebd., 533.
25 Busch, *Marxistische Ideologiekritik*, (Anm. 2), 26.

werden somit auch zu einem Ort, um den Leser zum Innehalten und Warten zu bewegen und ihn in einem Zustand zwischen Schlaf und Wachen zu halten.

Die Erzählperspektive, die Benjamin wählt, um seinen Leser durch die *Passagen* Berlins seiner Kindheit und Jugend und des Paris des Second Empire zu führen, ist der *Flaneur*. Er ist Benjamins Ariadnefaden im Labyrinth der Großstadt. In diesem Sinne bekannt ist es, dass wir die Bedeutung des Flaneurs als Kult(ur)figur der Moderne drei von Benjamin als »Miniaturmodell«[26] des *Passagen-Werks* konzipierten Texten verdanken, die unter dem Titel *Charles Baudelaire. Ein Lyriker des Hochkapitalismus* veröffentlicht wurden.[27] Besonders im zweiten Text der ersten benjaminschen Betrachtung über den französischen Dichter, d.h. in *Der Flaneur*, werden die Kennzeichen dieser großstädtischen Figur hervorgehoben. In seiner Analyse der Rolle des Flaneurs im Paris des 19. Jahrhunderts geht Benjamin u.a. davon aus, dass sich »die wechselseitigen Beziehungen der Menschen in den Großstädten [...] durch ein ausgesprochenes Übergewicht der Aktivität des Auges über [die] des Gehörs aus[zeichnen]«[28]. Dem Blick von Baudelaire wird hier nach Benjamin eine Tätigkeit zugeschrieben, die auch in dem berühmten, 1929 erschienenen *Spazieren in Berlin* von Franz Hessel anwesend ist: »Es ist nicht nötig, alles zu verstehen, man braucht nur mit Augen anzuschauen, wie da etwas immerzu unterwegs ist und sich wandelt«.[29] Franz Hessel, in dessen Gestalt Benjamin die *Wiederkehr des Flaneurs* gefeiert hat, besaß darüber hinaus die besten Voraussetzungen für die Funktion des Vermittlers zwischen Paris und Berlin – d.h. zwischen den europäischen Hauptstädten, in denen die Figur des Flaneurs sich entwickelte –, weil die zwei Metropolen in seinem Werk die Pole lebensgeschichtlicher Erfahrungen und ihrer literarischen Darstellung sind.

»Wer einmal den Fächer der Erinnerung aufzuklappen begonnen hat«, schrieb Benjamin in der *Berliner Chronik*, »der findet immer neue Glieder, neue Stäbe, kein Bild genügt ihm, denn er hat erkannt: Es ließe sich entfalten, in den Falten erst sitzt das Eigentliche: jenes Bild, jener Geschmack, jenes Tasten, um dessentwillen wir dies alles aufgespalten, entfaltet haben; und nun geht die Erinnerung vom Kleinen ins Kleinste, vom Kleinsten ins Winzigste und immer gewaltiger wird, was ihr in diesen Mikrokosmen entgegentritt«.[30] Die in den Bildern des Eingedenkens erscheinende Konstellation von Subjekt und Großstadt erweist sich im Besonderen stets als die eines darstellenden Ichs und einer Metropole. Die im Akt des Erinnerns zur Anschauung gelangende Einheit, in der das individuelle Leben des Ich seine Immanenz als Subjektivität und der gegenständliche Raum seine

---

26 Walter Benjamin, *Briefe*, in: Gesammelte Schriften, (Anm. 8), Bd. II, 750.
27 Vgl. Walter Benjamin, *Charles Baudelaire. Ein Lyriker des Hochkapitalismus*, in: Gesammelte Schriften, (Anm. 8), Bd. I, 2, 509-690.
28 Walter Benjamin, *Der Flaneur*, in: Gesammelte Schriften, (Anm. 8), Bd. I, 2, 540.
29 Franz Hessel, *Ein Flaneur in Berlin* (Neuausgabe von *Spazieren in Berlin*), hrsg. v. Heinz Knobloch (Berlin 1984), 23.
30 Benjamin, *Berliner Chronik*, in: Gesammelte Schriften, (Anm. 8), 467-468.

Objektivität als bloßer Schauplatz abstreifen, enthüllt sich dergestalt als Manifestation der Erfahrung eines gelebten Raums, als gelebte Metropole. Das Verfahren, die Texte so zu strukturieren, dass jeder von ihnen gleichsam am Fundort den geborgenen Gegenstand ausstellt und auf diese Weise die aneinander gereihten Texte selbst eine spezifisch räumliche Dimension gewinnen, ergibt sich aus dem Rückgriff auf einen anderen Gedächtnisbegriff, den der Mnemotechnik. Sie stellt das Gedächtnis als Raum dar, in dem die Erinnerungen wie Gegenstände in einem Magazin aneinander gereiht gelagert sind und vom Erinnernden im Geiste abgeschritten werden können. Harald Weinrich hat darauf hingewiesen, dass die Magazinmetaphorik, wie die Gedächtnismetaphern überhaupt, stets dazu eingeladen habe, »wörtlich«[31] genommen zu werden, und eben darauf beruht das konstruktive Verfahren der Textfolge der *Berliner Kindheit*. Hatte Benjamin schon in seiner Rezension von *Spazieren in Berlin* geschrieben, die Stadt verwandle sich für Hessel in einen »mnemotechnischen Behelf«, so bedarf sein Verfahren dieser Hilfe nicht mehr. Ihm genügt die vergegenwärtigte Stadt, um sich der Bilder der Erinnerung zu bemächtigen. Vielleicht sollte man von einem Ausgrabungsgelände sprechen, auf dem man die Torsi und Reste einer versunkenen Stadt besichtigen kann. Die Metapher der versunkenen Stadt muss wörtlich verstanden werden, denn es sind die Bilder des gelebten Berlin, die aus dem Erdreich der Erinnerung geborgen und an ihren jeweiligen Fundorten ausgestellt werden. Es ist nicht das reale Berlin um 1900, das hier im Sinne einer historischen Rekonstruktion vorgestellt wird, es ist das Berlin um 1900, das in den aktuellen Bildern der *mémoire involontaire* rund dreißig Jahre später *erscheint*. So tritt aber auch das Bild des 19. Jahrhunderts in seinen spezifisch deutschen Konturen hervor, ein Motiv, das Benjamin im *Passagenwerk* wieder aufnimmt, im Versuch, das Wesen des 19. Jahrhunderts als weltgeschichtlicher Epoche im Bild von Paris als ihrer Hauptstadt zu enthüllen. Zwar ist in einem physiognomischen Sinne in jedem einzelnen Prosastück der *Berliner Kindheit um 1900* Berlin in der je spezifischen Gegenstandswelt eines urbanen Schauplatzes als sich ausdrückende Individualität präsent, doch gewinnt erst durch die Komposition der Texte das Gesicht der Stadt um 1900 deutlichere Konturen.

Die Bilder der *mémoire involontaire* gestatten dem Subjekt – dem Menschen – nicht nur die Erfahrung eines Zustandes, in dem die Subjekt-Objekt-Trennung überwunden worden ist, sondern sie enthüllen ihm zugleich die Bedeutung der Erlebnisse, auf die die Erinnerungen verweisen. Das die »Tiefe eines Schlafes [erreichende] Versunkensein« in die Dinge erwartet ein »Traumbild, [...] das ihnen ihr wahres Gesicht offenbart«[32]. So wie sich ihm an einem Nachmittag in Paris seine »biographischen Beziehungen zu Menschen [...] in ihren lebendigsten, ver-

---

31 Harald Weinrich, *Typen der Gedächtnismetaphorik*, in: Archiv für Begriffsgeschichte, 9 (1964), 24.
32 Benjamin, *Berliner Chronik*, (Anm. 30), 61.

borgensten Verflechtungen [...] offenbaren«,[33] so enthüllt sich dem Ich, das dessen eingedenk ist, die Bedeutung dessen, was in seinem Gedächtnis aufsteigt, jedoch, und das ist entscheidend, nicht als eine dem Phänomen selbst abzulesende Bedeutung, sondern als eine im Lichte gegenwärtiger Erfahrung stehenden.

Die hermeneutische Konstellation von gegenwärtiger Erfahrung und vergangenem Geschehen führt den Komplex Kindheit und den des gelebten Berlin aber auch an einer entscheidenden Stelle der inhaltlichen Darstellung wieder zusammen. Sie betrifft den Zugang zur Stadt:

> Sich in einer Stadt nicht zurechtfinden heißt nicht viel. In einer Stadt sich aber zu verirren, wie man in einem Walde sich verirrt, braucht Schulung. Da müssen Straßennamen zu dem Irrenden so sprechen wie das Knacken trockner Reiser und kleine Straßen im Stadtinnern ihm die Tageszeiten so deutlich wie eine Bergmulde widerspiegeln. Diese Kunst habe ich spät erlernt; sie hat den Traum erfüllt von dem die ersten Spuren Labyrinthe auf den Löschblättern meiner Hefte waren.[34]

Was diesem fabelnden Denken im Auswahlprozess des Geschehenen zugute kommt, ist auch die Fähigkeit des Sammlers, der nach Benjamin eine besondere Beziehung zu den Resten der Vergangenheit hat:

> Man erinnere doch nur, von welchem Belang für einen jeden Sammler nicht nur sein Objekt, sondern auch dessen ganze Vergangenheit ist, die ebensowohl zu dessen Entstehung und sachlicher Qualifizierung gehört wie die Details aus dessen scheinbar äußerlicher Geschichte: Vorbesitzer, Erstehungspreis, Wert etc. Dies alles, die »sachlichen« Daten wie jene andern, rücken für den wahren Sammler in jedem einzelnen seiner Besitztümer zu einer ganzen magischen Enzyklopädie, zu einer Weltordnung zusammen, deren Abriß das *Schicksal* seines Gegenstandes ist. Hier also, auf diesem engen Felde, läßt sich verstehen, wie die großen Physiognomiker (und Sammler sind Physiognomiker der Dingwelt) zu Schicksalsdeutern werden.[35]

Obwohl, und vielleicht gerade da den Fragmenten des *Passagenwerks* eine marxistische Kritik an der kapitalistischen Gesellschaft zugrunde liegt, bewegt sich Benjamin in der französischen Stadt schon wie Baudelaire, oder besser wie der »Lumpensammler«[36].

Eine zentrale Figur, weil sie nicht nur die aus der Zeit der Weimarer Republik stammenden Produktionen Benjamins, sondern auch W.G. Sebalds Werk charakterisiert. Die Beziehung zwischen Mensch und Großstadt findet genau dank des Blicks bei Sebald statt, obwohl er sich nicht mit einem einfachen Blick zufrieden gibt. Das reicht ihm auf keinen Fall, weil er in der Lage ist, »den Detektiv zu spielen«[37], um Benjamin wieder zu zitieren, und seine Flanerie zur Untersuchung des Daseins und der zeitlichen Vorgänge werden zu lassen.

---

33 Ebd., 60.
34 Benjamin, *Das Passagenwerk*, (Anm. 8), 237.
35 Ebd., 274
36 Benjamin, *Der Lumpensammler*, in: Gesammelte Schriftern, (Anm. 8), 225.
37 Benjamin, *Das Passagenwerk*, (Anm. 8), 543.

Walter Buschs Untersuchungen zu den Werken Sebalds entwickeln sich entlang dieser zwei Koordinaten. Seine Analysen der essayistischen Produktion des Autors und Germanisten aus Wertach konzentrieren sich auf das Bewusstsein der Vergänglichkeit des Bestehenden, der Natur und des Menschen. In seinen Werken versucht Sebald eine Naturgeschichte der Zerstörung in Worten und Bildern zu schreiben und sucht dabei nach Antworten auf folgende Fragen:

> Womit hätte eine Naturgeschichte der Zerstörung einsetzen müssen? Mit einer Übersicht über die technischen, organisatorischen und politischen Voraussetzungen für die Durchführung von Großangriffen aus der Luft, mit einer wissenschaftlichen Beschreibung des bis dahin unbekannten Phänomens der Feuerstürme, mit einem pathographischen Register der charakteristischen Todesarten oder mit verhaltenspsychologischen Studien über den Flucht- und Heimkehrinstinkt?[38]

Nachdem er einige Antworten auf obige Fragen geliefert hat, die thematisch die technische Organisation der Bombardements, eine Darstellung der politischen Prozesse, die zur Anwendung gerade dieser Kriegsstrategie führten, sowie die objektive Beschreibung der Luftangriffe umfassen, hebt Sebald in *Luftkrieg und Literatur* die Notwendigkeit einer »Naturgeschichte der Zerstörung« hervor, die sich vor allen Dingen mit den Flüchtlingen und ihrem »Flucht- und Heimkehrinstinkt« beschäftige. Es handelt sich hier um ein zentrales Thema seines literarischen Schaffens, das von *Die Ausgewanderten* über *Die Ringe des Saturn* bis hin zu *Austerlitz* stets Protagonisten inszeniert, die von einer chronischen Unruhe ergriffen sind, die sie in einer Art Schwebezustand, einem Wechselspiel zwischen »Flucht- und Heimkehrinstinkt«, gefangen hält. Im Bewusstsein dieses Schwebezustands vollzieht das erzählende Ich der Werke Sebalds einen Parcours in der Erinnerung der europäischen Nachkriegsstädte, deren Stadtbild von Trümmern und dem Wunsch nach schnellstmöglichem Wiederaufbau geprägt ist. W.G. Sebalds Wanderer der Erinnerungen vollzieht seine Aktivität als Sammler von Fundstücken des kollektiven und kulturellen Gedächtnisses von Deutschland, indem er jene Orte durchstreift, an denen sich der definitive *Untergang des Abendlandes* vollzog. Man mag sich an Ernst Bloch, einen der Lehrmeister Sebalds, erinnert fühlen, der in den *Montagen eines Februarabends* in *Spuren* folgende Worte verfasste, die den Autor als Monteur von Wirklichkeitssplittern und Erinnerungsfetzen inszenieren: »Das Dasein ist voll Figuren, doch nicht auch voll eingeräumter, mit allem und jedem an seinem festen Platz. Vielleicht wird überall noch ein *Echo allegorischer Bedeutungen* widerhallen, ein lehrreich hin und herschickendes, vieldeutig reflektierendes, bevor eine Gestalt dasteht«.[39]

---

38 W. G. Sebald, *Luftkrieg und Literatur* (München/Wien 1999), 43.
39 Ernst Bloch, *Spuren*, in: Gesamtausgabe (Frankfurt am Main 1959-1975), Bd. I, 167-168.

Während der Montage, die Rainer Hoffmann »Montage im Hohlraum« genannt hat[40], vergisst der Flaneur Blochs sich selbst. In *Ein verquerender Flaneur in Spuren* ist übrigens zu lesen: »Ich kannte einen, der ohne sich auszukommen verstand. [...] in einem nun wieder ganz selbstvergessenen Bemühen, einem gerade allerhöchst sachlich gemeinten, dem jeweiligen Nicht-Ich adäquat zu begegnen«.[41] Selbstvergessenheit, auf die sich die *Spuren* mehrmals beziehen, ermöglicht ein Zusammentreten von Innen und Außen, Zeichen und Bedeutung, Gegenwart und Vergangenheit, Schein und Tiefe: »sentimental mit Tiefe, es ist ein unterscheidbares Tremolo zwischen Schein und Tiefe«[42]. Das wird in *Wiedersehen ohne Anschluß* auch bestätigt:

> Und vor allem hat das Wiedersehen mit ebenso *völlig erloschener* wie *glänzend gewesener* Vergangenheit etwas von dem Mitleid mit sich selbst, das sich in der üblichen Rührung dieser Augenblicke kenntlich macht. Dann erst bildet sich die allerschlimmste Katastrophe, der völlig luftleere Raum: nämlich das Wiedersehen mit Ruinen und nichts als Eingekapseltem darin wird leicht zum Abschied von sich selbst, als von jenem, der nicht wurde.[43]

War die Montagetechnik in den zwanziger Jahren grundlegend für Benjamin und Bloch, so ist sie es in jüngerer Zeit für Sebald, wie Busch in einem jüngst erschienenen Beitrag, den er den »Schmerzenspuren der Geschichte« widmet, aufzeigt.[44] In diesem Beitrag, mit dem Titel *Le »tracce di sofferenza« della storia. Immaginazione ed esperienza storica in Austerlitz di W. G. Sebald*, untersucht er die Beziehung zwischen Dokument und Fiktion im letzten Roman des Autors, ohne dabei außer Acht zu lassen, dass bei der Erzählung des Lebens von Austerlitz das autobiographische Genre jüdischer Tradition eine unumgängliche Rolle spielt. Dies ist auch der Fall der Autobiographie von Saul Friedländer, in der dieser die Gewalt, die sich aus den Trennungen und den Auswanderungen, die seinen Lebensweg gezeichnet haben, resultiert, eingehend thematisiert.[45] Hier manifestiert sich Buschs Vorhaben sich mit den »Schmerzen-Spuren der Geschichte« auseinanderzusetzen, um die Poetik der Katastrophe zu überprüfen, die wiederum auch ein zentrales Thema der Produktion Benjamins ist. Wie Benjamin ist auch Sebald davon überzeugt, dass die Idee des Fortschritts auf der Idee der Katastrophe basiert.[46] So lässt sich aus der Beschreibung der Katastrophe, die in Worten und Bildern erfolgt, eine intermediale Praxis der Erkenntnis der Vergangenheit ableiten, die sich von Formen der Mythologisierung der Katastrophe distanziert, wie der Autor selbst verdeutlicht:

---

40 Vgl. Rainer Hoffmann, *Montage in Hohlraum. Zu Ernst Blochs Spuren* (Bonn 1977).
41 Bloch, *Spuren*, (Anm. 39), 168.
42 Ebd., 72.
43 Ebd., 87.
44 Vgl. Walter Busch, *Le »tracce di sofferenza«*, (Anm. 3).
45 Saul Friedländer, *Quand vient le souvenir* (Paris 1978), dt. *Wenn die Erinnerung kommt* (München 2007).
46 Benjamin, *Das Passagenwerk*, (Anm. 8), 274.

> Das ist eine Gefahr in der Beschreibung von Katastrophen: daß die Katastrophe
> das paradigmatisch Sinnlose ist und daß deshalb die Versuchung besonders akut
> ist, irgendeinen Sinn aus diesen kataklysmischen Ereignissen zu destillieren. Das
> halte ich im Prinzip für illegitim, sinnlos, vergeblich – den Versuch also, das in
> mythische Dimensionen einzuordnen, ganz gleich welcher Art.[47]

Walter Busch betont weiters, dass »Benjamin, im Gegensatz zu Sebalds Konzeption einer natürlichen Geschichte der Zerstörung die Idee einer neuen Zeitlichkeit der Erinnerung (*Jetztzeit*) entwickelte, die sich einem Bild anvertraut, das von Benjamin als dialektisch definiert wird und dessen Charakteristik darin besteht Schock, Unmittelbarkeit, Erwachen, Erleuchtung, Fragmentierung und Deformation, als Elemente einer ursprünglichen Realität, in sich zu vereinen«.[48] Die *Jetztzeit* der Erkenntnis ist eine Gegenwart, die kein Übergang ist, sondern vielmehr eine revolutionäre Möglichkeit im Kampf gegen Unterdrückung, ein Moment des Erwachens und die Geburt einer authentisch historischen Zeit. Diese epistemologische Praxis konzentriert sich bei Sebald auf die Recherche von Spuren der Vergangenheit, die zu einer Collage zusammengefügt werden, die an die von Benjamin praktizierte Montagetechnik erinnern könnte, sich von dieser jedoch, wie Busch hervorhebt, wesentlich unterscheidet:

> Bezüglich der Insistenz mit der letzterer [Benjamin] die Gegenwart, bzw. die
> »Jetztzeit« experimentell dekonstruiert, indem er sie zum Kernpunkt eines politischen Geschichtsverständnisses macht, während Sebald eher von defensiven
> Bemühungen bewegt scheint, wie die Problematisierung der Konzepte Spur,
> Schmerz und Vorstellung in seinem Werk belegt.[49]

Diese Textpassage enthält eine indirekte Anspielung auf die Melancholie, ein Schlüsselkonzept, das in der Poetik von Sebald und Benjamin, wenn auch auf äußerst unterschiedliche Weise, konstitutiv ist. Entspricht die Melancholie bei Benjamin, wie bereits erwähnt, einem Rückzug in die unwiderruflich verlorene Vergangenheit, stellt sie bei Sebald eine Form des Widerstands gegen die Macht der Zeit dar.[50] In seinem Verständnis fungiert die Melancholie als Möglichkeit, um den Schmerz zu überleben, und als Zufluchtsort vor dem Katastrophengefühl, das über der Schöpfung schwebt. Von derartigen Formen des Widerstands zeugen die

---

47 W. G. Sebald, Andrea Köhler, *Interview: Katastrophe mit Zuschauer*, in: Neue Zürcher Zeitung, 22.11.1997.
48 Busch, *Le »tracce di sofferenza«*, (Anm. 3), im Druck: »Benjamin, in controtendenza alla concezione sebaldiana della storia naturale della distruzione, ha sviluppato l'idea di una nuova temporalità del ricordo (Jetztzeit), che si affida ad un'immagine da lui definita "dialettica" la cui specificità consiste nel fatto di accogliere in sé gli lo shock, l'immediatezza, il risveglio, l'illuminazione, la frantumazione e la deformazione come elementi di una realtà originaria«.
49 Busch, *Le »tracce di sofferenza«*, (Anm. 3), im Druck: »rispetto alla fermezza con cui quest'ultimo decostruisce sperimentalmente il presente, lo »Jetztzeit«, facendone il centro di una concezione segnatamente politica della storia, Sebald sembra piuttosto muovere da energie che potremmo definire difensive, come dimostra la problematizzazione nella sua opera dei già ricordati concetti di traccia, sofferenza e immaginazione«.
50 Vgl. Irene Heidelberger-Leonard, *Melancholie als Widerstand*, in: Akzente: Zeitschrift für Literatur 2 (2001), 122-130. Vgl. hierzu Amir Eshel, *Against the Power of Time: The Poetics of Suspension in W.G. Sebald's ›Austerlitz‹*, in: New German Critique: An Interdisciplinary Journal of German Studies 88 (2003), 71-96.

Protagonisten der Erzählungen und Romane Sebalds sowie der Ich-Erzähler und das lyrische Ich seiner Werke. Auch die Autoren, mit denen sich Sebald in seiner reichen essayistischen Produktion beschäftigt hat, sind allesamt Vertreter einer Poetik der Zerstörung, in der die Erinnerung ein letztes Mal auflebt, bevor sie vom Vergessen ausgelöscht wird. Auch Austerlitz zeugt von dieser Poetik Sebalds, als er versucht in seiner Vorstellung den krebsförmigen Bau der belgischen Festung von Breendonk zu rekonstruieren und über das Vergessen nachdenkt, dem so viele Lebensgeschichten anheim fallen ohne je gehört zu werden:

> löst sich das Dunkel nicht auf, sondern verdichtet sich bei dem Gedanken, wie wenig wir festhalten können, was alles und wieviel ständig in Vergessenheit gerät, mit jedem ausgelöschten Leben, wie die Welt sich sozusagen von selber ausleert, indem die Geschichte, die an den ungezählten Orten und Gegenständen haftet, welche selbst keine Fähigkeit zur Erinnerung haben, von niemandem je gehört, aufgezeichnet oder weitererzählt werden.[51]

Es geht damit um einen Kernpunkt der Herangehensweise Buschs an die Fragestellung von Erinnerung und Zerstörung, die ihn seit jeher beschäftigt haben und zum Leitfaden seiner Analysen zentraler Werke und Figuren des 20. Jahrhunderts geleitet haben, wobei das kritische Denken Benjamins stets als wichtiger hermeneutischer Wegführer fungiert.

Ich bin meinem stets aufmerksamen und hochgeschätzten Doktorvater Walter Busch dankbar, nicht nur weil er mich durch die Jahre meiner Dissertation an der Universität Verona begleitet hat und mir auf meinem Weg durch die Finsternis der Dialektik der Katastrophe mit seinen Kenntnissen stets zur Seite stand, sondern auch weil er mich neben dem Werk Walter Benjamins an Th. W. Adorno heranführte, der inzwischen bedeutendes Element meines methodologischen Werkzeugs geworden ist. Das Erscheinen meines Buches *Walter Kempowski. W.G. Sebald e i tabù della memoria collettiva tedesca* erscheint mir ohne seine Unterstützung unvorstellbar. Wieviel ich seinen Lehren verdanke, bringt Walter Busch denn auch im Vorwort zu meinem Buch in so treffenden Worten zum Ausdruck, dass ich eine Passage aus diesem Text zitieren möchte: »Diese Arbeit schreibt sich in den geschichtlichen und kulturellen Kontext der Epoche ein. Sie ist geprägt von dem Bewusstsein der Bedeutung, welche den Katastrophen und vor allem Auschwitz im 20. Jahrhundert zukommt. Nicht zufällig ist Th. W. Adorno zentraler Garant des Modells von Literaturkritik, das hier vorgeschlagen wird«.[52] Ich möchte diesen Beitrag mit einem Zitat von Adorno abschließen, denn was der Philosoph aus Frankfurt über die Notwendigkeit der Aufarbeitung historischer Traumata

---

51 W. G. Sebald, *Austerlitz* (München/Wien 2001), 35.
52 Walter Busch, *Prefazione*, in: Raul Calzoni, *Walter Kempowski. W.G. Sebald e i tabù della memoria collettiva tedesca* (Pasian di Prato 2005), 11-14; hier: 13: »Questo lavoro si iscrive nel quadro storico-culturale dell'epoca, consapevole dell'importanza che le catastrofi del ventesimo secolo, soprattutto Auschwitz, hanno avuto. Non a caso Th. W. Adorno è uno dei garanti del modello di approccio critico proposto«.

als unumgängliche Vorraussetzung für die Konstruktion solider kultureller und gesellschaftlicher Fundamente für die Zukunft schreibt, enthält ein Prinzip, das die wissenschaftliche Produktion Buschs beeinflusst hat. Diese dringt stets in die Tiefe der Forschungsfragen vor, ohne je die ethische Verantwortung aus den Augen zu verlieren, ohne die sich brisante Themen der Gegenwart nicht bearbeiten lassen. In anderen Worten, ich bin davon überzeugt, dass folgende, von Adorno in den *Minima Moralia* formulierte Maxime in überzeugender Weise die ethische Ausrichtung resümiert, die der Literaturkritik Walter Buschs zu Grunde liegt und in der Gedächtnis und Erinnerung zentraler Autoren des 20. Jahrhunderts wieder lebendig werden und uns daran erinnern, dass: »Nichts aber ist vielleicht verhängnisvoller für die Zukunft, als daß im wörtlichen Sinn bald keiner mehr wird daran denken können, denn jedes Trauma, jeder unbewältigte Schock der Zurückkehrenden ist ein Ferment kommender Destruktion«.[53]

---

53 Theodor W. Adorno, *Weit vom Schuß*, in: Minima Moralia. Reflexionen aus dem beschädigten Leben (Frankfurt am Main 1951), 60.

Massimo Salgaro

Was heißt über die Shoah sprechen?

> *Kafkaesk: Von Amts wegen wird es der Bürokratie vorbehalten.*
> *Verrät den Mangel an Familiarität mit Kafka.*
> *(Giuseppe Pontiggia, Le sabbie immobili)*[1]

Die Diskussion über die Shoah zieht sich wie ein roter Faden durch das Werk von Walter Busch, von den ersten Publikationen zu Bertolt Brecht[2] bis in die jüngsten Aufsätze.[3] Ein Höhepunkt dieser Reflexion ist sicher der Artikel *Testimonianza, trauma e memoria*, der in einem Band enthalten ist, der den derzeitigen Memoriabegriff in einer interdisziplinären Perspektive unter die Lupe nimmt.[4] Hier vergleicht Walter Busch die neuesten Diskurse, die sich um den Begriff der Zeugenschaft in Amerika und Europa kristallisiert haben. In Italien ist dieser Begriff als *testimonianza* durch Giorgio Agambens Werk in die philosophische Diskussion eingeführt worden. Das Thema der Zeugenschaft interessiert Walter Busch vor allem aus einer ethischen Perspektive: Der Zeuge bürgt für die Realität des Konzentrationslagers und rettet zugleich die Erinnerung des Lagers in die Gegenwart. Der Begriff der Zeugenschaft bringt zugleich die Literatur ins Spiel, denn der Zeuge kann seine Darstellung auch schriftlich festlegen und somit ein Schriftsteller werden oder auf Grund seiner Erinnerungen von einem Schriftsteller zitiert werden. Zeugen des Naziregimes sind sicher Karl Wolfskehl und Nelly Sachs, von denen Walter Busch in einem scharfsinnigen Aufsatz zur deutschen Lyrik zwischen den zwei Weltkriegen handelt.[5] Die beiden genannten Dichter geben laut Busch »den von Deutschland vertriebenen Juden das Wort« und bilden somit einen *Chor der Geretteten* – so lautet der Titel eines Gedichts von Nelly Sachs –, der für eine unnennbare Erinnerung Worte finden möchte.

Für einen Germanistikprofessor, der die Literatur des 20. Jahrhunderts erforscht und lehrt, ist es üblich oder fast unvermeidlich, über die Shoah zu sprechen. Aber: *Was heißt über die Shoah sprechen?* Zuerst und darüber hinaus müsste man sich fragen: *Was heißt sprechen?* Diese Frage stellt sich der Soziologe Pierre

---

1 Im Original: «Kafkiano: Riservato d'ufficio alla burocrazia. Rivela assenza di ogni famigliarità con Kafka» Giuseppe Pontiggia, *Opere* (Milano 2004), 1052.
2 Walter Busch, *Bertold Brecht Furcht und Elend des dritten Reiches* (Frankfurt 1982), 20, 40.
3 Walter Busch, *La saggistica di W.G. Sebald: una biografia intellettuale*, in: Cultura tedesca 29 (2005), *W.G. Sebald: Storia della distruzione e della memoria letteraria*, hrsg. v. W.Busch), 11.
4 Walter Busch, *Testimonianza, trauma e Memoria* in: Elena Agazzi/Vita Fortunati (Hrsg.), *Memoria e Saperi. Percorsi transdisciplinari* (Roma 2006), 574-564.
5 Walter Busch, *La lirica tedesca tra le due guerre (1918-1945)* in: Anna Chiarloni (Hrsg.), *La poesia tedesca del Novecento* (Bari 2009), 62-67.

Bourdieu in einem so betitelten Text, in dem er sich gegen die Ausklammerung des Gesellschaftlichen in der aufkommenden Sprachwissenschaft auflehnt.[6] Jeder Sprechakt ist für ihn das Produkt des Zusammentreffens unabhängiger Kausalreihen: »auf der einen Seite die – gesellschaftlich bestimmten – Dispositionen des sprachlichen Habitus, die eine bestimmte Neigung zum Sprechen und Aussprechen bestimmter Dinge einschließen (das Ausdrucksstreben), und eine gewisse Sprachfähigkeit [...], auf der anderen Seite die Struktur des sprachlichen Marktes, die sich als ein System spezifischer Sanktionen und Zensurvorgänge durchsetze«.[7] Die Sprachfähigkeit ist also nicht bloß die Anwendung eines Codes, sondern eine soziale Fähigkeit zur adäquaten Anwendung dieser Kompetenz in einer bestimmten Situation. Erst in der Beziehung zu einem sozialen Raum wird die Bedeutung der Rede vollständig bestimmt. Produziert von Autoren, die Sprachautorität haben, festgesetzt durch Grammatiken und Lehrer, ist die Sprache ein Code nicht nur im Sinn der Linguistik, sondern auch im Sinn eines Systems von Normen, die die Sprachpraxen regeln.[8] Bourdieu zeigt auf, wie Sprache immer legitimiert sein muss durch Institutionen, durch den Staat, vor allem durch die Politik. Sprechen heißt für ihn, sich einen der Sprachstile anzueignen, die es bereits im Gebrauch gibt und die ein Abbild der Hierarchie der entsprechenden sozialen Gruppen sind.[9] Der Sprecher ist für Bourdieu ein Bevollmächtigter, der die Teilhabe an der Autorität der Institution ausdrückt.

Die Eigenschaften, die die perfekte Sprachbeherrschung ausmachen, lassen sich in zwei Worten zusammenfassen: Distinktion und Korrektheit.[10] Diese einwandfreie Sprachbeherrschung weicht von der »vulgären« Umgangssprache ab. Die legitime Sprachkompetenz ist eine statusbedingt zugeschriebene Fähigkeit und erlaubt bei offiziellen Anlässen die autorisierte Sprache zu benutzen, das beglaubigte und glaubwürdige Wort auszusprechen.[11] Demzufolge sind Diskurse nicht nur Zeichen, die dechiffriert und verstanden werden sollen, sie sind auch Zeichen des Reichtums und Zeichen der Autorität, denen geglaubt und gehorcht werden soll.

Das symbolische Kapital, das zum Sprechen nötig ist, drückt die Anerkennung einer sozialen Gruppe aus. Der Sprecher wird zur Rede geweiht, wie in den Einsetzungsriten der Kirche. Das »soziale Feld«, so nennt es Bourdieu, bestimmt auch, was gesagt werden kann und was nicht, und setzt dadurch eine Form von Zensur ein. Laut Bourdieus Thesen ist man als Germanistikprofessor sicher berechtigt über die Shoah zu sprechen. Pierre Bourdieu ist ein Kenner der *feinen Unter-*

---

6 Pierre Bourdieu, *Was heißt sprechen? Die Ökonomie des sprachlichen Tausches* (Wien 1990).
7 Ebd., 11-12.
8 Ebd., 21.
9 Ebd., 31.
10 Ebd., 38.
11 Ebd., 48-49.

schiede in der Gesellschaft[12] und besonders im »akademischen Feld«[13]. Ein Student oder ein Doktorand (aber auch ein Forscher) könnten unter Umständen nicht berechtigt sein, über ein gewisses Thema zu sprechen oder zu schreiben, weil sie vom »akademischen Feld« nicht für kompetent genug gehalten werden, oft auch, weil sie nicht die akademische Würde haben, um darüber zu sprechen. Abgesehen von den Inhalten oder der Qualität seiner Recherchen ist ein Doktorand nicht berechtigt einige Dinge zu unternehmen: z.B. Vorlesungen zu halten, oder eventuell zu prüfen. Die Institution befugt ihn nicht dazu. Die Autorisierung zur Rede ist also nicht nur vom eigenen Wissen abhängig, sondern politisch bedingt. Auch die Wissenschaft ist diesen Strategien gegenüber nicht immun: Das Ziel des politischen Handelns ist es, Repräsentationen der Welt zu schaffen und durchzusetzen, und eine politische Subversion setzt eine kognitive Subversion voraus.[14]

Fast am Ende von *Was bedeutet Sprechen* beginnt Bourdieu über Martin Heidegger[15] zu sprechen, dessen Texte unter Ausschluss jedweden Bezugs auf irgendetwas Äußeres der Philosophie gelesen werden sollten. Hier wird das Sprechen problematisch: Was kann es bedeuten, Heidegger zu lesen ohne auf sein Verhalten während des Nationalsozialismus einzugehen? Solchen Fragen geht Bourdieu in *L'ontologie politique de Martin Heidegger* nach und setzt sich von Martin Heidegger wie den Exegeten ab, die darauf bestehen, die Autonomie seiner philosophischen Texte gegenüber seiner politischen Akte aufrechtzuerhalten.[16] Diese Tendenz findet eine Begründung im *Habitus* des philosophischen Feldes, dessen Eigenheit es ist, vom realen Kontext zu abstrahieren und sich nur um die Ideen oder die Konzepte zu kümmern. Die Philosophie ist in der Perspektive Bourdieus soziologisch naiv.[17]

Diese Tendenzen sind auch für ein anderes Feld charakteristisch. In *Die Regeln der Kunst. Genese und Struktur des literarischen Feldes* analysiert Bourdieu die Autono-

---

12 Mit dem Titel *Die feinen Unterschiede* wurde das Hauptwerk von Pierre Bourdieu übersetzt *La distinction. Critique sociale du Jugement* (Paris 1979). In diesem Werk geht es um eine Interpretation des Geschmacks und der Lebensstile als eines Kampfes um gesellschaftliche Positionen. Die Präferenzen in kulturellen Fragen oder in der Gestaltung der Freizeit korrelieren häufig mit der Klassenzugehörigkeit.
13 Pierre Bourdieu, *Homo academicus* (Paris 1984). In *La reproduction. Eléments pour une théorie du système d'enseignement* (Paris 1970) wird hingegen gezeigt, dass die Erziehung nicht wirklich demokratisch sei, weil die Schule den *Habitus* der privilegierten sozialen Klassen fördere.
14 Bourdieu, *Was heißt sprechen?*, (Anm. 6), 104.
15 Ebd., 120-145.
16 Pierre Bourdieu, *L'ontologie politique de Martin Heidegger* (Paris 1988). Viele Exegeten von Martin Heidegger bestehen auf der Autonomie seiner philosophischen Texte gegenüber seiner politischen Akte. Demgegenüber rekonstruiert Bourdieu Heideggers Beziehungen zu seinem intellektuellen Milieu (seine Kontakte mit der Jugendbewegung oder mit der konservativen Revolution von Ernst Jünger) und das soziale Milieu – das Landbürgertum –, dem Heidegger entstammt. Heidegger ist ein Produkt verschiedener sozialer »Felder« und nur aus dieser Verschränkung von Theorie und Praxis könne er als Denker gewürdigt werden, und die politische Tragweite seiner Schriften verstanden werden. Für Bourdieu ist das Denken und somit die Philosophie nicht ein übergeordneter Metadiskurs, sondern eine wissenschaftliche Praxis, in der die Position des Sprechenden oder Schreibenden immer mitreflektiert werden muss.
17 Vgl. Pierre Bourdieu, *Méditations pascaliennes. Eléments pour une philosophie negative* (Paris 1997).

misierung des »literarischen Feldes« im Frankreich des 19. Jahrhundert.[18] Die damals üblich gewordene Parole l'art: pour l'art kann auch soziologisch interpretiert werden, als ein sich Absetzen von ökonomischen und politischen Regeln. Jedes soziale Feld, somit auch das literarische, ist ein Mikrokosmos der Gesellschaft und funktioniert wie ein Spiel, mit eigenen Regeln, Techniken, Hierarchien und Traditionen. Ein *Habitus* sind die Regeln, die von diesen Feldern produziert werden und sie sind somit sowohl objektiv, aber auch subjektiv, weil sie in der Praxis der Einzelnen fortleben. Sie sind den Subjekten einverleibt und bedingen ihre Perzeptionsschemata und Handlungsschemata. Bourdieu rekonstruiert die Genese des literarischen Feldes ausgehend von der Poetik Baudelaires, die eine Autonomie von sozialen und ökonomischen Werten anstrebt. Das literarische Feld baut sich auf folgende Werte auf: Die Autonomie des ästhetischen Zeichens, wie sie u.a. von Roman Jakobson theoretisiert wurde, die Zweckfreiheit des Schreibens, den Vorrang der Form, die Genialität des Schriftstellers. Durch diese Einstellungen wird dem literarischen Text eine Aura verliehen, ein innerer Wert und Reichtum, die unantastbar sind. In Wahrheit ist das literarische Feld ein Kampffeld, in dem das symbolische Kapital zwischen Schriftstellern, Kritikern, Journalisten und Verlagen ausgehandelt wird. Für Bourdieu ist es eine Illusion zu glauben, dass es eine *art pour l' art* gibt, oder dass die Philosophie eine Reflexion von Konzepten sei, weil diese Aktivitäten immer innerhalb eines sozialen Raumes entstehen und die Positionen der Akteure innerhalb dieses Raumes ausgemacht werden müssen. In seiner Perspektive wird das Singuläre zur Relation, das Universelle relativ, das Geniehafte erklärbar, die Zweckfreiheit strategisch.

Bourdieu überlegt, warum so viele Kritiker und Philosophen auf der Unsagbarkeit der ästhetischen Erfahrung insistieren und darauf bestehen, dass sie sich der rationalen Erkenntnis entzieht. Sie behaupten, das ästhetische Werk vor jedem äußeren Eingriff, z.B. von Seiten der Soziologie, schützen zu wollen, um seine Transzendenz zu wahren, seinen irreduziblen Kern. Die Literaten und die Literaturkritiker fühlen sich als die Apostel eines Wissens, zu dem nur sie Zugang haben. Dieses Wissen darf nicht empirisch überprüft werden, die sozialen Auswirkungen der Literatur oder der Lektüre dürfen im literarischen Feld nicht in Anspruch genommen werden.

Ohne es zu merken reproduzieren die Literaturkritiker ihren *Habitus*, indem sie etwas Einzigartiges verallgemeinern. Die Oppositionen, die die ästhetische Erfahrung strukturieren, sind nicht a priori gegeben, sondern geschichtlich bedingt. Auch die Rezeptionsforschung, die den Text zum Leser hin öffnet, akzeptiert im Grunde nur die eigene Lektüre und verschließt den Zugang zum Text hinter sich. Deshalb kritisiert Bourdieu auch die Rezeptionstheorie von Wolfgang Iser, der seine eigene Position als gelehrter Leser auf den literarischen Leser projiziert und somit seine eigene Leseerfahrung objektiviert ohne sie soziologisch

---

18 Pierre Bourdieu, *Les Règles de l'art. Genèse et structure du champ littéraire* (Paris 1992).

zu hinterfragen. Der Leser ist für ihn einzig der kultivierte Leser, der den Text dechiffriert.[19]

Die Praxis des literarischen Feldes, die sich von denen in anderen Feldern absetzt, ist nicht per se problematisch, sie wird es, wenn man sie mit einem ethisch relevanten Thema wie der Shoah in Beziehung setzt. Das literarische und das philosophische Feld haben sich immer geweigert, sich soziologisch hinterfragen zu lassen. Die Missbilligung der empirischen Forschung ist ein evidentes Beispiel dieser *forma mentis*. Schon Pierre Bourdieu hat in seiner Analyse von Heidegger[20] darauf hingewiesen. Dieses System zeigt im Zusammenhang mit der Shoah seine Mängel. Das Sprechen über die Shoah ist nämlich kein Diskurs für *insider*, weil es seiner Natur wegen die Grenzen der Diskurse sprengt und zugleich ethische und soziale Fragestellungen aufwirft. Die Reflexionen über die Shoah haben einen immensen Apparat an Schriften produziert, einen eigenen Wissenszweig hervorgebracht, der *Holocaust Studies* genannt wird. Es ist, glaube ich, legitim zu fragen, welche Ergebnisse daraus hervorgegangen sind. Man sollte nicht nur fragen:»Was heißt über Shoah sprechen«, sondern auch: »Wer hört diesem Sprechen zu?«

Es ist sicher positiv, dass die Shoah ein beharrliches Thema der öffentlichen Diskussion geworden ist. Seit dem zweiten Weltkrieg ist es außerdem zu einer Institutionalisierung des internationalen Rechts gekommen, so dass die Massenmörder nun von den internationalen Gerichtshöfen verfolgt werden.

Im Jahre 2000 haben 45 Länder sich verpflichtet, die *Holocaust Education* an den Schulen und an den Universitäten zu fördern. Gleichzeitig verzeichnet das *Office for Democratic Institutions and Human Rights* (Odihr) der OSCE (Organisation für die Sicherheit und die Kooperation in Europa) in ihrem letzten Bericht[21] einen

---

19 Auch die empirische Rezeptionsforschung hat immer wieder der Konstanzer Rezeptionsforschung vorgehalten, in der werkimmanenten Perspektive versandet zu sein, die sie überwinden wollte. Hannelore Link, *Rezeptionsforschung, Eine Einführung in Methoden und Probleme* (Stuttgart 1976), 23. Zur empirischen Rezeptionsforschung, die sich, gerade wegen der im literarischen Feld gültigen Regeln, in der deutschen Literaturkritik nie hat durchsetzen können, siehe auch Siegfried Schmidt, *Texttheorie* (München 1973); Norbert Groeben, *Rezeptionsforschung als empirische Literaturwissenschaft*. Paradigma durch Methodendiskussion an Unterrichtsbeispielen (Tübingen 1980). Dietrich Meutsch, *Literatur verstehen*. Eine empiristische Studie (Wiesbaden 1987); Dirk H. Schram, *Norm und Normbrechung*. Die Rezeption literarischer Texte als Gegenstand empirischer Forschung (Wiesbaden 1991). Aus einer kognitiven Perspektive siehe Gerhard Lauer, *Going Empirical. Why We Need Cognitive Literary Studies*, JLT 3:1 (2009), 145-154.

20 Es ist bezeichnend, dass in seiner autobiographischen Schrift (Pierre Bourdieu, *Esquisse pour une auto-analyse ou ceci n'est pas une autobiographie* [Paris 2004]) Pierre Bourdieu auch seine niedrige Herkunft zur Sprache bringt. Diese Abstammung hat zu einer ambivalenten Position gegenüber der akademischen Institution geführt, die sich einerseits in einer Unterwürfigkeit als Musterschüler und andererseits in einer vehementen Kritik am Schulsystem Frankreichs ausdrückte. Er fühlte sich als ein Glückspilz dieses Systems, ein Ausnahmefall, hat aber zugleich nie die Bescheidenheit verloren, um sich auch mit angeblich trivialen Themen auseinanderzusetzen und, was für uns in diesem Zusammenhang wichtig ist, von empirischen Methoden Gebrauch zu machen. Indem Bourdieu seine soziale Herkunft dem Leser preisgibt, reflektiert er über sie und ihre Auswirkungen auf sein Denken. Daraus kann man lesen, wie zwei ähnliche soziale Milieus, das seiner Familie und das von Heidegger, zwei so unterschiedliche intellektuelle Profile hervorgebracht haben.

21 Es handelt sich um die Podiumsdiskussion am 17. März 2009 in Wien »Combating anti-Semitism: Current Trends and Challenges in the OSCE Region« http://www.osce.org/odihr/20051.

»Überdruss an der Shoah«, eine Überbelichtung dieses Themas in den Massenmedien, die sich im Interesse der Studenten niedergeschlagen hat. Milena Santerini reflektiert einige Faktoren dieser Interesseschwellung im italienischen Schulsystem.[22] In den letzten sechzig Jahren hat sich der Kontext der Shoahrezeption maßgeblich geändert: In Italien hat die *Resistenza*, der Widerstand gegen die Naziherrschaft, den Diskurs über die Shoah stark politisiert und zu einer Grundlage des Bewusstseins der neuen italienischen Republik gemacht. Die Studentenbewegung der Sechziger hat diese politische Interpretation des zweiten Weltkriegs fortgeführt. Nur langsam haben sich diese beiden Diskurse in Italien getrennt, auch in der italienischen Öffentlichkeit. Erst ab der Mitte der Achtziger hat aus pädagogischer und didaktischer Perspektive die *Holocaust Education* in Italien ein spezifisches Profil angenommen. In den neuen Generationen, mahnt Santerini, verblasst die Erinnerung an diese für die vorhergehenden Generationen paradigmatischen Ereignisse, auch weil sie von einer Aura von Rhetorik umwoben scheinen.[23] Die politisch neutrale ›Generation X‹ der Neunziger weist Widerstände auf, ein so politisiertes Thema zu rezipieren. Das allgegenwärtige Medium Internet könnte zu diesem ›zeitlosen‹ Zeitbewusstsein beigetragen haben und paradoxerweise auch, um rassistische und antisemitische Vorurteile zu verbreiten. Die neuen Generationen lassen sich nicht von den Texten belehren, mit denen sie im Unterricht in Kontakt kommen, sondern surfen im Netz und werden eher von visuellen als schriftlichen Stimuli angelockt. Der europäische Antisemitismus wurde auch dank des Netzes in die arabischen Länder exportiert. Eine Didaktik der Shoah muss heute mit einem interkulturellen Publikum rechnen, in dessen unterschiedliche Traditionen die Shoah integriert werden muss.

Die Singularität der Shoah wird von vielen Studenten als »Unerklärlichkeit«, als »Absurdität« empfunden, und wie in einer Fiktion werden die Täter als »Monster« oder »Sadisten« eingestuft.[24] Der Eklat der Bilder der Shoah muss mit einer genauen Kenntnis der Fakten integriert werden und möglicherweise mit der Kenntnis von persönlichen Zeugenschaften, die den Zugang zur Geschichte und

---

html. Interessant sind in dieser Hinsicht auch die Berichte der *Task Force for International Cooperation on Holocaust Education, Remembrance, and Research* (ITF), die seit 1988 27 Staaten zur internationalen Kooperation in der Shoaherziehung und Forschung vereint hat.http://www.holocausttaskforce.org/images/itf_data/documents/02_education/holocaust_education_reports/holocaust_education_report-germany.pdf

22 Milena Santerini, *Didattica della Shoah*, in: Dimitri D'Andrea, Renato Badili (Hrsg.), Sterminio e Stermini: Shoah e violenza di massa nel Novecento (Bologna 2010), 335-355. Milena Santerini vertieft diese Themen in *Antisemitismo senza memoria. Insegnare la Shoah nelle società multiculturali* (Roma 2005).

23 Ebd., 338.

24 Ebd., 341. Milena Santerini mahnt mehrmals an, aus didaktischer Perspektive, die Sakralisierung der Shoah zu vermeiden, (Santerini, Antisemitismo, [Anm. 19], 94-95, 19, 129) die Shoah darf nicht ins Unerklärliche oder in ein Schweigen verbannt werden, sie darf nicht vom Nebel der Unsagbarkeit umwoben werden. Die Einzigartigkeit der Shoah darf sie nicht in eine Unwirklichkeit verwandeln. Schon Martin Walser hat abgeraten, das Konzentrationslager als inkommensurables, grandios-schreckliches Kunstwerk zu beschreiben. (Martin Walser, *Unser Auschwitz*, «Kursbuch» I, 1965, 189-200).

eine Empathie ermöglichen. Die Erinnerung der Shoah hat im interkulturellen Kontext eine neue Aufgabe: Diese Wunde der Geschichte soll neuen und zeitgenössischen Formen von Rassismus, Xenophobie, Diskriminierung und Missachtung der Menschenrechte vorbeugen.[25]

Diese Situation betrifft nicht nur Italiens Schulsystem, da auch in anderen wichtigen Studien zur Shoah an mehreren Stellen vor der *overfamiliarization* dieses Themas gewarnt wird.[26] Dass die Aufarbeitung der Geschichte paradoxe Ergebnisse zeitigen kann, ist schon Andreas Hyussen aufgefallen.[27] Hyussen bezeichnet das Aufkommen der *culture of memory* in den achtziger Jahren als eine Hypertrophie der Gedächtniskultur, der bereits eine »memory fatigue«[28] folgte. Diese obsessive Tendenz war eine Reaktion auf die wachsende Amnesie, die durch die heutige kybernetische Gesellschaft hervorgerufen wurde. Unser Gedächtnis wurde durch diesen technologischen Wandel instabil und zwangsmäßig begrenzt, weil es eine enorme Masse von Informationen aufbereiten muss. Die Memoriakultur und die *musealization* sind Anker, um in dieser fluiden, traditionslosen Welt einen Halt zu finden. Andreas Hyussen bringt mehrere Beispiele dieses Phänomens, darunter einige, die die Shoah betreffen, wie zum Beispiel das Jüdische Museum in Berlin und die *graphic novel* von Art Spiegelman *Maus*. Außerdem wird die Erinnerung an die Shoah durch mehrere internationale Gedenktage wachgerufen und dadurch internationalisiert.[29] Durch diese Denkmäler und Kunstwerke will die Gesellschaft, vor allem die deutsche, eine »redemption through memory« verursachen[30]. Dieser Erlösungsprozess ist aber so obsessiv, die Zahl der Monumente ist so groß, dass das geschichtliche Ereignis hinter diesem Memoriadiskurs verschwindet und somit eine Befreiung durch Amnesie eintritt, eine »redemption through forgetting«.[31] Besonders ersichtlich wird dieses Phänomen an der Aktion der beiden Künstler Christo und Jeanne-Claude, die 1995 den Reichstag eingepackt haben.

Die besten Absichten können in der Shoahforschung und -erziehung die schlimmsten Ereignisse zur Folge haben, wie der französische Journalist Antoine Vitkine[32] mit Bezug auf die Editionsgeschichte und die Rezeption von *Mein Kampf* von Adolf Hitler zeigt. Adolf Hitler hat sich in seiner Steuererklärung immer als Autor ausgegeben und tatsächlich hat ihm *Mein Kampf* nicht nur Ruhm gebracht, sondern auch ein beträchtliches Einkommen gesichert. Dass »die Bibel des Nazismus« zu Lebzeiten Hitlers ein Bestseller war, darf nicht verwundern, weil der

---

25 Ebd., 346
26 Alessandro Costazza (Hrsg.), *Rappresentare la Shoah* (Milano 2005), 397, 445.
27 Andreas Hyussen, *Present Pasts. Urban Palimpsests and the Politics of Memory* (Stanford 2003).
28 Ebd., 3.
29 Ebd., 12-13.
30 Ebd., 31.
31 Ebd., 32.
32 Antoine Vitkine, *Mein Kampf. Storia di un libro*. Aus dem Französischen von Giovanni Zucca (Milano 2010).

gesamte deutsche Staat dessen Verbreitung vorantrieb. Es müsste aber schockieren, dass von der englischen Fassung, von 1979 – 2000, 20.000 Kopien pro Jahr verkauft wurden, und dass dieses Buch laut Angaben von Amazon in den letzten Jahren das dritthäufigst verkaufte englischsprachige Buch im deutschen Sprachraum ist.[33] Dies geschieht, obwohl das Bundesland Bayern, bei dem die Rechte dieses Textes liegen, mit allen Mitteln versucht, neue Auflagen zu verbieten und, wie Antoine Vitkine registriert, auch aus didaktischen Zwecken keine Vervielfältigung erlaubt. Aber es konnte nicht verhindern, dass in Japan eine Komikfassung im Jahre 2009 45.000 Kopien vermarktete und die türkische Fassung von Hitlers Text im Jahr 2005 sogar 50.000 Exemplare. Die Zensur des Freistaats Bayern scheint keinen großen Erfolg zu haben und ab dem 30. Dezember 2015 wird das Land Bayern jegliches Recht auf das Buch verlieren, und es wird von jedem verlegt werden können. Am Ende seiner informierten und gut dokumentierten Analyse der Rezeption von *Mein Kampf* bietet Vitkine sieben Ratschläge zum Umgang mit diesem Buch, wovon der letzte so lautet:

> Es nützt nichts *Mein Kampf* zu verbannen, es ist unnütz, es nicht zu nahe kommen zu lassen, oder es in abgelegenen Orten des kollektiven Unterbewusstseins zu verwahren, auch wenn dies möglich sein sollte. *Mein Kampf* ist unter uns und wird es noch lange bleiben. Es wäre besser, im Abendland und anderswo, daraus eine Lehre zu ziehen. Es wäre besser, soviele Personen wie möglich zu erziehen, um es dekodieren zu können, um dessen Tragweite und die geschichtlichen Umstände zu verstehen, die dieses Buch zu dem gemacht haben was es geworden ist. Dieses Buch, das für einige heute noch ein Modell ist, besitzt in sich selbst sein Gegenmittel. Es ist wichtig, dies niemals zu vergessen.[34]

Die Zensur von *Mein Kampf* hat sich als ein ungeeignetes Mittel erwiesen. Wer über die Shoah sprechen kann, entscheidet oft auch, wer darüber nicht sprechen darf. Wie Milena Santarini und Vitkine gezeigt haben, sind, aus pädagogischer Perspektive, die Zensur und die Sakralisierung eines Buches wie *Mein Kampf* der Niederlage geweiht. Diese Zensur hatte ihre Auswirkungen auch auf die jüngste italienische Ausgabe von *Mein Kampf*.[35] Der Text Adolf Hitlers ist von einer Einleitung des demokratischen Historikers Giorgio Galli und von einem Nachwort von Gianfranco Maris, dem Präsidenten der italienischen Vereinigung der in deutschen Lagern aus politischen Gründen Deportierten, umrahmt. Maris nennt die Publikation in diesem »kleinen linken Verlag« willkommen und definiert die Lektüre von *Mein Kampf* eine »Impfung des Wissens«,[36] um die Wiederholung von Bedingungen, die zur Machtergreifung des Wissens der Nazis geführt hat, zu vermeiden. Außerdem werden die Meinungen zum Text von Hitler von prominenten Historikern wie Joachim Fest oder Ian Kershaw dem Text vorangestellt.[37]

33 Ebd., 189.
34 Ebd., 256.
35 Giorgio Galli (Hrsg.), *Il Mein Kampf di Adolf Hitler. Le radici della barbarie nazista* (Milano 2006).
36 Ebd., 528.
37 Ebd., 33-42.

Giorgio Galli hat dieser neuen Fassung eine dreifache Bedeutung zugeschrieben: »die ethisch-intellektuelle Ablehnung jeder Tabuisierung und Form von Zensur; die Historisierung eines Buches, dessen Lektüre eine unvergängliche Mahnung sein soll; die Anzeige von Verdrängungen und Mystifizierungen, in deren Schatten man leichtfertige wie gefährliche historische Revisionismen legitimieren möchte«.[38] Bevor man es ein horrendes Buch oder eine Ansammlung von Wahn nennt, müsste man dieses Buch gelesen haben, und das haben die wenigsten getan. Deshalb rekonstruiert Galli die Quellen von Hitlers Buch *Mein Kampf*, das er als ein perverses Produkt des abendländischen Denkens ansieht und nicht, wie Ernst Nolte und François Furet, als eine Folge der Oktoberrevolution. Er will auch Hitler nicht als einen Wahnsinnigen abstempeln und ihn somit jeder Verantwortung entledigen.[39] Trotz dieses Apparats und dieser noblen Absichten erhielt der Verlag am 25. Juli 2005 folgenden Brief von der deutschen Botschaft in Rom:

> Die Botschaft erlaubt sich, Sie darauf hinzuweisen, dass aufgrund des Befreiungsrechts der Alliierten dem freien Bundestaat Bayern, als gesetzlichem Erben des ehemaligen zentralen Verlags der NSDAP, die Urheberrechte von *Mein Kampf* von Adolf Hitler zustehen. Gemäß des Willens der Alliierten, nützt der Freistaat Bayern das Innehaben der Autorenrechte seit Jahrzehnten als Instrument, um der Verbreitung von nationalsozialistischen Schriften zu begegnen.
>
> Deshalb wird keine Erlaubnis vergeben, dieses Werk weder in Deutschland noch im Ausland neu aufzulegen. Es bestehen aber keine Vorbehalte gegenüber der Benützung von Auszügen im Rahmen von kritischen Kommentaren des Textes, in den vom Urheberrecht gesetzten Grenzen. Die Veröffentlichung des Gesamtwerks eignet sich am besten für propagandistische Zwecke der Verbreitung der nationalsozialistischen Ideologie. Es ist daher besondere Vorsicht angebracht. Auch der partielle Abdruck der wichtigsten Stellen des Werks, zusammen mit wissenschaftlichen Kommentaren, erfüllt den wünschenswerten Willen, darüber aufzuklären.
>
> Dank der breiten und klaren Einführung und des Nachworts, sowie der tiefgründigen Kommentare des Werks, kann man Ihrer Publikation auf unmissverständliche Weise entnehmen, dass sie der wissenschaftlichen Diskussion des dunkelsten Kapitels der deutschen Geschichte, die auch im Bundestaat Deutschland herbeigewünscht und gefördert wird, nützen soll. In der Tat veranschaulicht die Benützung des bedeutendsten Propagandawerks dieses Regimes, die Perversion des nationalsozialistischen Systems und dessen Ideologie.
>
> Weil es sehr schwierig ist, eine klare Unterscheidung zu treffen zwischen der wünschenswerten wissenschaftlichen Auseinandersetzung und der propagandistischen Verbreitung, der man ablehnend begegnen muss, hofft die Botschaft auf Ihr Verständnis dafür, dass die Bundesrepublik Deutschland nicht von der Praxis abweicht, den Gesamttext von *Mein Kampf* nicht zu veröffentlichen. Ihre Veröffentlichung wird deshalb nicht autorisiert. Die Botschaft wäre Ihnen dankbar, wenn Sie das berücksichtigen könnten.[40]

38 Ebd., 48.
39 Ebd., 58.
40 Ebd., 75-76 (Übersetzung MS).

Der Brief der deutschen Botschaft zeigt die Fragilität dieser Zensurpraxis: Auf der einen Seite wird die wissenschaftliche Qualität der italienischen Ausgabe gelobt, auf der anderen Seite wird im nächsten Absatz behauptet, dass es »sehr schwierig« ist, zwischen wissenschaftlichen und propagandistischen Texten zu unterscheiden. Und in wessen Namen spricht hier die deutsche Botschaft? Für das Land Bayern, bei dem die Rechte liegen, oder für die Bundesrepublik Deutschland, die die Praxis durchgesetzt hat, den Gesamttext nicht zu veröffentlichen? Dieser Brief ist eine unangebrachte Antwort auf die Absicht des Verlags, mit dieser Veröffentlichung »die legendäre Aura von *Mein Kampf* zu brechen und eine Mythologie zu zerstören, die von der Zensur gefördert wird«.[41] Der Verlag fügt sich trotzdem dem Willen der deutschen Botschaft und veröffentlicht in der zweiten Edition nicht den Gesamttext von Hitlers Werk.[42]

In diesem Brief hat die deutsche Botschaft sich den *Habitus* des literarischen Feldes übergezogen. Auch hier hat man auf dieses Buch einen Sinn und eine Absicht projiziert und es vom sozialen Feld, in dem es gewirkt hat und wirkt, trennen wollen und muss nun die Folgen davon tragen. Die Vertreter der Bundesrepublik fühlen sich berechtigt, über die Shoah zu sprechen, und als die legitimen Exegeten des Buches möchten sie entscheiden, wer das Buch lesen darf und wer nicht, dem Buch als solchem wird aber dadurch eine gefährliche Aura verliehen. Sie wollen aber nicht die soziale Wahrheit der Lektüre dieses Buches wahrnehmen, die Vitkine uns vor Augen gestellt hat.

Das Sprechen über die Shoah darf nicht selbstbezogen sein, es muss ständig seine Hörerschaft finden und im Sprechen auf diese Zuhörer lauschen. Der Leser sollte nicht mehr der ideale Leser irgend eines Literaturtheoretikers oder einer Institution, sondern sollte als ein reales Subjekt gedacht werden, das sich gegebenenfalls den Strategien des literarischen Feldes entziehen kann.

Bevor ich aufhöre, über die Shoah zu sprechen, möchte ich noch einmal Walter Busch das Wort geben. Die Verknüpfung von Literatur und Zeugenschaft findet sich auch in seiner Interpretation von *An die Nachgeborenen* von Bertolt Brecht.[43] In diesem Text beschreibt Brecht die finsteren Zeiten des Nationalsozialismus, sein Exil, der Schriftsteller kämpft für eine bessere Zukunft, von der nur die Nachgeborenen profitieren werden. Brecht nimmt hier am Kampf der Worte teil, um eine Sprache zu finden, »die seine geschichtliche Erfahrung kommunizierbar macht«. Er gebraucht deshalb einen antilyrischen Stil, der der Metaphorizität der poetischen Sprache und ihrem semantischen Reichtum Grenzen setzt. Er stemmt sich gegen die Geschichtsvergessenheit der Nazis und gegen ihre pompöse Rhetorik. Laut Busch ist dieses Gedicht ein Mahnmal, das an die Geschichte der Be-

---

41 Ebd., 75.
42 Ebd., 76.
43 Walter Busch, Brecht: «A coloro che verranno» o la storicità dell'esperienza in: Chiarloni, (Anm. 5), 67-72.

siegten und der Schweigenden erinnert. Dieser Text ist eine Antwort auf die Gefahr, »dass eine fatale Amnesie die zukünftigen Generationen treffen könnte«[44]. Genau in diesem Sinne habe ich versucht, zu überlegen, was es bedeutet, über die Shoah zu sprechen. Als Leitfaden haben mir die Verse von Brecht aus *An die Nachgeborenen* gedient, in denen er vor der Selbstbezogenheit des literarischen Diskurses warnt:

> Was sind das für Zeiten, wo
> Ein Gespräch über Bäume fast ein Verbrechen ist
> Weil es ein Schweigen über so viele Untaten einschließt.
> Der dort ruhig über die Straße geht
> Ist wohl nicht mehr erreichbar für seine Freunde,
> die in Not sind.

---

44 Ebd., 72.

Hansgeorg Schmidt-Bergmann

»Das Gedicht ist Lebensschrift« – zur Konstruktion jüdischer Identität in der deutschsprachigen Literatur nach 1945: Jakob Littner, Wolfgang Koeppen und Paul Celan

Sechzig Jahre nach der Befreiung der Konzentrationslager in Auschwitz durch die sowjetische Armee war öffentlich von Schuld, Erinnerung und Sühne notwendig die Rede, von den Nachkommen der Täter, und den Tätern selbst, von den Opfern und ihren Kindern und Kindeskindern. Der in Berlin lebende Schriftsteller und Politologe Rafael Seligmann erinnert daran, dass die letzten Überlebenden des Holocaust »bald ihre Augen schließen werden«, was eine historische Schwelle darstellen und einen veränderten Umgang mit der Erinnerung implizieren wird:

> Ihre Zeugnisse gerinnen zu Dokumenten. Allenthalben werden Gedenkstätten errichtet und ausgebaut. Sie sind notwendige Erinnerungsstücke. Ebenso wie entsprechende historische Darstellungen. Doch als Basis eines zukünftigen Judentums taugen diese Bausteine nicht.[1]

»Die Shoah darf nicht im Zentrum des jüdischen Bewußtseins stehen«, so fordert der 1947 in Tel Aviv geborene Verfasser von »deutsch-jüdischen Gegenwartsromanen«. Seligmann artikuliert, was im jüdischen Selbstverständnis die Diskussion um die Frage »Was bedeutet: Aufarbeitung der Vergangenheit« seit etwa zwei Jahrzehnten begleitet und als eine Reaktion auf eine Ritualisierung des Erinnerns in Deutschland ebenso bezogen werden muss, wie auf die scheinbar kollektive Verweigerung der Deutschen, sich der Verantwortung nicht nur zu stellen, sondern auch nach den Gründen zu fragen, die den Holocaust jenseits der politischen Ebene psychisch-mental möglich gemacht haben. Denn hat man das Konzentrationslager – als System der Vernichtung – wirklich bisher als den Ort begriffen, »an dem sich der höchste Grad der conditio inhumana verwirklicht hat«[2], wie der italienische Philosoph Giorgio Agamben in seinen Studien formuliert, die unter dem Titel *Homo sacer. Die souveräne Macht und das nackte Leben* erschienen sind? Dort kommt Agamben zu einer Analyse des Konzentrationslagers, wo Recht und Tat, Regel und Ausnahme, Leben und Tod ununterscheidbar werden. Darauf hat, bezogen auf die Literaturwissenschaft, zuvor auch Peter Szondi verwiesen, doch anders als Agamben sah er in der Erinnerung zugleich die Möglichkeit der Überwindung, im Sinne einer »Lehre« für die Lesenden: »Nach Auschwitz ist kein Ge-

---

1 Rafael Seligmann, Gastkommentar: Ein später Sieg Hitlers?. In: Frankfurter Allgemeine Sonntagszeitung. Stand: 23.01.2005; Nr.3; S.2.
URL: http://www.genios.de/r/document/FAS SD1N200501232611546/hitlist/0
2 Giorgio Agamben, *Homo sacer. Die souveräne Macht und das nackte Leben* (Frankfurt am Main 2002), 175.

dicht mehr möglich, es sei denn auf Grund von Auschwitz³«, so folgert der dem Lager Bergen-Belsen 1944 Entkommene in seinem *Versuch über die Verständlichkeit des modernen Gedichts* mit Blick auf Adorno. Am Beispiel von Paul Celans Gedicht *Engführung* demonstriert Szondi, dass »die traditionellen Mittel versagen«, wenn sie auf »Texte angewendet werden, die man als dunkel bezeichnet«⁴. Nicht die sogenannte »hermetische Lyrik« im allgemeinen ist damit gemeint, sondern ausschließlich Literatur, die Auschwitz als Voraussetzung hat – »die Aktualisierung der Vernichtungslager [ist] nicht allein das Ende von Celans Dichtung, sondern zugleich deren Voraussetzung«⁵ kommentiert Szondi in seinen *Celan-Studien*, die 1971, also nach dem Tod von Paul Celan entstanden sind.

Literaturwissenschaft, die sich auf literarische Zeugnisse des Holocausts bezieht, ich bleibe im Folgenden bei diesem Begriff für den systematischen Mord an den Juden, muss methodisch ihre Grenzen überschreiten, die Texte sind einzubinden nicht nur in die historischen Kontexte, sondern auch zu projizieren auf sozialpsychologische Prozesse, die auf ihr Entstehen ebenso wie auf ihre Rezeptions- und Wirkungsgeschichte zu beziehen sind, und das impliziert auch die Frage nach den Gründen einer verhinderten aufklärenden Erinnerungskultur. Daher soll im Folgenden an zwei Beispielen gezeigt werden, dass die jüdische Identität in der deutschsprachigen Literatur der Nachkriegszeit geprägt sein musste von dem Wissen der Vernichtung von Millionen europäischer Juden und dass diese Identität, wenn sie ihren Ausdruck in der Literatur gefunden hat, auf heftige Abwehr gestoßen ist. »Mit der Dichtung über den Völkermord an den europäischen Juden ist eine große hierzulande allerdings lange Zeit ignorierte, dann ihrer ästhetischen Problematik wegen oft kritisierte Literatur entstanden«, konstatiert Dieter Lamping in der *Einleitung* zu dem von ihm herausgegebenen Tagungsband *Identität und Gedächtnis in der jüdischen Literatur nach 1945*, erschienen 2003. Jüdische Identität, so Lamping, und »Gedächtnis bedingen nicht nur einander. Die Erinnerung an die Katastrophe des Holocaust bringt auch immer wieder die Bedeutung des Erinnerns und Gedenkens und darüber hinaus der Tradition und des Bruchs mit ihr ins Bewusstsein.«⁶

I Entronnen aus »deutscher Hölle«

1992 erschien in dem von Siegfried Unseld und Ignatz Bubis zwei Jahre zuvor neu gegründeten »Jüdischen Verlag« ein neues Buch von Wolfgang Koeppen mit dem Titel *Jacob Littners Aufzeichnungen aus einem Erdloch*. Zwar wartete man bereits seit Jahren auf einen immer wieder angekündigten Roman des Schriftstellers,

---

3 Peter Szondi, *Durch die Enge geführt. Versuch über die Verständlichkeit des modernen Gedichts*, in: Celan – Studien (Frankfurt am Main 1972), 102f.
4 Ebd., 47.
5 Ebd., 102.
6 Dieter Lamping (Hg), *Identität und Gedächtnis in der jüdischen Literatur nach 1945* (Berlin 2003), 7-17; hier: 8.

doch die Publikation, die zurück führt in die Zeit der Verfolgung und Vernichtung der Juden, war nicht das erwartete neue Buch, sondern eine Neuauflage, wie man der zweiten Umschlagseite entnehmen konnte: »Unveränderter Nachdruck der Erstausgabe Jakob Littners: Aufzeichnungen aus einem Erdloch. München, Kluger, 1948.« Die Erstausgabe war Ende der vierziger Jahre wenig beachtet worden, auch ein unveränderter Nachdruck 1985 im Berliner Kupfergraben Verlag[7] blieb weitgehend ohne Resonanz – erst durch die Verbindung des Titels mit dem Autor Wolfgang Koeppen wurden die »Aufzeichnungen« der Vergessenheit entrissen. Der Autor kommentiert die Entstehung des Textes in seinem kurzen Vorwort wie folgt:

> [...] Herbert Kluger, in Berlin abgebrannt, lebte in München. Er war mit einem Koffer angereist. Er sagte: »Wir machen ein Buch«. Der Verlag war gegründet. Zu dem neuen Verleger kam ein Mann aus einer deutschen Hölle. Einst ein angesehener Mann seiner Stadt, ein Briefmarkenhändler mit internationaler Reputation, dann ein Jude, der verschleppt wurde, in Ghettos und Vernichtungslagern gequält, der vor der Tür des Todes gestanden und in Erschießungsgräben auf die schon Toten geblickt hatte. Das war noch nah. Zurückgekommen in seine, von Bomben seiner Befreier zerstörte Stadt, meinte er Mörder zu sehen. Er wollte schreien, es würgte ihn aber nur. Er wollte sprechen und blickte in Gesichter, die alles gebilligt hatten.
> [...] Der Jude erzählte dem neuen Verleger, daß sein Gott die Hand über ihn gehalten habe. Der Verleger hörte zu, er notierte sich Orte und Daten. Der Entkommene suchte einen Schriftsteller. Der Verleger berichtete mir das Unglaubliche. Ich hatte es geträumt. Der Verleger fragte mich: »Willst du es schreiben?«
> Der mißhandelte Mensch wollte weg, er wanderte aus nach Amerika. Er versprach mir ein Honorar, zwei Carepakete jeden Monat.
> Ich aß amerikanische Konserven und schrieb die Leidensgeschichte eines deutschen Juden. Da wurde es meine Geschichte.[8]

Der Neudruck im »Jüdischen Verlag« 1992, der jetzt erstmals Wolfgang Koeppen als Autor auswies, führte zu erstaunten Fragen nach dem Verhältnis zwischen Fiktion und real Erlebtem, nach dem Schicksal des »authentischen« Jakob Littner und schließlich nach einer möglichen Quelle Koeppens, Fragen, die sich schnell zu dem Vorwurf des Plagiats steigerten. Warum bekannte sich der Schriftsteller Wolfgang Koeppen, der mit seiner Romantrilogie *Tauben im Gras*, *Der Tod in Rom* und *Im Treibhaus* zwischen 1951 und 1954 seine großen Erfolge hatte, erst jetzt, über vierzig Jahre nach dem Erscheinen zu den von ihm verfassten Aufzeichnungen? Eine Frage, die weder der Autor noch der Suhrkamp-Verlag schlüssig beantworteten. Koeppens Hinweise in dem Vorwort waren vage: der Hungerwinter 1946/47, das Notlager in Ruinen und seine biographische Schreibsituation: »Ich hoffte, wieder zu mir selbst zu finden, wieder schreiben zu können [...]«[9]. Die Stereotypen jedoch, mit denen Koeppen seine verborgene Autorschaft zu erklären sucht, sind

---

7 Jakob Littner, *Aufzeichnungen aus einem Erdloch* (München 1948), (Reprint Berlin 1985).
8 Wolfgang Koeppen, *Jakob Littners Aufzeichnungen aus einem Erdloch* (Frankfurt am Main 1992), 5f.
9 Ebd., 5.

bloße Verstellung, ein Spiel mit den Topoi, die immer dann aufgegeben werden, wenn danach gefragt wird, warum es in der deutschsprachigen Literatur, anders als in anderen Literaturen, wie der italienischen und ungarischen beispielsweise, keine unmittelbare Verschriftlichung des Erlittenen gegeben habe. Daß es sie gegeben hat und in welchen literarhistorischen Kontext sie zu setzen sind, zeigt die Studie *Literaturgeschichte der Shoah*[10] von Michael Hofmann, erschienen 2003, mit den Hinweisen auf Primo Levi, Imre Kertész und György Konrád.

Der »mißhandelte Mensch«, der Sprechen und Schreien wollte, dem aber die Worte genommen worden sind und – in der Konfrontation mit den Tätern – die Möglichkeit, Angst und Wut zu empfinden, das ist, bezogen auf Jakob Littner, eine Legende, die heute durch die Forschung weitgehend aufgeklärt erscheint. Denn Wolfgang Koeppen hatte als Quelle nicht nur einige Seiten mit Notizen und mündlichen Berichten, sondern eine ausgearbeitete Vorlage. Es existiert ein von Jakob Littner selbst verfasster Lebensbericht mit dem Titel: *Mein Weg durch die Nacht. Ein Dokument des Rassenhasses. Erlebnisbericht aufgezeichnet von J. Littner*[11]. Eine Kopie des Manuskripts fand sich bei dem in Amerika lebenden Neffen Littners Kurt Nathan Grübler, das Original befindet sich im Holocaust-Archiv in Washington. 2002 wurde es erstmals in Berlin publiziert, zuvor auch in englischer Übersetzung in New York. Die Herausgeber, Roland Ulrich und Reinhard Zachau, betonen, dass mit Littners Bericht »eines der frühesten Zeugnisse über den Holocaust«[12] vorliege und diesem ein eigener dokumentarischer Wert zukomme. Dieser liegt auf der ersten Ebene in dem Realismus der Darstellungen, dann weiter gehend in dem Versuch das Unfassbare nicht allein aus der Perspektive des Erzählers, sondern der übrigen Familienmitglieder deutlich werden zu lassen, wozu er authentische Dokumente, wie Briefe, Postkarten, Passierscheine aus dem Ghetto und weitere Quellen in seinen Bericht integrierte – zum Teil als die letzten Zeugnisse der Ermordeten. In seiner Einleitung erläutert Jakob Littner:

> Zum anderen hielt ich es für meine heilige Pflicht, all den Unzähligen und Namenlosen, sowie all denen, die ihre edle Gesinnung bewiesen haben, einen Gedenkstein zu setzen. Unbekannt sind die Gräber der meisten, kein Stein, oder auch nur ein Zeichen zeugt von ihrem Leid und Ende. So soll vorliegender Bericht diese fehlenden Zeichen der Erinnerung an sie ersetzen.
> Sämtliche in diesem Bericht enthaltene Einzelheiten, sowie die darin wiedergegebenen Briefe sind belegbar [...]. Das hier aufgezeigte Bild stellt nur einen Teil meiner Erlebnisse dar. Eine vollständige Wiedergabe derselben müßte Bände füllen.[13]

---

10 Michael Hofmann, *Literaturgeschichte der Shoah* (Münster 2003).
11 Jakob Littner, *Mein Weg durch die Nacht. Ein Dokument des Rassenhasses*, in: Mein Weg durch die Nacht. Mit Anmerkungen zu Wolfgang Koeppens Textadaption, hrsg. v. Roland Ulrich u. Reinhard Zachau (Berlin 2002), 15 – 173.
12 Ebd., 7.
13 Ebd., 12.

Walter Bacharach hat in einem Aufsatz mit dem Titel *Dem Tod ins Auge schauen*. *Der Holocaust aus der Sicht des Opfers*, der in dem von Marion Kaplan und Beate Meyer herausgegebenen Band *Jüdische Welten. Juden in Deutschland vom 18. Jahrhundert bis in die Gegenwart* abgedruckt ist, auf die Bedeutung von authentischen Quellen für das jüdische Selbstverständnis hingewiesen. Die Hinweise beziehen sich auf eine Anthologie, die von der YAD Vashem-Gedächtnisstätte in Jerusalem herausgegeben worden sind:

> Es sind »Letzte Briefe« erhalten, subjektive Zeugnisse der Opfer über die augenblickliche Situation ihrer Verfasser und darüber, wie sich diese aus ihrer Sicht – und nicht etwa aus der Sicht des Feindes! ausnahm. Diese Briefe sind sehr persönlich, und zugleich prägt die jüdische Stimme der Verfasser die Beschreibung der Ereignisse.[14]

Es ist diese subjektive Perspektive, die Jakob Littner tradieren wollte, ohne den Einfluss Dritter, und er stellte diese in den familiengeschichtlichen Kontext, der ihn aus Ungarn nach Deutschland führte. Geboren 1883 in Budapest, kam Littner 1912 nach München. Er beginnt seinen Bericht mit einem Blick zurück, auf die ersten Zeichen der Intoleranz, der Gewalt und des Rassenhasses in der Weimarer Republik und den »systematischen Hetzereien« in den Jahren bis 1938. Die Einleitung des *Dokuments des Rassenhasses* ist datiert auf den 9. November 1945, in Erinnerung an die »Kristallnacht« 1938. Eine »allgemein eingebürgte, fast gutmütige Wendung«, wie Theodor W. Adorno in seinem Aufsatz *Was bedeutet: Aufarbeitung der Vergangenheit* bereits 1959 monierte, denn: »Sehr groß ist die Zahl derer, die von den Geschehnissen damals nichts gewußt haben wollen, obwohl überall Juden verschwanden«[15], so wie Jakob Littner, der über den 9. November 1938 berichtet:

> Nach herzlicher Verabschiedung von meinen Freunden befand ich mich ziellos auf der Straße, Freiwild für die Verfolger. Überall konnte man Polizei mit Juden, die teilweise ohne Mantel und Hut verhaftet wurden, sehen [...] Man konnte in allen Geschäften, ja sogar an den Apotheken gelbe Zettel angebracht sehen mit der Anschrift: Juden Zutritt verboten! Alle jüdischen Geschäfte waren vernichtet. Die Synagoge stand in Brand. Es war ein wohlvorbereitetes Werk der Vernichtung und nicht eine Entladung der »spontanen Volkswut«, wie man so schön behauptete.[16]

Jakob Littner konnte München verlassen und versuchte nach Polen zu gelangen, wo sein Vater geboren war – gerade in dem Ort, der zur Chiffre für das nationalsozialistische System der Vernichtung geworden ist:

---

14 Walter Bacharach, »*Dem Tod ins Auge schauen.*« Der Holocaust aus der Sicht des Opfers, in: Jüdische Welten. Juden in Deutschland vom 18. Jahrhundert bis in die Gegenwart, hrsg. v. Marion Kaplan u. Beate Meyer (Göttingen 2005), 295.
15 Theodor W. Adorno, *Was bedeutet: Aufarbeitung der Vergangenheit*, in: Eingriffe. Neun kritische Modelle (Frankfurt am Main 1963), 126.
16 Littner, *Mein Weg durch die Nacht*, (Anm. 11), 23.

Ich besaß die [polnische Staatsangehörigkeit] durch die Tatsache, daß mein Vater in Auschwitz geboren war. Er siedelte jedoch schon als 13jähriger Junge nach Ungarn über. Auschwitz, heute wohl in der ganzen Welt bekannt, kein bloßer geografischer Name mehr, ein Begriff![17]

Im Zentrum von Littners folgendem Bericht steht seine Flucht vor den deutschen Truppen. Am 1. September 1939 ist er Zeuge des deutschen Einfalls in Polen, er flieht weiter in Richtung Osten über Lemberg und Tarnopol und kommt schließlich in die Stadt Zbaracs. Dort wird er Zeuge des deutschen Angriffs auf die Sowjetunion im Juli 1941. Die Darstellungen der Grausamkeiten der SS und ihrer Handlanger gegen die jüdische Bevölkerung, sie bilden das Zentrum der *Aufzeichnungen* und das in einem dokumentarischen Stil, der das Erlittene, das die Betroffenen wie ein Naturereignis überwältigt, in allen Facetten festzuhalten sucht:

> In der Stadt war ein furchtbares Durcheinander, es wimmelte von SS-Männern, die bis an die Zähne bewaffnet waren. Bereits am Vormittag erfolgte die Einleitung zu unserer Tragödie. Die beiden Synagogen wurden in Brand gesteckt, dann kam für uns die Bartholomäusnacht. Raub, Mord, Vergewaltigungen kamen über uns wie ein vernichtender Handschlag. Keine jüdische Wohnung blieb verschont. Das war der Anfang. [...] – Etwas später:
> Wenige Schritte entfernt unterhielten sich zwei andere SS-Männer. Der eine von diesen wurde durch das Schimpfen auf den Vorfall aufmerksam, unterbrach sein Gespräch, zog die Pistole, schoß den alten Hindes nieder und setzte sodann Zigaretten rauchend sein unterbrochenes Gespräch mit größter Seelenruhe fort.[18]

Es ist diese Perspektive, die unmittelbar nach Befreiung vom Nationalsozialismus Abwehr herausforderte. Jakob Littner, der sich über neun Monate in einem unterirdischen Versteck verbergen konnte, kehrte nach seiner Befreiung und dem Ende des Krieges nach München zurück, dort endet sein Bericht im August 1945 – in dem Monat, in dem er mit der Niederschrift seiner Dokumentation begonnen hat. Jakob Littners Versuche, seine Geschichte zu publizieren, beispielsweise in dem im November 1945 lizensierten Kurt Desch Verlag, blieben erfolglos. »Ein sentimental-pathetisch-erbaulicher Erlebnisbericht, der als eigene Publikation ganz indiskutabel ist«[19], heißt es in einem Verlagsgutachten über das 183 maschinenschriftliche Seiten umfassende Manuskript. Jakob Littner, der später in die USA emigrierte, musste erfahren, dass die Deutschen sich dem Schicksal der Überlebenden nicht stellen wollten. Die Philosophin Hannah Arendt, selbst Emigrantin, berichtet in einem Artikel über ihre Deutschlandreise 1950, dass man im Nachkriegsdeutschland die Leiden der Überlebenden als individuelle Erfahrungen zu relativieren suchte, aus Scham, Verdrängung und aus Uneinsichtigkeit:

---

17 Ebd., 15.
18 Ebd., 51.
19 Ebd., 194.

> Aber die Wirklichkeit der Nazi-Verbrechen, des Krieges und der Niederlage beherrschen, ob wahrgenommen oder verdrängt, offensichtlich noch das gesamte Leben in Deutschland, und die Deutschen haben sich verschiedene Tricks einfallen lassen, um den schockierenden Auswirkungen aus dem Weg zu gehen.[20]

Dies gilt auch für Jakob Littners Dokumentation, die parallel zu Eugen Kogons 1946 in München publizierten Darstellung *Der SS-Staat. Das System der deutschen Konzentrationslager* die mitleidlose Logik der Vernichtung hätte aufzeigen können. Dass Littners Text, der, wie Kogon gefordert hatte, »alles so, wie es war, nicht anders, nichts verniedlicht, nichts zurechtgemacht«[21], nicht publiziert werden konnte, korrespondiert mit einem späteren Kommentar Kogons, der konstatiert, dass die Deutschen die Chance der »inneren Erneuerung« nach 1945 vertan haben. Dies spiegelt sich in der deutschsprachigen Literatur der ersten Nachkriegsjahre. Die Verlage druckten, wie der angefragte Desch-Verlag zwar nicht allein »entlastende« Bücher, aber favorisierten diejenigen, die den Terror letztlich enthistorisierten, wie Ernst Wiecherts *Der Totenwald* – es erschien im übrigen 1946 im Desch-Verlag –, die ersten Gedichtbände von Marie-Luise Kaschnitz, wie *Totentanz* und *Gedichte zur Zeit*, oder aus jüdischer Perspektive Karl Wolfskehls Gedichte aus der Emigration unter dem Titel *Hiob oder die vier Spiegel* und Ilse Aichingers Roman *Die größere Hoffnung*. »Deutsche Leser nach dem Krieg«, bemerkt Manfred Karnick in seiner Studie über ›jüdisches Schicksal‹ in deutscher Nachkriegsliteratur, »haben dies dankbar gelesen. Es machte sie zu Agenten eines transzendenten Sinnzusammenhangs und entlastete von kollektiver Scham.«[22]

Das lässt sich von Wolfgang Koeppens Bearbeitung ebenso behaupten, auch er verweigert sich einem dokumentarischen Realismus. Erst als eine literarisierte Geschichte wurden die Aufzeichnungen Jakob Littners kommensurabel, die in der Fassung von Wolfgang Koeppen schließlich in dem kleinen Münchener Kluger-Verlag erschienen ist, in einer Auflage von immerhin 5000 Exemplaren. Die Konfrontation mit den ermordeten Opfern, die keine Namen mehr tragen, die Massenerschießung der Juden, die ebenfalls von anonymisierten Tätern vollstreckt wurden, war literarisch statthaft und entlastend zugleich. Ein Textvergleich zeigt, dass Koeppen, dessen Bearbeitung mit 146 Seiten deutlich kürzer als das Original ist, zwar sich eng an das Manuskript angelehnt hat, aber das Dokumentarische in eine Kunstwelt, die Fakten in ein imaginäres Reich des Bösen entrückt: »das fahle Licht der aufgehenden Sonne, das Warten, die grausamen

---

20 Hannah Arendt, *Besuch in Deutschland* (1950), in: Zur Zeit. Politische Essays, hrsg. u. mit einem Nachw. v. Marie Luise Knott, aktualisierte u. erweiterte Neuausgabe (Hamburg 1999), 43 – 71; hier: 46.
21 Eugen Kogon, *Der SS - Staat. Das System der deutschen Konzentrationslager* (München 1974), 6.
22 Manfred Karnick, *Die größere Hoffnung*. Über ›jüdisches Schicksal‹ in deutscher Nachkriegsliteratur, in: Juden in der deutschen Literatur. Ein deutsch - israelisches Symposion, hrsg. v. Stéphane Moses u. Albrecht Schöne (Frankfurt am Main 1986), 366 – 387; hier: 381.

Käfern gleichenden Gestapobeamten [...] Es war ein böses Bild, eine böse Landschaft, eine böse Reise. Es ist eine böse Zeit!«, heißt es bei Koeppen. »Ich hasse niemanden. Ich hasse auch die Schuldigen nicht« – die fiktiv eingenommene Perspektive eines verfolgten Juden, die Wolfgang Koeppen einnimmt, sollte als Projektion die kontrovers diskutierte »kollektive Schuld« relativieren oder zumindest erträglich machen. Rückblickend räumt Wolfgang Koeppen in seinem Vorwort zwar ein, dass er eine »eigene Geschichte« geschrieben habe und er sich nicht anzumaßen versucht habe, »fremdes« und eben nicht »erfahrenes Leid« für sich zu vereinnahmen und bekennt auch: »Ich gehörte nicht zu den Leuten, die nichts gewußt haben. Die Hölle war überall.«[23]

Die erste Folgerung:

Wolfgang Koeppens Aufzeichnungen, die Literarisierung einer jüdischen Leidensgeschichte, wurde zur Initiation seiner folgenden schriftstellerischen Laufbahn, die 1951 erfolgreich mit dem Roman Tauben im Gras einsetzte. Doch Texte der jüdischen Opfer selbst, wie das authentische Dokument des Holocaust von Jakob Littner, blieben nach 1945 zunächst weitgehend ungedruckt, die literarische Wiedergewinnung von Identität blieb den Juden, die überlebt hatten, in den Anfangsjahren der Bundesrepublik verwehrt.

Eine weitere Folgerung:

In ihren viel beachteten Erinnerungen, die 1992 unter dem Titel weiter leben erschienen sind, schreibt die in die USA emigrierte Germanistin Ruth Klüger: »Ihr redet über mein Leben, aber ihr redet über mich hinweg, ihr macht so, als meintet ihr mich, doch meint ihr eben nichts als das eigene Gefühl.«[24]. Ruth Klüger, die als österreichische Jüdin die Konzentrationslager Theresienstadt, Auschwitz und Christianstadt durchlitten hat, kommentierte 1992 in ihrer Rezension dann auch Wolfgang Koeppens literarische Bearbeitung der Aufzeichnungen als »unwahrhaftig«, da sie »Fakten schönen, die nicht verändert oder hervorgehoben« werden sollten. Weiter plädiert sie dafür »Dokumente« sprechen zu lassen, die Wiedergabe von authentischen Texten über den Holocaust und damit auch die weitere und verstärkte Forschungs- und Archivarbeit, durch die Zeugnisse des Holocaust nicht nur Aufbewahrung, sondern ihren Weg in die Öffentlichkeit finden sollten.

II »ein Fremdling und Außenseiter der dichterischen Rede« – Paul Celans Gedicht Kenotaph

Mit seinem »Dokument des Rassenhasses« versuchte Jakob Littner den »Unzähligen und Namenlosen [...], einen Grabstein zu setzen«, um damit »die fehlenden Zeichen der Erinnerung« in die Schrift zu überführen. Die schriftlichen

---

23 Wolfgang Koeppen, Jakob Littners Aufzeichnungen aus einem Erdloch (Frankfurt am Main 1992), 6.
24 Ruth Klüger, weiter leben: Eine Jugend (Göttingen 1993), 199.

Zeichen werden so zu einem »Kenotaph«, zusammengesetzt aus griechisch »leer« und »Grab«, also zu einem Grabmal für einen Toten, dessen Leichnam nicht vorhanden, nicht auffindbar oder spurlos vernichtet worden ist. Dieser Topos ist zentral in der jüdischen Erinnerungskultur nach 1945 und auch ein wesentliches Element von Celans Bildsprache, wie in der Todesfuge:
»[...] dann steigt ihr als Rauch / in die Luft / habt ihr ein Grab in den Wolken da liegt man nicht eng«[25], heißt es in Paul Celans 1945 entstandener Todesfuge. Freunden gegenüber bezeichnete Celan sein heute noch immer bekanntestes Gedicht wiederholt als ein Grabmal oder eine Grabschrift für die, die kein eigenes Grab haben – unter ihnen seine im Konzentrationslager ermordeten Eltern. Der Anlass für sein Gedicht Kenotaph[26] ist jedoch ein unmittelbarer und zu beziehen auf die Strategien der Ausgrenzung, mit denen Paul Celan seit seiner ersten öffentlichen Lesung in der Bundesrepublik bis zu seinem Tod konfrontiert wurde. »Strategien des Vergessens in Deutschland werden von den jüdischen Opfern als Anschlag auf das Gedächtnis empfunden«[27], schreibt der Historiker Dan Diner in seinem Aufsatz Negative Symbiose – Deutsche und Juden nach Auschwitz. Das ist 1986 geschrieben, Celan erfuhr diese Ausgrenzung Anfang der fünfziger Jahre unmittelbar, körperlich, wie man heute weiß. Er sah sich konfrontiert mit einem Gestus der Ablehnung, den Alfred Döblin 1947 in seiner Schrift Die literarische Situation sich als das Nachleben nationalsozialistischer Ideologie erklärte: »Darüber hinaus gibt es noch das Nachwirken aus der Zeit der Herrschaft der biologischen Rassenidee. [...] Solch affektgebundenes Bild erlischt nicht rasch«. Und Döblin folgerte:

> Nach der Niederlage und unter den schweren Umständen der Folgezeit wird es aus Trotz festgehalten, und obendrein dient es in der allgemeinen Orientierung einzelnen sich zu sichern. Keine intellektuelle Gegenaktion von außen kann ein solches affektgeladenes Bild auslöschen, es kann nur abblassen, durch andere überlagert und schließlich ersetzt werden.[28]

Das lässt sich auf das Werk Paul Celans projizieren, auf seinen Versuch einer »intellektuellen Gegenaktion« gegen die propagierte ›Stunde Null‹, gegen die er – und andere, wie Nelly Sachs, Rose Ausländer und Erich Fried beispielsweise – anzuschreiben versuchten, vor allem aber auch auf die bis zum Affekt sich steigernde Abwehr seiner Lyrik und Person. Walter Jens erinnert sich Anfang der sechziger Jahre an Paul Celans Lesung – es war seine erste und letzte – im Kreise der Gruppe 47 im Mai 1952 in Niendorf. Celan las insgesamt sechs Gedichte:

---

25 Paul Celan, Todesfuge, in: Die Gedichte. Kommentierte Gesamtausgabe in einem Band, hrsg. u. kommentiert v. Babara Wiedemann (Frankfurt am Main 2003), 40f.
26 Ebd., 84.
27 Dan Diner, Negative Symbiose. Deutsche und Juden nach Auschwitz, in: Ist der Nationalsozialismus Geschichte? Zu Historisierung und Historikerstreit (Frankfurt am Main 1987), 185 – 198; hier: 186.
28 Alfred Döblin, Die literarische Situation (Baden Baden 1947), 32.

Als Celan zum ersten Mal auftrat, da sagte man: »Das kann doch kaum jemand hören«, er las sehr pathetisch. Wir haben darüber gelacht. »Der liest ja wie Goebbels«, sagte einer. Er wurde ausgelacht, so daß dann später ein Sprecher der Gruppe 47, Walter Hilsbecher aus Frankfurt, die Gedichte noch einmal vorlesen mußte. Die *Todesfuge* war ja ein Reinfall in der Gruppe! Das war eine völlig andere Welt.[29]

Das ›Andere‹ und ›Fremde‹, die Verkehrung von Opfer und Täter und der ›gebrochene‹ Umgang mit Sprache, das was Jens mit ›Pathos‹ desavouiert, weil er dem vermeintlichen Realismus der Gruppe 47 widerstand – Paul Celan konnte sich mit dieser Haltung Zeit seines Lebens nicht arrangieren – dies zeigt eindrücklich seit einigen Jahren der Briefwechsel mit seiner Frau, der Künstlerin Gisèle Celan-Lestrange. Ihr berichtet er über seine Lesung:

> Hans Werner Richter, der Chef der Gruppe, Initiator eines Realismus, der nicht einmal erste Wahl ist, lehnte sich auf. Diese Stimme, im vorliegenden Fall die meine, die nicht wie die der andern durch die Wörter hindurchglitt, sondern oft in einer Mediation bei ihnen verweilte – [...] diese Stimme mußte angefochten werden [...][30]

Günter Grass, der auch nach seiner Pariser Zeit den Kontakt zu Paul Celan hielt, erinnert sich: »Von jeder Reise in die Bundesrepublik kehrte Celan beschädigt zurück« und das dürfte kaum übertrieben sein, Celans Lyrik wurde angefochten, an den Rand gestellt, mit dem Vorwurf des Plagiats bedacht – das Gedicht *Kenotaph*, es ist am 19. Mai 1954 in Paris entstanden, reflektiert diesen Prozess der Ausgrenzung, der durch die sogenannte ›Goll-Affäre‹ auch öffentlich betrieben wurde. Claire Goll, die Frau des 1891 geborenen deutsch-französisch schreibenden Schriftstellers Yvan Goll, dessen Anfänge im Expressionismus liegen, hatte behauptet, dass Paul Celan für Gedichte seiner ersten in der Bundesrepublik erschienenen Sammlung *Mohn und Gedächtnis* sprachliche Wendungen und Metaphern der späten deutschen Gedichte Yvan Golls übernommen habe. Diese Vorwürfe belasteten Paul Celan über Jahre schwer, wie man in der von Barbara Wiedemann herausgegebenen über 900-seitigen Dokumentation *Paul Celan – Die Goll-Affäre*[31] im einzelnen nachlesen kann. Dort findet sich auch der Auszug aus einem Artikel des Schriftstellers und Essayisten Hans Egon Holthusen aus der Zeitschrift *Merkur*, der sich unter dem Titel *Fünf junge Lyriker* im Mai 1954 auch auf Paul Celan bezieht:

> In Paul Celan, der am östlichen Rande des deutschen Sprachgebiets, in Czernowitz, geboren wurde und seit vielen Jahren in Paris lebt, begegnet uns ein Fremd-

---

29 Göttinger Interview mit Walter Jens (geführt am 15. Oktober 1976 in Tübingen), 6, in: Die Gruppe 47, dargestellt v. Heinz Ludwig Arnold (Hamburg 2004), 76 (Fußnote 140).
30 Celan/ Celan – Lestrange, «Briefwechsel». Erster Band: Die Briefe, Frankfurt. 31. Mai 1952, 21 – 23. Zitiert nach: Die Gruppe 47, dargestellt v. Heinz Ludwig Arnold (Hamburg 2004), 77.
31 Babara Wiedemann (Hg.), Paul Celan - Die Goll - Affäre. Dokumente zu einer ›Infamie‹ (Frankfurt am Main 2000).

ling und Außenseiter der dichterischen Rede. Piontek und Höllerer, Scholl und Forestier, obwohl sie doch untereinander sehr verschieden sind, wirken als ›Synoptiker‹, wenn man sie mit Celan vergleicht. In seinem Bande *Mohn und Gedächtnis* tritt ein Talent auf den Plan, das gewisse Prinzipien der modernen französischen Lyrik auf die deutsche Sprache zu übertragen scheint.[32]

Mit seinem Gedicht Kenotaph[33], erstmals erschienen in der Gedichtsammlung *Von Schwelle zu Schwelle* (1955), bezieht sich Celan auf diese Anwürfe, die ihn als »Fremdling und Außenseiter« ganz buchstäblich an den Rand drängen wollten und seine Dichtung in einer Tradition verorten wollten, die nicht als Grund ›Auschwitz‹ haben sollte:

> Streu deine Blumen, Fremdling, streu sie getrost:
> du reichst sie den Tiefen hinunter,
> den Gärten.
>
> Der hier liegen sollte, er liegt
> nirgends. Doch liegt die Welt neben ihm.
> Die Welt, die ihr Auge aufschlug
> vor mancherlei Flor.
>
> Er aber hielt, da manches erblickt,
> mit den Blinden:
> er ging und pflückte zuviel:
> er pflückte den Duft –
> und die's sahn, verziehn es ihm nicht.
>
> Nun ging er und trank einen seltsamen Tropfen:
> das Meer.
> Die Fische –
> stießen die Fische zu ihm?[34]

In dem Gedicht *Kenotaph* bezieht sich Celan unmittelbar auf rhetorische Muster der Ausgrenzung, die er in den Kontext der Relativierung des Holocaust stellte. Holthusen, dessen erste Lyriksammlung 1952 unter dem Titel *Labyrinthische Jahre* erschienen war, ein Jahr nach seinem Essayband *Der unbehauste Mensch*, versucht Celans poetische Sprache, wie den Autor selbst, aus dem historischen Kontext zu isolieren. »Die Sprache ist eine souveräne innere Wirklichkeit«, schreibt Holthusen »und ihre Antwort auf die Welt der äußeren Objekte ist eine subjektive, augenblickliche Mythologie von Wesen, die es nicht gibt« – gerade diesen Satz empfand Celan antisemitisch grundiert, seine Lyrik verharmlost. Nochmals Holthusen, der mit seiner Kritik der lyrischen Sprache Celans Mitte der fünfziger Jahre keineswegs allein stand:

---

32 Hans Egon Holthusen, *Fünf junge Lyriker: Paul Celan (Auszug),* in: Paul Celan - Die Goll - Affäre, (Anm.31), 206 – 208; hier: 206.
33 Im Folgenden zitiert aus: Paul Celan, *Kenotaph*, in: Gedichte, (Anm. 25), 84.
34 Ebd., 84.

> Indem der Autor eine absolute Freiheit des Phantasierens für sich in Anspruch
> nimmt, räumt er dem Leser eine nicht weniger absolute Freiheit des Verstehens
> ein. [...] Er kann die »Mühlen des Todes« trivial finden und das »weiße Mehl der
> Verheißung«, das in ihnen gemahlen werden soll, für eine künstliche und daher
> gänzlich tote Metapher erklären.[35]

Holthusen bezieht sich auf die Gedichte *Spät und Tief* und *Brandmal* aus der Sammlung *Mohn und Gedächtnis*. Die Metapher der ›Mühlen des Todes‹, von Celan einer Rede Adolf Eichmanns, dem Leiter des Judenreferats im Reichssicherheitshauptamt und Verantwortlichen der Judentransporte in die Vernichtungslager entnommen, wird von Holthusen immer wieder herausgegriffen und als »poetisch mißglückt« vorgestellt – als »in X-beliebigkeiten schwelgende Genitivmetapher«, so noch 1964 in seiner Besprechung des Frühwerks – es dürfte kaum zu weit führen, wenn man vermutet, daß der ehemalige SS-Mann Holthusen, Celan wußte von der Vergangenheit seines Kritikers, gerade durch den Verweis auf die industriemäßige Tötung der Juden sein existentiell eingefärbtes Bild von der ›Unbehaustheit des modernen Menschen‹ und damit die Basis seiner intellektuellen Position gefährdet sah.

Paul Celan hatte sich notiert:

> Topoi:
> Mühlen des Todes – Todesmühlen, – es zeugt allerdings von ganz anderem, wenn
> man die Todesmühlen zur bloßen Metapher verharmlosen will. Das ist ein wichtiger Punkt. –[36]

In Kenntnis der Biographie Paul Celans lassen sich seine Werke nicht von diesem biographischen und rezeptionsgeschichtlichen Kontext herauslösen. Man kann hier nochmals an Peter Szondis Lektüre von Celans *Engführung* erinnern, der zu recht konstatiert: »Wer Celans Schrift zu lesen gelernt hat, weiß, daß es nicht darum geht, sich für eine der verschiedenen Bedeutungen zu entscheiden, sondern zu begreifen, daß sie nicht geschieden sind, sondern eins«. Von daher ist aufzugreifen, was Paul Celan sich 1960 in Vorbereitung auf seine Büchnerpreisrede *Der Meridian* notierte:

> Die Gegenwart des Gedichtes ist – und das [hat] nichts mit biographischen Daten
> zu tun, das Gedicht ist Lebensschrift – die Gegenwart des Gedichts ist die Gegenwart einer Person. Diese Person partizipiert – sie ist als Nomen – und das kann
> unausgesprochen weil unaussprechbar [sein] – nicht ablesbar als Pronomen. – Mit
> dem Gedicht, dem zeitoffenen, dem zeitdurchlässigen, dem porösen Gedicht
> steht sie in die Zeit hinein. Die Zeit kann hinzutreten [...] Gedichte, das ist, unter
> diesen heutigen Himmeln, herzgraue Sprache in der Zeit.[37]

---

35 Hans Egon Holthusen, *Fünf junge Lriker: Paul Celan (Auszug)*, in: Paul Celan - Die Goll - Affäre, (Anm.31), 206 – 208; hier: 207.
36 Babara Wiedemann (Hrsg.), *Unveröffentlichte Texte*, in: Paul Celan - Die Goll – Affäre, (Anm. 31), 461.
37 Babara Wiedemann (Hg.), *Fragmente aus den Notizen der Büchnerrede »Der Meridian«*, in: Paul Celan – Die Goll - Affäre, (Anm. 31), 476.

Chiara Conterno

Welche Sprache spricht das Leiden in der Lyrik von Nelly Sachs?

In seinem sehr interessanten Beitrag *Che lingua parla il dolore? Le prime raccolte poetiche di Nelly Sachs* fragt sich Walter Busch, welche Sprache das Leiden in den ersten Gedichtsammlungen der Nelly Sachs spricht. Aufschlussreich antwortet er:

> Le poesie scritte dalla Sachs nell'immediato dopoguerra ci giungono come esemplari di una lingua testimoniale, dove con ›testimonianza‹ non va inteso il discorso di un io che vive e dice la propria esperienza, ma una testimonianza costituita dalle tracce della lingua dell'*altro*: qui qualcosa parla in vece di un altro a cui è stata tolta la voce e che è stato respinto nel silenzio. A noi è dato percepire questo *altro* solo attraverso i segni e i gesti di una lingua estremamente individuale, come se la scomparsa dell'io fosse quel momento indispensabile del ricordare, che permette alla lingua di diventare segno della memoria ed epitaffio.[1]

Mit dieser Antwort bin ich vollkommen einverstanden: In den ersten Gedichtsammlungen wird die Stimme der Dichterin sehr oft durch die der jeweiligen Protagonisten der Gedichte ersetzt, indem die Lyrikerin ihre Stimme den Dahingeschiedenen oder den Überlebenden leiht, die ihre Verwandten und Freunde verloren haben, wie es in den *Chören nach der Mitternacht* der Fall ist. Es handelt sich dabei um den letzten Zyklus der Sammlung *In den Wohnungen des Todes*. Indem die Chöre der Toten, der Ungeborenen, der Überlebenden und der Waisen, der verlassenen und unsichtbaren Dinge, der Steine, Bäume, Wolken und Sterne die Shoah und ihre Nachwirkungen kommentieren, kommen hier die Vertreter der Gegenwelt zu den »Wohnungen des Todes« zu Wort. Es ist bemerkenswert, dass der Zyklus nicht von einem Chor, sondern durch eine Solostimme abgeschlossen wird, die als »Stimme Israels« im Gedicht *Stimme des heiligen Landes* um Verzeihung und Frieden auf der Erde bittet.[2]

Die *Chöre nach der Mitternacht* können als Psalm-Gedichte bezeichnet werden. Wie die Psalmen sind diese Gedichte von Nelly Sachs keine individuelle Dichtung: Die Lyrikerin borgt ihre Stimme Toten wie Überlebenden, wobei das Ich der Dichterin hinter eine universale Totenklage gänzlich zurücktritt und durch das chorische Wir der Sprechenden ersetzt wird. Ferner kommt der psalmische Sprachgestus auch in den zahlreichen Anrufungen zum Ausdruck.

[1] Walter Busch, *Che lingua parla il dolore? Le prime raccolte poetiche di Nelly Sachs*, in: L'esperienza dell'esilio nel novecento tedesco, hrsg. v. A. M. Carpi, G. Dolei, L. Perrone Capano (Roma Artemide), 2009, 64.

[2] Interessanterweise hatte Nelly Sachs auch andere Chöre geschrieben, die aber dann in *In den Wohnungen des Todes* nicht eingeschlossen wurden und die jetzt in der neuen Ausgabe der Werke gelesen werden können. Unter anderem sei auf die Chöre der Lebenden, der Kaufleute, der Winde, der Marktleute, der Kinder und der Waffenschmiede hingewiesen. Auch dieser unveröffentlichte Teil des Zyklus beinhaltet einen Israel gewidmeten Text, und zwar *An die Sänger Israel*.

In diesem Zusammenhang sind diese Psalm-Gedichte keine exzentrische Ausnahme. Nach dem zweiten Weltkrieg griffen viele Dichter auf die biblischen Psalmen und insbesondere auf die Klagepsalmen zurück, um einen Zustand der Hoffnungs- und Heillosigkeit zu artikulieren, oder um Klage und Anklage angesichts von Tod und Vernichtung zu erheben.[3] Typisch für das psalmische Sprechen sind folgende Merkmale: Anrufung, Interjektion, Imperativ beim Gedichtanfang; eindringliche Klage, das lyrische Ich als Stimme Israels und des jüdischen Volkes und seine Hinwendung zu einem transzendentalen Gegenüber, parataktische Sprache und der fließende Übergang von Poesie und Prosa.[4] Was am meisten auffällt, ist aber der *Parallelismus membrorum*,[5] der durch die Wiederholungen die Nachdrücklichkeit einer Auskunft vermittelt, die über jedes Verstehen der Angeredeten hinausgehen muss.

Bei Nelly Sachs ist der psalmische Sprachgestus in erster Linie »der Versuch einer sprachlichen Bewältigung des Faschismus«:[6] Die Lyrikerin leiht ihre Stimme den Betroffenen, um ihre Leiden dem kollektiven Gedächtnis einzuschreiben und sie nicht zu verdrängen. Zwischen den Psalmen und Sachs' Psalm-Gedichten gibt es aber einige wichtige Unterschiede: Die Sehnsucht des Psalmisten galt Gott; bei Nelly Sachs ist das Gegenüber, bzw. der Adressat nicht Gott, sondern die Toten, die unwiderruflich Verlorenen, manchmal sogar der Tod selbst, oder die Überlebenden, und die Aufgabe der Anrufung ist die Erinnerung. Um dieses Verfahren deutlich zu machen, werde ich auf einen der *Chöre nach der Mitternacht* eingehen, und zwar auf den *Chor der Geretteten*:

CHOR DER GERETTETEN

WIR GERETTETEN,
Aus deren hohlem Gebein der Tod schon seine Flöten schnitt,
An deren Sehnen der Tod schon seinen Bogen strich –
Unsere Leiber klagen noch nach
Mit ihrer verstümmelten Musik.
Wir Geretteten,
Immer noch hängen die Schlingen für unsere Hälse gedreht
Vor uns in der blauen Luft –
Immer noch füllen sich die Stundenuhren mit unserem tropfenden Blut.

Wir Geretteten,
Immer noch essen an uns die Würmer der Angst.

---

3 Vgl. Inka Bach, Helmut Geller, *Deutsche Psalmendichtung vom 16. bis zum 20. Jahrhundert. Untersuchungen zur Geschichte einer lyrischen Gattung* (Berlin 1989); Arnold Stadler, *Das Buch der Psalmen und die deutschsprachige Lyrik des 20. Jahrhunderts* (Wien/Köln 1989); Christoph Gellner, *Schriftsteller lesen die Bibel. Die heilige Schrift in der Literatur des 20. Jahrhunderts* (Darmstadt 2004); *Die Bibel in der deutschsprachigen Literatur des 20. Jahrhunderts*, hrsg. v. H. Schmidinger (Mainz 2000).
4 Die freie Rhythmik, der Parallelismus, das emphatische Klagen, die Nähe zur Prosa, Interjektion und Anrufung sind seit dem Expressionismus zu einem Grundzug der Moderne geworden.
5 Es gibt auch andere Arten von Wiederholungen: Gemination, Epanalese, Anadiplose, Chiasmus, Polyptoton, Anapher, Epipher, Complexio.
6 Vgl. Bach, Geller, *Deutsche Psalmendichtung vom 16. bis zum 20. Jahrhundert*, (Anm. 3), 377.

> Unser Gestirn ist vergraben im Staub.
> Wir Geretteten
> Bitten euch:
> Zeigt uns langsam eure Sonne.
> Führt uns von Stern zu Stern im Schritt.
> Laßt uns das Leben leise wieder lernen.
> Es könnte sonst eines Vogels Lied,
> Das Füllen des Eimers am Brunnen
> Unseren schlecht versiegelten Schmerz aufbrechen lassen
> Und uns wegschäumen –
> Wir bitten euch:
> Zeigt uns noch nicht einen beißenden Hund –
> Es könnte sein, es könnte sein
> Daß wir zu Staub zerfallen –
> Vor euren Augen zerfallen in Staub.
> Was hält denn unsere Webe zusammen?
> Wir odemlos gewordene,
> Deren Seele zu Ihm floh aus der Mitternacht
> Lange bevor man unseren Leib rettete
> In die Arche des Augenblicks.
> Wir Geretteten,
> Wir drücken eure Hand,
> Wir erkennen euer Auge –
> Aber zusammen hält uns nur noch der Abschied,
> Der Abschied im Staub
> Hält uns mit euch zusammen.[7]

Chor der Geretteten wurde im Todesschatten der nationalsozialistischen Massenvernichtungen geschrieben. Vom Titel her wären Assoziationen an die Lob- und Dankpsalmen möglich. Das Gedicht folgt jedoch dem Muster des Klagepsalms. Die Geretteten erheben ihre Stimme als Zeugen des Grauens. Der Adressat ihrer Klage ist jedoch nicht Gott, sondern all diejenigen, die vom Krieg und den Verfolgungen nicht betroffen waren. Die fünfmalige Wiederholung von »Wir Geretteten« strukturiert das Gedicht, das dadurch in drei Abschnitte geteilt ist. Der erste Abschnitt (V. 1-12) leitet eine Selbstbeschreibung des lyrischen Wir ein. Der zweite Teil (V. 13-31) bildet den Übergang zur Ansprache an die Mitmenschen. Im dritten Abschnitt (V. 32-37) folgt die Schlussreflexion. Beispielhaft tritt der *Parallelismus membrorum* mehrmals auf,[8] wobei er samt der Wiederholung »Wir Geretteten« die Totenklage über die Opfer, die Fassungslosigkeit, das persönliche und kollektive Leiden, die bittende und klagende Anrufung intensiviert.

Indem Sachs auf die biblische Sprache der Psalmen zurückgreift, gelingt es ihr, den erlittenen Schmerz eindringlich und nah der Wirklichkeit zu vermitteln. Auch die drastischen Bilder des ständig drohenden Todes wirken sehr intensiv: Die Widernatürlichkeit des bedrohlichen Todes hat die Betroffenen ihres natürlichen Lebensrhythmus beraubt und sie aus der menschlichen Lebensgemeinschaft hinaus gedrängt. Grauen und Angst haben die Verfolgten schon vor ihrer

---

7 Nelly Sachs, *Werke. Gedichte 1940-1950*, hrsg. v. M. Weichelt (Berlin 2010), 33-34.
8 Zum Beispiel im 2. und 3. Vers und im 7., 9. und 11. Vers.

Hinrichtung dem Tod ausgeliefert. Diese entmenschlichten Lebensbedingungen verdichteten sich zu dem grotesken Bild des Todes, der auf den Gebeinen der Verfolgten Flöte und auf ihren Sehnen Geige spielen will. In diesem Bild klingt das mittelalterliche Totentanzmotiv an, das aber hier bis zur Groteske zugespitzt wird, um die Verfolgten zu entmenschlichen.

Im zweiten Abschnitt drücken die Überlebenden der Shoah eine Bitte aus: Bei ihrer Rückkehr in die Nachkriegsgesellschaft bitten die Geretteten um Verständnis, weil sie ihre Angst und Todesnähe nicht so schnell – wenn überhaupt – vergessen können. Das Leiden ist noch da, präsent, gegenwärtig: es handelt sich dabei um einen »schlecht versiegelten Schmerz«. Die kleinste Unachtsamkeit der Mitmenschen könnte den Schmerz in den Überlebenden so gewaltig aufbrechen lassen, dass sie »zu Staub zerfallen«. Deswegen müssen sie das Leben »leise wieder lernen«.

Im letzten Abschnitt kommt auch Gott vor (vgl. Vers 29, »Ihm«). Nur die Zuflucht bei Gott konnte die Überlebenden vor dem physischen Zusammenbruch angesichts der nationalsozialistischen Verfolgungen retten. Die Hinwendung zu Gott ist ein kollektiver Rettungsakt der Verfolgten, der die Verfolgten als Gesamtheit von denjenigen abgrenzt, die nicht verfolgt wurden. Der Schluss verschärft also die Kluft zwischen Betroffenen und nicht Betroffenen: Die Geretteten und die Anderen sind nur durch das gemeinsame Bewusstsein des physischen Todes (»Abschied im Staub«) verbunden.

Die psalmischen Formelemente treten auch in anderen Texten der ersten zwei Sammlungen auf, die eine sehr starke Betroffenheit äußern. Ein Beispiel wird von dem Eröffnungsgedicht von *In den Wohnungen des Todes* angeboten, *O die Schornsteine*, das als eine Totenklage über die Opfer gelesen werden kann. Hier wird die Klage durch die Interjektion »o« verstärkt, die als reiner Laut der Fassungslosigkeit steht. Auch der *Parallelismus membrorum* lässt sich an vielen anderen Texten der ersten Gedichtsammlung nachweisen, z.B. *Du gedenkst*.[9] Dieses Gedicht kommt der Form des Psalms nahe, doch mehr noch der der Litanei oder der Sprüche, weil der Wechsel der Sprachgebärden, der typisch für die Psalmen ist, hier fehlt. Die parallele Reihung unterstützt das Pathos des Klagenden, der sich zu Gott um Hilfe wendet. Ferner tritt der psalmische Gestus im Gedicht *Abraham*[10] besonders deutlich zutage, weil das lyrische Subjekt sich zum kollektiven »Wir« ausweitet und die wiederholte Anrufung »O« die Klage unterstreicht.

Was die am Anfang erwähnte Aussage anbelangt: »dove con ›testimonianza‹ non va inteso il discorso di un io che vive e dice la propria esperienza, ma una testimonianza costituita dalle tracce della lingua dell'altro: qui qualcosa parla in vece di un altro a cui è stata tolta la voce e che è stato respinto nel silenzio«, so stimme ich darin überein, dass den Opfern die Stimme und das Sprechen genommen

---

9 Sachs, Werke. Gedichte 1940-1950, (Anm. 7), 22.
10 Ebd., 56-57.

worden sind. In dem Moment des extremen Leidens werden die Opfer stumm, wie das Gedicht Als der große Schrecken kam aus Glühende Rätsel untermauert:

> ALS DER GROSSE Schrecken kam
> wurde ich stumm –
> Fisch mit der Totenseite
> nach oben gekehrt
> Luftblasen bezahlten den kämpfenden Atem[11]

Dieser Text bezieht sich auf eine persönliche Erfahrung der Dichterin: sie wurde von der Gestapo einberufen und verhört. Wegen des Schreckens konnte sie tagelang nicht sprechen; sie hatte sogar eine Kehllähmung. Durch dieses Erlebnis wurde sie so traumatisiert, dass sie fast zwanzig Jahre später auch einen Prosatext darüber verfasste, Leben unter Bedrohung:

> LEBEN UNTER BEDROHUNG
>
> [...] Es kamen Schritte. Starke Schritte. Schritte in denen das Recht sich häuslich niedergelassen hatte. Schritte stießen an die Tür. Sofort sagten sie, die Zeit gehört uns!
> Die Tür war die erste Haut die aufgerissen wurde. Die Haut des Heims. Dann fuhr das Trennungsmesser tiefer. [...] Und dies geschah auf dieser Erde. Geschah und kann geschehen. [...] Fünf Tage lebte ich ohne Sprache unter einem Hexenprozeß. Meine Stimme war zu den Fischen geflohen. Geflohen ohne sich um die übrigen Glieder zu kümmern, die im Salz des Schreckens standen. Die Stimme floh, da sie keine Antwort mehr wußte und »sagen« verboten war. [...] Leben unter Bedrohung![12]

Etwas Ähnliches kommt auch in den Grabschriften in der Luft geschrieben vor: dem Feind gegenüber vergisst eine alte Frau alle Worte. Diese Gedächtnisschwäche wird nicht so sehr durch das Alter verursacht, als durch die Angst und den Schrecken: »Alle Worte vergaßt du und auch den Gegenstand; / Und reichtest deinem Feind über Rosen und Nesseln die Hand.«[13] Endgültig stumm werden die Opfer, wenn sie ermordet werden, wie in folgender Grabschrift zu lesen ist:

> Die Mutter
>
> Hier gingen alle Worte schlafen.
> Alle Leiden fanden hier ihren Hafen.
> Die Tränen wußten kein neues Meer.
> Hier ruht kein Staub; alles ist Wiederkehr.[14]

Deswegen sprechen die Verstorbenen die »Lichtersprache aus den Rissen«:

11 Sachs, Werke. Gedichte 1951-1970, (Anm. 7), 167.
12 Nelly Sachs, Leben unter Bedrohung, in: Walter A. Berendsohn, Nelly Sachs. Einführung in das Werk der Dichterin jüdischen Schicksals (Darmstadt 1974), 10-11.
13 Sachs, Werke. Gedichte 1940-1950, (Anm. 7), 31.
14 Ebd., 153.

Der Steinsammler [E. C.]

[...]
Du, aus Menschennächten losgebrochen
Sprichst die Lichtersprache aus den Rissen –
Die man spricht, wenn das Gehäus durchstochen
Und von der wir nur die Funken wissen.[15]

Es handelt sich dabei um eine Sprache ohne Laute und Schreien, um eine Sprache, die aus dem Leiden entstanden ist und aus Licht besteht. Diese Synästhesie weist auf eine andere Ebene hin: Es geht hier um die Sprache des Jenseits, was die letzten beiden Verse bestätigen.

Die letzten drei zitierten Gedichte gehören zu den *Grabschriften in der Luft geschrieben*, die den vorletzten Zyklus der ersten Sammlung bilden. Diese Grabschriften sind in der Luft geschrieben, weil die Toten in den Massengräbern namenlos sind. Neben den Titeln, die Berufe oder Existenzbezeichnungen benennen, sind einige Großbuchstaben zu lesen, die für die Initialen der Getöteten stehen. In dem Brief an Emilia Fogelklou-Norlind vom 18. Juli 1943 hat Nelly Sachs erklärt, wem sie die Texte gewidmet hat.[16] Das Wichtigste ist aber, dass Nelly Sachs den Dahingeschiedenen ein Denkmal errichtet hat, damit sie nicht in Vergessenheit geraten.

Ich bin bei der Erklärung dieses Zyklus von der Aussage von Walter Busch ausgegangen: »come se la scomparsa dell'io fosse quel momento indispensabile del ricordare, che permette alla lingua di diventare segno della memoria ed epitaffio«. Meines Erachtens sind die *Grabschriften in der Luft geschrieben* der Beweis für die vorgeschlagene These: diese Gedichte sind echte Epitaphe. Hinter oder unter ihnen ist kein Körper, kein Leib; was außer den luftigen Grabschriften bleibt, ist nur die Erinnerung. Da die Dahingeschiedenen sich unmittelbar, allein und selbstständig nicht mehr äußern können, werden ihre Schicksale auf diesen luftigen Tafeln verewigt. Auf diese Art und Weise erfahren wir von der Tänzerin, von dem Spinozaforscher, von dem Hausierer und von den anderen Opfern der Verfolgungen.

Manchmal werden die Gedanken und Gefühle der Dahingeschiedenen von den Überlebenden oder von den verbliebenen Dingen übernommen. Im *Chor der Ungeborenen* z.B. beginnen die Ungeborenen in den Blicken und in den suchenden Händen der Liebenden zu leben. Nur in den Träumen der Überlebenden, die als ihr Erdreich bezeichnet werden, können sie wachsen, bis sie in das Ohr der Lebenden sprechen und sich in deren Augen spiegeln können:

Ihr Liebenden,
Ihr Sehnsüchtigen,

15 Ebd., 31.
16 Nelly Sachs, *Briefe der Nelly Sachs*, hrsg. v. R. Dinesen u. H. Müssener (Frankfurt am Main 1984), 30-32.

> Hört, ihr Abschiedskranken:
> Wir sind es, die in euren Blicken zu leben beginnen,
> In euren Händen, die suchende sind in der blauen Luft –
> Wir sind es, die nach Morgen Duftenden.
> Schon zieht uns euer Atem ein,
> Nimmt uns hinab in euren Schlaf
> In die Träume, die unser Erdreich sind
> Wo unsere schwarze Amme, die Nacht
> Uns wachsen läßt,
> Bis wir uns spiegeln in euren Augen
> Bis wir sprechen in euer Ohr.[17]

Auch die Wolken sprechen für die Toten, die zum Schweigen verurteilt sind, wie der *Chor der Wolken* bestätigt:

> Chor der Wolken
>
> Wir sind voller Seufzer, voller Blicke
> Wir sind voller Lachen
> Und zuweilen tragen wir eure Gesichter.
> Wir sind euch nicht fern.
>
> Wer weiß, wieviel von eurem Blute aufstieg
> Und uns färbte?
> Wer weiß, wieviel Tränen ihr durch unser Weinen
> Vergossen habt? Wieviel Sehnsucht uns formte?
> Sterbespieler sind wir
> Gewöhnen euch sanft an den Tod.
> Ihr Ungeübten, die in den Nächten nichts lernen.
> Viele Engel sind euch gegeben
> Aber ihr seht sie nicht.[18]

Die Dahingeschiedenen können sich nicht mehr ausdrücken; ihre Gefühle und Gedanken werden aber von den Wolken übernommen. In diesem Sinne tragen die Wolken die Gesichter der Verstorbenen und spiegeln ihren Gemütszustand wider.

Wie kann man also für den Dahingegangenen sprechen? Wie kann man das Leiden emotional, aber nicht rhetorisch ausdrücken? Die Antwort auf diese Frage habe ich in der folgenden Passage im Essay von Walter Busch gefunden: »Come parlare allora? Innanzitutto: dipingere più sensazione e meno spettacolo. [...] Non: rappresentare *effetti*, ma catturare *forze*, forze invisibili e difficili da percepire. Si tratta di riconoscere nella parola poetica la forza di un istante indimenticabile che nella lingua non viene tanto rappresentato quanto catturato direttamente e reso percepibile.«[19] Meiner Meinung nach tritt dieses Phänomen sehr oft bei Nelly Sachs auf und diesbezüglich ist *Chor der Toten* bemerkenswert. Hier beschreiben

---

17 Sachs, *Werke. Gedichte 1940-1950*, (Anm. 7), 43.
18 Ebd., 40-41.
19 Busch, *Che lingua parla il dolore?*, (Anm. 1), 65.

die Verstorbenen ihren furchtbaren Zustand, indem sie sich mit Sieben vergleichen: »Wir von der schwarzen Sonne der Angst / Wie Siebe Zerstochenen«.[20] Aufschlussreich ist ferner das Gedicht Ein totes Kind spricht, das den Abschied eines Kindes von seiner Mutter beschreibt, indem auf das Bild des »Abschiedsmessers« zurückgegriffen wird:

> Ein totes Kind spricht
>
> Die Mutter hielt mich an der Hand.
> Dann hob Jemand das Abschiedsmesser:
> Die Mutter löste ihre Hand aus der meinen,
> Damit es mich nicht träfe.
> Sie aber berührte noch einmal leise meine Hüfte –
> Und da blutete ihre Hand –
>
> Von da ab schnitt mir das Abschiedsmesser
> Den Bissen in der Kehle entzwei –
> Es fuhr in der Morgendämmerung mit der Sonne hervor
> Und begann, sich in meinen Augen zu schärfen –
> In meinem Ohr schliffen sich Winde und Wasser,
> Und jede Trostesstimme stach in mein Herz –
>
> Als man mich zum Tode führte,
> Fühlte ich im letzten Augenblick noch
> Das Herausziehen des großen Abschiedsmessers.[21]

Das Bild des »Abschiedsmessers« ist treffend, um das schmerzhafte Erlebnis zu vermitteln, weil das Schneiden des Messers eine endgültige Trennung verursacht, deren Wunde nicht heilen wird. Dadurch, dass das Kind vom »Abschiedsmesser« spricht, hält es den qualvollen Moment des Schneidens im Gedicht fest. Damit werden die Zerrissenheit und das Leiden des Kindes auch für den Leser spürbar und greifbar. In diesem Sinne lässt sich feststellen, dass Ein totes Kind nicht danach strebt, Effekte und Wirkungen darzustellen, sondern zerreißende, erschütternde und schwer vorstellbare Kräfte zu fassen und auf dem Papier festzuhalten. Das gelingt Nelly Sachs, weil sie ähnliche Qualen erlebt hat: mit ihren Augen hat sie Kinder gesehen, die von den Müttern getrennt wurden und ganze Familien, die zerstreut wurden. Dabei war sie nicht nur Zuschauerin, sondern sie hat mit den Opfern mitgelitten und mitgefühlt. Außerdem musste sie sich auch von ihren Freunden, Verwandten, Bekannten, und von ihrer Stadt und Heimat verabschieden. Auch für sie verband sich mit der Trennung ein tiefer Schmerz. Ferner wurden viele ihrer Bekannten ermordet, wodurch ihr Verständnis und Mitgefühl noch verstärkt wurden. Deswegen schließe ich mich der folgenden Auffassung an: »Per la Sachs non si tratta di rappresentare effetti, quanto di raffigurare, come

---

20 Sachs, Werke. Gedichte 1940-1950, (Anm. 7), 36.
21 Ebd., 15.

dice Bacon, nel modo il più diretto possibile la *sensazione* in modo da rendere percepibili forze altrimenti invisibili. Il dolore non è soltanto orrore, ma anche fedeltà: fedeltà verso gli scomparsi.«[22] Diesbezüglich stechen die *Gebete auf den Toten Bräutigam* hervor, von denen Walter Busch das Gedicht *Wenn ich nur wüßte* zitiert. Indem das lyrische Ich weiter- und fortleidet, bleibt es seinem verstorbenen Geliebten treu: »ich kann nichts tun als weinen«.[23] Hinter diesem lyrischen Ich steht zweifellos die Stimme von Nelly Sachs, die ihre persönlichen und schmerzvollen Gefühle in den Gedichten ausdrückt:

> *Die Gewänder des Morgens sind nicht*
> *die Gewänder des Abends.*
> Buch Sohar
>
> QUAL, ZEITMESSER EINES fremden Sterns,
> Jede Minute mit anderem Dunkel färbend –
> Qual deiner erbrochenen Tür,
> Deines erbrochenen Schlafes,
> Deiner fortgehenden Schritte,
> Die das letzte Leben hinzählten,
> Deiner zertretenen Schritte,
> Deiner schleifenden Schritte,
> Bis sie aufhörten Schritte zu sein für mein Ohr.
> Qual um das Ende deiner Schritte
> Vor einem Gitter,
> Dahinter die Flur unserer Sehnsucht zu wogen begann –
> O Zeit, die nur nach Sterben rechnet,
> Wie leicht wird Tod nach dieser langen Übung sein.[24]

Die Qual ist allumfassend und diktiert den Rhythmus des Lebens, während die Erinnerung an die Schritte des verstorbenen Geliebten alles ist, was von ihm bleibt. In diesem Kontext wartet das lyrische Ich nur auf den Tod, der nach der langen Übung des Leidens leicht sein wird. Ferner werden auch in den *Gebeten auf den toten Bräutigam* die Gesichtszüge des Dahingeschiedenen von der Natur übernommen, wie in dem oben zitierten Gedicht *Ein totes Kind spricht*: »NACHT, MEIN AUGENTROST du, ich habe meinen Geliebten verloren! / Sonne, du trägst sein Blut in deinem Morgen- und Abendgesicht.«[25]

Die schockierenden Erlebnisse haben bewirkt, dass die Lyrikerin Momente außerordentlichen Leidens in den Gedichten erschütternd präzise und gleichzeitig tiefsinnig sensibel wiedergeben kann. Wie Walter Busch schreibt, ist Nelly Sachs' Darstellungsweise vom »deformierenden Filter des Schreckens« geprägt: »Sono

---

22 Busch, *Che lingua parla il dolore?*, (Anm. 1), 72.
23 Sachs, *Werke. Gedichte 1951-1970*, (Anm. 7), 20.
24 Ebd., 22-23.
25 Ebd., 20.

parole del pittore Francis Bacon, che intende con questo un sentire osservato con attenzione attraverso il filtro deformante dello spavento, dell'orrore.«[26]

Die Wolken, das »Abschiedsmesser«, die Sonne und vielleicht alle Bilder in den Gedichten von Nelly Sachs sind, auf formaler und rhetorischer Ebene, schwierig zu kennzeichnen. Deswegen stimme ich Busch zu: »Gli stessi termini di metafora e simbolo risultano inadeguati per definire la natura di questi segni lirici, di cui la realtà della persecuzione e del dolore rappresentano l'elemento al tempo stesso assoluto e insuperabile.«[27] Die Verfolgungen und das Leiden sind die Antriebskräfte, die zu den Gedichten geführt haben und weswegen Nelly Sachs in einem Brief an Herrn Dr. Kreuzberg vom 24. Januar 1967 schreibt: »Meine Metaphern sind meine Wunde«.[28]

An einem anderen Punkt des Essays kommt Walter Busch auf ein ähnliches Motiv zurück:

> [...] il dolore diventa nella Sachs l'elemento stesso di cui vive la sua opera, non più un contenuto che estrae da sé le forme liriche. [...] il linguaggio della Sachs non si concede al gioco con i segni. Il dolore qui non diventa una prestazione poetica, non viene sublimato in figurazioni retoriche, ma si trattiene al di qua del concetto e della metafora, come se si fosse raddensato all'interno della lingua, inseparabile dalle tracce materiali della sparizione.[29]

Es geht um die materiellen Spuren, die in vielen Texten vorkommen: »Sono delle vere e proprie tracce fisiche a diventare per la Sachs il fondamento della sua scrittura: i motivi ricorrenti della polvere, della cenere, della sabbia, della pietra e del fumo sono fili conduttori lungo tutte le sue poesie.«[30] Diese physischen Spuren sind konstitutive Elemente ihrer Dichtung, sie sind die Bausteine ihres Werkes. In diesem Zusammenhang ist das Gedicht *Wer aber leerte den Sand aus euren Schuhen* aufschlussreich, wie Busch hervorhebt. Der Sand ist die Spur; er ist, was bleibt, nachdem die Körper verschwunden sind. Auch in diesem Gedicht wird die Klage der Überlebenden durch den Rückgriff auf die Sprache der Psalmen dargestellt: der *Parallelismus Membrorum* der Verse 6-10 unterstreicht und vermittelt das Leiden des lyrischen Ichs. Paradoxerweise findet in einem weiteren Text eine Verwandlung statt: So wie die Körper der geliebten Verstorbenen Rauch und Luft werden, so wird auch die harte Materie zur Musik:

---

26 Busch, *Che lingua parla il dolore?*, (Anm. 1), 65.
27 Ebd., 64.
28 Kungliga Biblioteket, Stoccolma, Nelly Sachs-Archiv, Signatur: L 90:2.
29 Busch, *Che lingua parla il dolore?*, (Anm. 1), 71.
30 Ebd., 65.

> WIE LEICHT
> wird Erde sein
> nur eine Wolke Abendliebe
> wenn als Musik erlöst
> der Stein in Landsflucht zieht[31]

Es handelt sich dabei um ein zentrales Motiv, auf das Nelly Sachs mehrmals zurückgreift. Ähnliches ist im Gedicht *In der blauen Ferne* aus der Sammlung *Und niemand weiß weiter* zu lesen:

> während die Grille fein kratzt
> am Unsichtbaren
>
> und der Stein seinen Staub
> tanzend in Musik verwandelt.[32]

Zu diesen Versen hat Nelly Sachs auch einen Kommentar geschrieben:

> [...] Wie aller Geschöpfe Verwandlung geht die unbewußte Sehnsucht der Geschöpfe wieder in die Elemente zurück. Darum sehnt sich der Schmetterling wieder zum Meer. Beim Menschen bricht der Todesschweiß aus. Das Gedicht ist ganz auf ›Verwandlung‹ gestellt.[33] Auch der Stein ist Universum. In ungezählten Weltjahren verfällt er sich drehend in Staub. Aber das ist keine wissenschaftliche Abhandlung. Dies ist ja ein Gedicht und ein Geheimnis. Auf jeden Fall ist eine kosmische Verwandlung gemeint – wie der Stein in meinem Gedicht Seite 181 im großen Buch: *In der blauen Ferne* – wo der Stein sich wieder in Musik verwandelt, also die Materie die innere geistige Kraft entläßt, an die ich glaube, jene Unsterblichkeit die im Tode uns allen geschieht.[34]

Der hier erwähnte Begriff der Verwandlung spielt eine zentrale Rolle in der Lyrik von Nelly Sachs. Alles ist im Werden und im Wandeln: auch das steinerne Grab Rahels entmaterialisiert sich: »denn Rahels Grab ist längst Musik geworden – «.[35] Die Tatsache, dass die harte und tote Materie zu Musik wird, bedeutet, dass auch die schmerzvollsten Erlebnisse und sogar der Tod überwunden werden können.[36] In dem Brief an Celan vom 9. Januar 1958 hat Nelly Sachs diesem Thema Aufmerksamkeit geschenkt:

---

31 Sachs, *Werke. Gedichte 1951-1970*, (Anm. 31), 70.
32 Ebd., 24.
33 Hier bezieht sich Nelly Sachs auf das Gedicht *In der Flucht*.
34 Horst Bienek, *In der Flucht*, in: *Doppelinterpretationen*, hrsg. v. H. Domin (Frankfurt am Main 1966), 157.
35 Sachs, *Werke. Gedichte 1951-1970*, (Anm. 7), 53.
36 Vgl. Bruno Bolliger, *Nelly Sachs und die Verwandlung des Staubes*, in: *Nelly Sachs zu Ehren: zum 75. Geburtstag am 10. Dezember 1966* (Frankfurt am Main 1966), 143-156; Hans Magnus Enzensberger, *Die Steine der Freiheit*, in: ebd., 45-51; Anita Riede, *Das Leid-Steine-Trauerspiel: zum Wortfeld »Stein« im lyrischen Kontext in Nelly Sachs' »Fahrt ins Staublose« mit einem Exkursus zu Paul Celans »Engführung«* (Berlin 2001); Klaus Weissenberger, *Zwischen Stein und Stern. Mystische Formgebung in der Dichtung von Else Lasker-Schuler, Nelly Sachs und Paul Celan* (Bern 1976).

> Es gibt und gab und ist mit jedem Atemzug in mir der Glaube an die Durchschmerzung, an die Durchseelung des Staubes als an eine Tätigkeit wozu wir angetreten. Ich glaube an ein unsichtbares Universum darin wir unser dunkel Vollbrachtes einzeichnen. Ich spüre die Energie des Lichtes die den Stein in Musik aufbrechen läßt, und ich leide an der Pfeilspitze der Sehnsucht die uns von Anbeginn zu Tode trifft und die uns stößt, außerhalb zu suchen, dort wo die Unsicherheit zu spülen beginnt.[37]

Nach Nelly Sachs ist die »Durchschmerzung« die Voraussetzung, um eine andere Dimension zu erreichen, die sie »unsichtbares Universum« nennt.

In den Texten sind aber auch andere Spuren zu finden. Es handelt sich dabei weder um materielle, noch um sich entmaterialisierende, sondern um abstrakte Spuren. Damit sind die Spuren eines am Anfang misslungenen Fluchtversuchs gemeint.[38] Diesbezüglich finde ich sehr interessant, was im Essay von Busch über das Fluchtmotiv in den ersten Gedichtsammlungen bemerkt wird. Mit Bezug auf das Gedicht *Auf daß die Verfolgten nicht Verfolger werden* schreibt er: »Ogni pensiero di fuga si paralizza al rumore dei passi degli assassini che ancora risuonano nella memoria. Ogni prospettiva di consolazione e di salvezza è sbarrata. Tutte le possibilità umane di sfuggire o andare oltre sono consunte.«[39] In diesem Text symbolisiert die Flucht – im mythisch fixierten Urzeitspiel von Jägern und Gejagten – eine der ganzen Menschheit auferlegte schicksalhafte Gegebenheit. Ferner werden die Juden hier nicht nur verfolgt, sondern sie laufen auch Gefahr Verfolger zu werden.

In einem anderen Gedicht von *Sternverdunkelung*, *Welt, frage nicht die Todentrissenen*, schneidet die Heimatlosigkeit die Flüchtenden von ihren natürlichen Lebensquellen ab, die weit mehr geistiger als körperlicher Art sind. Deswegen können die Überlebenden der Shoah nur ihrem Grab entgegengehen:

> WELT, FRAGE NICHT die Todentrissenen
> wohin sie gehen,
> sie gehen immer ihrem Grabe zu.
> Das Pflaster der fremden Stadt
> war nicht für die Musik von Flüchtlingsschritten gelegt worden –[40]

Die Gegenwart gilt Nelly Sachs als Zeitalter der Flüchtlinge: »AUF DEN LANDSTRASSEN der Erde / liegen die Kinder / mit den Wurzeln / aus der Muttererde gerissen«.[41] Dieser Text beschreibt die Unendlichkeit der Flucht, die nie mehr enden kann: die Überlebenden sind immer unterwegs, auf der Flucht.

---

37 Paul Celan und Nelly Sachs, *Paul Celan, Nelly Sachs. Briefwechsel*, hrsg. v. Barbara Wiedemann (Frankfurt am Main 1997), 13.
38 Vgl. Chiara Conterno, *Metamorfosi della fuga. La ricerca dell'Assoluto nella lirica di Nelly Sachs* (Padova 2010).
39 Busch, *Che lingua parla il dolore?*, (Anm. 1), 68.
40 Sachs, *Werke. Gedichte 1940-1950*, (Anm. 7), 71.
41 Ebd., 72.

Erst im Gedichtband *Und niemand weiß weiter* von 1957 wird die Fluchtthematik unter einem anderen Vorzeichen wieder aufgenommen. Während vorher die Vertriebenen und Heimatlosen beklagt wurden,[42] ergibt sich hier eine Veränderung in der Bewertung der Flucht. Eine aufmerksame Lektüre führt zu dem Ergebnis, dass der Flucht die Aufgabe zufällt, als Assoziationssignal das Prinzip einer unaufhaltsamen Fluchtbewegung, einer permanenten Entgrenzung ins Transzendente zu evozieren. Am Ende des Zyklus werden die Wege der Flucht mit der Sehnsucht zu Gott verbunden: »Fluchtmeridiane verbunden / mit Gott-Sehnsuchts-Strichen – «.[43] In dieser metaphorischen Sequenz ist Sehnsucht als Signal für die mystische Erhebung zu Gott zu begreifen.

> Flucht, Flucht, Flucht,
> Fluchtmeridiane verbunden
> mit Gott-Sehnsuchts-Strichen –
>
> Flucht aus den schwarzgebluteten Gestirnen
> des Abschieds,
> Flucht in die blitztapezierten
> Herbergen des Wahnsinns,
>
> Flucht, Flucht, Flucht
> in den Gnadenstoß der Flucht
> aus der zersprengten Blutbahn
> kurzer Haltestelle –[44]

Aus diesem Text und aus den vorigen Beobachtungen wird die Richtung deutlich, in die die hier mehrmals erwähnte Flucht weist: Flucht als eine Befreiung zum Tod, die in jedem Entgrenzungszustand erreichbar ist. Außerdem wird die Flucht nicht nur als schicksalhafte Gegebenheit begriffen, sondern auch als Gnade: »Flucht, Flucht, Flucht / in den Gnadenstoß der Flucht / aus der zersprengten Blutbahn / kurzer Haltestelle – «.[45] Die als Gnadenstoß erfahrene Flucht befreit vom irdischen Tod, der nur als kurzer Aufenthalt zu gelten hat.[46]

Die Flucht ist eine allumfassende Erfahrung: in diesem Sinne ist der Titel des bei der Vergabe des Nobelpreises gelesenen Gedichts *In der Flucht* zu interpretieren. Hier haben wir es nicht mit einem Druckfehler zu tun, sondern mit der ab-

---

42 Vgl. *Chor der Wandernden*, ebd., 34-35; *Welt, frage nicht die Todentrissenen*, 71, *Auf der Landstraßen der Erde*, 72.
43 Sachs, *Werke. Gedichte 1950-1971*, (Anm. 7), 15.
44 Ebd.
45 Ebd.
46 Dieses Gedicht wurde von vielen Forschern in Betracht gezogen, u.a. von Paul Konrad Kurz, »*Fahrt ins Staublose*«. *Die Lyrik der Nelly Sachs*, in: Stimmen der Zeit, Monatsschrift für das Geistesleben der Gegenwart (178), 1966, 421-438; Gisela Bezzel-Dischner, *Poetik des modernen Gedichts. Zur Lyrik von Nelly Sachs* (Bad Homburg 1970), 42-43; Paul Kersten, *Die Metaphorik in der Lyrik von Nelly Sachs* (Hamburg 1970), 151.

sichtlichen Wahl der Autorin: man ist »in der Flucht«, »mittendrin«, man wird von der Flucht getragen, gleichsam umarmt.

Aus der Analyse der sprachlichen Spuren des Leidens kann man schließen, dass die Aufgabe der Lyrik von Nelly Sachs das Wiedergeben des Leidens ist, damit es spürbar wird. Wie Busch schreibt: »Il suo compito incondizionato rimane quello di attenersi al dolore, di renderlo percepibile nella lingua.«[47] Das wird von der Tatsache bestätigt, dass auch die schriftliche Sprache zum »Leiden« wird, was die Verwendung der vielen Gedankenstriche in ihren Gedichten zum Ausdruck bringt. Diese sind die sprachlichen Spuren schlechthin und zeigen die Grenze, über die hinaus kein Sprechen mehr möglich ist, wo das Gedicht unvermittelt abbricht, weil die menschliche Sprache ungenügend, mangelhaft, unzureichend ist, um das außerordentliche Leiden auszudrücken:

> er [der Gedankenstrich] erscheint als die verzweifelte Sprachgebärde des Verstummens, das Abbrechen des sprachgestischen Tanzes. [...] Durch den unvermittelten Stillstand im Gedankenstrich erscheint kein Ende – nur ein Abbruch des Gedichts: Es läßt sich nicht weitersprechen, weil »die Worte fehlen«, das Ungeheuerliche, das wahrhaft Unsagbare zu sagen. Das Satzzeichen drückt hier eine ganze symbolische Handlung aus.[48]

---

47 Busch, *Che lingua parla il dolore?*, (Anm. 1), 73.
48 Gisela Bezzel-Dischner, *Poetik des modernen Gedichts*, (Anm. 46), 21.

Peter Kofler

Zur Poetologie der Buchstäblichkeit: Paul Celans Todesfuge

TODESFUGE

Schwarze Milch der Frühe wir trinken sie abends
wir trinken sie mittags und morgens wir trinken sie nachts
wir trinken und trinken
wir schaufeln ein Grab in den Lüften da liegt man nicht eng
Ein Mann wohnt im Haus der spielt mit den Schlangen der schreibt
der schreibt wenn es dunkelt nach Deutschland dein goldenes Haar Margarete
er schreibt es und tritt vor das Haus und es blitzen die Sterne er pfeift seine Rüden herbei
er pfeift seine Juden hervor läßt schaufeln ein Grab in der Erde
er befiehlt uns spielt auf nun zum Tanz

Schwarze Milch der Frühe wir trinken dich nachts
wir trinken dich morgens und mittags wir trinken dich abends
wir trinken und trinken
Ein Mann wohnt im Haus der spielt mit den Schlangen der schreibt
der schreibt wenn es dunkelt nach Deutschland dein goldenes Haar Margarete
Dein aschenes Haar Sulamith wir schaufeln ein Grab in den Lüften da liegt man nicht eng

Er ruft stecht tiefer ins Erdreich ihr einen ihr andern singet und spielt
er greift nach dem Eisen im Gurt er schwingts seine Augen sind blau
stecht tiefer die Spaten ihr einen ihr andern spielt weiter zum Tanz auf

Schwarze Milch der Frühe wir trinken dich nachts
wir trinken dich mittags und morgens wir trinken dich abends
wir trinken und trinken
ein Mann wohnt im Haus dein goldenes Haar Margarete
dein aschenes Haar Sulamith er spielt mit den Schlangen

Er ruft spielt süßer den Tod der Tod ist ein Meister aus Deutschland
er ruft streicht dunkler die Geigen dann steigt ihr als Rauch in die Luft
dann habt ihr ein Grab in den Wolken da liegt man nicht eng

Schwarze Milch der Frühe wir trinken dich nachts
wir trinken dich mittags der Tod ist ein Meister aus Deutschland
wir trinken dich abends und morgens wir trinken und trinken
der Tod ist ein Meister aus Deutschland sein Auge ist blau
er trifft dich mit bleierner Kugel er trifft dich genau
ein Mann wohnt im Haus dein goldenes Haar Margarete
er hetzt seine Rüden auf uns er schenkt uns ein Grab in der Luft
er spielt mit den Schlangen und träumet der Tod ist ein Meister aus Deutschland

dein goldenes Haar Margarete
dein aschenes Haar Sulamith[1]

---

1 Paul Celan, Der Sand aus den Urnen. Mohn und Gedächtnis, historisch-kritische Ausgabe, 2./3. Bd.,

Die *Tübinger Ausgabe* von Paul Celans Werken ist, so das *Editorische Vorwort* zu *Mohn und Gedächtnis*, von der Absicht getragen, die Gedichte des Autors »durch die Darstellung der Schichten ihrer Genese als poetische und geschichtliche Dokumente und Botschaften lesbar [zu] machen und Celans Arbeit am Text in verschiedenen Stadien [zu] veranschaulichen.«[2] Zu diesem Zweck »sind Vorstufen und Endfassung der Gedichte nebeneinander abgedruckt und auf einen Blick präsent, so daß der Schreibprozeß im ganzen für den Leser deutlichere Konturen gewinnt.«[3] Der einzelne Gedichttext erscheint auf diese Weise im Prozeß seiner Konstitution und nicht in erster Linie als der Deutung anheimgegebenes, fertiges Produkt. So kommt auch dem Empfänger, noch vor jener des Interpreten, die Rolle des Lesers zu, die Aufgabe, durch kollationierende Lektüre »Textstufen zu konstituieren und die Textdynamik nachzuvollziehen.«[4]

Das Gedicht *Todesfuge*, einem späteren Zeugnis des Dichters zufolge im Frühjahr 1945 in Bukarest verfasst, in früheren Fassungen oder Vorstufen jedoch vielleicht noch auf den Herbst 1944 in Czernowitz zurückgehend,[5] erschien zuerst im Mai 1947 in der Bukarester Zeitschrift *Contemporanul*, nicht jedoch in deutscher Sprache, sondern in einer von Celans Freund Petre Solomon besorgten rumänischen Übersetzung mit dem Titel *Tangoul Mortii*,[6] aber bereits unter dem die

---

1. T.: Text, hrsg. v. Andreas Lohr unter Mitarbeit von Holger Gehle in Verbindung mit Rolf Bücher (Frankfurt am Main 2003), 65 f. Die Frage nach den ästhetisch-epistemologischen Wegen der Metapher sowie der Spannung von Figuralität und Buchstäblichkeit in der Literatur der Moderne hat Walter Busch, ganz besonders in seinen Reflexionen zu Rilke und Kafka, immer wieder beschäftigt. Auf dem Hintergrund literaturwissenschaftlicher wie philosophischer Lektüren und auf dem Stand der je aktuellsten und stimulierendsten Fragestellungen hat er sich in einem ebenso präzisen wie unverkennbaren, zum Wiederlesen und zu eingehender Reflexion zwingenden Schreiben zu diesem Problemkomplex geäußert. So heißt es, um nur einige Beispiele anzuführen, in der *Einleitung* zu einer Aufsatzsammlung mit dem Titel *Bild – Gebärde – Zeugenschaft*. Studien zur Poetik von Rainer Maria Rilke (Bozen 2004), 9, die Beiträge verstünden sich »als Vorschläge zur Überwindung des traditionellen Zugangs zur Rilkeschen Bilder- und Metaphernsprache. Von unterschiedlichen Seiten ausgehend, rücken die Lektüren zu den Rändern der konventionellen Bilddefinitionen vor, indem sie im Innern der Texte jeweils spezifische Spannungen, Bewegungen und Brüche aufspüren.« Von einer schockierenden Verkehrung des hergebrachten Tenor-Vehikel-Verhältnisses geht auch der Aufsatz über *Die Krankheit der Metapher. Über die Wunde in Kafkas »Ein Landarzt«*, in: Elmar Locher u. Isolde Schiffermüller (Hrsg.), *Franz Kafka. Ein Landarzt. Interpretationen* (Bozen 2004) aus. Dieser Kafka-Text setze »eine Problematisierung der Metapher ins Werk, und zwar nicht so sehr einzelner Bedeutungen und Modi des Transfers als von metaphorischen Diskursen. Unter diesem Aspekt konstituiert der Text einen meta-metaphorischen Diskurs, eine figurengebundene erzählende Rede über die Wendungen der Metaphorisierung.« Ebd., 36. Dabei gehe die Metapher »in der radikalen Buchstäblichkeit der Schrift [unter].« Ebd., 39.
2. Paul Celan, *Mohn und Gedächtnis*. Vorstufen – Textgenese – Endfassung, bearb. v. Heino Schmull unter Mitarbeit von Christiane Braun (Frankfurt am Main 2004), VII.
3. Ebd.
4. Ebd.
5. Vgl. Theo Buck, *Todesfuge*, in: Gedichte von Paul Celan, hrsg. v. Hans Michael Speier (Stuttgart 2002), 12 f.; Paul Celan, *Todesfuge*, mit einem Kommentar von Theo Buck (Aachen 1999), 12 f. u. Paul Celan, *»Todesfuge« und andere Gedichte*, ausgewählt und mit einem Kommentar versehen von Barbara Wiedemann (Frankfurt am Main 2004), 129.
6. An dieser Übersetzung soll laut Solomon der Autor selbst mitgewirkt haben. Vgl. Hannes Fricke, *Sentimentalität, Plagiat und übergroße Schönheit? Über das Mißverständnis »Todesfuge«*, in: Arcadia. Zeitschrift für Allgemeine und Vergleichende Literaturwissenschaft 32 (1997), 195-209; hier: 196, Anm. 7 u. Celan, *Todesfuge*, (Anm. 5), 25. In diesem Fall handelte es sich, wenigstens teilweise,

Zäsur des Eintritts in die Literatur bezeichnenden Pseudonym ›Paul Celan‹. Die Umbenennung in *Todesfuge* erfolgte durch Celan selbst in den von Alfred Margul-Sperber nach Wien gesandten Konvoluten.[7] Der Erstdruck in deutscher Sprache erfolgte 1948 in der 48 auf drei Zyklen verteilte, in der Zeit von 1940 bis 1948 entstandene[8] Gedichte umfassenden Sammlung *Der Sand aus den Urnen* bei A. Sexl in Wien, die allerdings wegen der zahlreichen Druckfehler vom Autor selbst sofort wieder aus dem Handel genommen wurde.[9] Vier Jahre später folgte der Abdruck in *Mohn und Gedächtnis* (Stuttgart: Deutsche Verlagsanstalt), zusammen mit weiteren 55 im Zeitraum zwischen 1944 und 1952 entstandenen Gedichten.[10] Die Aufnahme in diesen Band bezeichnet also den eigentlichen Beginn einer anfangs positiven und erfolgreichen, mit den Jahren jedoch zunehmend problematischen und widersprüchlichen Rezeption des berühmtesten Gedichts der deutschen Literatur des 20. Jahrhunderts, eines Gedichts, das bereits durch seinen vom Autor selbst festgelegten Sonderstatus als Einzeltext und Zyklus, in *Der Sand aus den Urnen* wie in *Mohn und Gedächtnis*,[11] dafür prädisponiert, wenn nicht gar dazu prädestiniert erscheint. Neben dieser horizontalen Abgrenzung markiert die *Todesfuge* auch den entscheidenden vertikalen Einschnitt in Celans Produktion, den Übergang von den epigonalen Anfängen zum unverwechselbar eigenen lyrischen Sprechen.[12]

Der Vorwurf, dem sich Celans Gedicht von Anfang an ausgesetzt sah, war bekanntlich jener eines Übermaßes an Kunst, einer seinem Gegenstand unangemessenen Schönheit.[13] Leser wie Interpreten hätten sich, so Hannes Fricke, »durch den vermeintlichen Schönklang der Zeilen bzw. die Wohlgeformtheit der motivischen Arbeit verleiten lassen, dem Gedicht eine geschlossene Form zuzusprechen, obwohl diese sich im Gedicht selbst demontiert.«[14]

---

um eine Selbstübersetzung. Den Titel *Todestango* trugen übrigens auch frühere deutschsprachige Ausarbeitungen des Gedichts. Vgl. ebd.
7 Vgl. Markus May, Peter Goßens u. Jürgen Lehmann (Hrsg.), *Celan-Handbuch. Leben – Werk – Wirkung* (Stuttgart, Weimar 2008), 47.
8 Vgl. Paul Celan, *Die Gedichte. Kommentierte Gesamtausgabe in einem Band*, hrsg. u. kommentiert v. Barbara Wiedemann (Frankfurt am Main 2003), 581.
9 Vgl. ebd., 582.
10 Vgl. ebd., 592.
11 Vgl. ebd., 607; Celan, *Mohn und Gedächtnis*, (Anm. 2), X f. u. May/Goßens/Lehmann (Hrsg.), *Celan-Handbuch*, (Anm. 7), 51.
12 Vgl. Buck, *Todesfuge*, (Anm. 5), 13; Celan, *Todesfuge*, (Anm. 5), 13 u. Barbara Wiedemann-Wolf, *Antschel Paul – Paul Celan. Studien zum Frühwerk* (Tübingen 1985), 89.
13 Wolfgang Emmerich, *Paul Celans Weg vom »schönen Gedicht« zur »graueren Sprache«. Die windschiefe Rezeption der »Todesfuge« und ihre Folgen*, in: Hans Henning Hahn u. Jens Stüben (Hrsg.), *Jüdische Autoren Ostmitteleuropas im 20. Jahrhundert*, 2., überarb. Aufl. (Frankfurt am Main [u.a.] 2002), 362, schreibt dazu: »Schon den älteren Czernowitzer Dichterkollegen Alfred Kittner (der in einem Nazilager gewesen war) ›dünkte‹ die ›Todesfuge‹ ›allzu kunstvoll, zu vollendet [...]‹. Ähnlich sah es der eine Generation ältere deutsch-jüdische Lyriker Werner Kraft«. Mitte der 60er Jahre habe dann »Reinhard Baumgart in dem Aufsatz ›Unmenschlichkeit beschreiben‹ die öffentliche Debatte um das ›zu schöne Gedicht‹ über Auschwitz initiiert – und demselben unverkennbar eine Absage erteilt«. Ebd. 362 f.
14 Fricke, *Sentimentalität, Plagiat und übergroße Schönheit?*, (Anm. 6), 209.

Breitesten Ausdruck fand diese These der geschlossenen Form in der, wie man meinen sollte, durch den Gedichttitel autorisierten Interpretation als musikalische Fuge. Kurt Bräutigam etwa gründet seine Deutung auf einer strukturellen Parallele zu dieser klassischen Form kontrapunktischer Kompositionstechnik, welche dem Dichter »letzte Möglichkeit [gewesen sei], das Unsagbare zu sagen«.[15] Theo Buck macht in seiner Analyse zwar darauf aufmerksam, wie sich Celan seit Ende der fünfziger Jahre, also seit der Arbeit an der 1959 erschienenen Sammlung *Sprachgitter*, entschieden von jeglichem verbalen Musizieren abgewandt habe,[16] sieht aber, unter ausdrücklicher Berufung auf die Überschrift, in der *Todesfuge* gleichwohl Celans Versuch, »das musikalische Kompositionsprinzip in eine poetische Partitur aus mehrstimmigen Wort-Klang-Bildfolgen« zu überführen.[17] »Kontrapunktische Ausarbeitung und Vielstimmigkeit (›wir‹ – ›er‹) sowie die Betonung der Motivschwerpunkte auf der Grundlage eines einprägsamen rhythmischen Systems« ergäben, so Buck, »eine in Sprache überführte ›Kunst der Fuge‹.«[18] Das Bedenkliche, ja Gefährliche einer solchen Deutung erweist sich spätestens dann, wenn gerade die Ersetzung der ursprünglichen Überschrift *Todestango* durch *Todesfuge* den Beleg für ein Verlassen der »Ebene des Tatsächlichen«[19] liefern soll.

Auf das zentrale Anliegen, den Toten eine Sprache zu geben, hat dem gegenüber Celan selbst in einem Brief an Herbert Greiner-Mai vom 23. Februar 1961 hingewiesen: »Mein Gedicht [...] ist nicht ›nach musikalischen Prinzipien komponiert‹; vielmehr habe ich es, als dieses Gedicht da war, als nicht unberechtigt empfunden, es ›Todesfuge‹ zu nennen: von dem Tod her, den es – mit den Seinen – zur Sprache zu bringen versucht. Mit anderen Worten: ›Todesfuge‹, – das ist ein einziges, keineswegs in seine ›Bestandteile‹ aufteilbares Wort«.[20]

Auch Hannes Fricke führt einen detaillierten Vergleich zwischen Celans Text und der Fugenform durch. Resümierend stellt er jedoch fest, dass in der *Todesfuge* zwar »einige Elemente enthalten [seien], die für die Form der musikalischen Fuge typisch sind«,[21] letztlich genüge sie jedoch, aus Gründen semiologischer

---

15 Kurt Bräutigam, Moderne deutsche Balladen. (»Erzählgedichte«). Versuche zu ihrer Deutung, 2., durchges. Aufl. (Frankfurt am Main/Berlin/München 1970), 77. Vgl. auch Wolfgang Menzel, Celans Gedicht »Todesfuge«. Das Paradoxon einer Fuge über den Tod in Auschwitz, Germanisch-Romanische Monatsschrift N.F. 18 (1968), 431-447; hier: 437-441; Manfred Herrmann, Gedichte interpretieren. Modelle, Anregungen, Aufgaben, 2. erw. Aufl. (Paderborn, München/Wien/Zürich 1980), 87-91 sowie Eric Horn, Lyrik nach Auschwitz. Paul Celans Todesfuge, in: Gerhard Rupp (Hrsg.), Klassiker der deutschen Literatur. Epochen-Signaturen von der Aufklärung bis zur Gegenwart (Würzburg 1999), 253-258 u. 260-262. Fricke, Sentimentalität, Plagiat und übergroße Schönheit?, (Anm. 6), 195, betont, es sei »kaum zu rekonstruieren, was Celan genau von der ›Tonkunst‹ wußte. Doch muß er sich besonders im Zusammenhang mit der Form der Fuge gut ausgekannt haben«.
16 Buck, Todesfuge, (Anm. 5), 11 f.
17 Ebd., 16 f.
18 Ebd., 17.
19 Ebd.
20 Zit. nach Celan, Die Gedichte, (Anm. 8), 608.
21 Fricke, Sentimentalität, Plagiat und übergroße Schönheit?, (Anm. 6), 205.

wie struktureller Differenz, »den Ansprüchen an eine musikalische Fuge nicht.«[22] Denn, so fragt Martin A. Hainz zu Recht: »[...] Welcher Art soll die Musik sein, nach der die Juden das Folterkarussell ihrer selbst sein sollen? Welche Musik ist das, die immerhin das Gedicht Todesfuge sein läßt und vielleicht ja nicht der Gesang Celans ist, sondern seine Strategie, mimetisch die Musik dessen, der ›befiehlt [...] spielt auf nun zum Tanz‹, zu demaskieren?«[23] Barbara Wiedemann betont ihrerseits, wie erst die notwendige Verbindung von Form und Inhalt jenseits äußerlichen Experimentierens dazu berechtige, Celans Gedicht in die Nähe der musikalischen Fuge zu rücken: »Durch die sich wiederholenden Einsätze zweier thematischer Linien (›Schwarze Milch‹ und ›Ein Mann wohnt im Haus‹), v.a. aber durch die Ich-Losigkeit und die Zitathaltigkeit seines Sprechens kann das Gedicht [...] tatsächlich im Kontext der Fuge als Kunstform des imitierenden kontrapunktischen Stils verstanden werden; diese Form ist hier aber *notwendig* mit einem Sprechen über Literatur nach Auschwitz verbunden.«[24]

Dem Vorwurf übermäßiger Schönheit folgte die ungleich schwerere, da persönlich verletzende Plagiat-Affäre. Sie nahm ihren Ausgang durch den von Claire Goll, der Witwe des 1950 in Paris verstorbenen expressionistischen und surrealistischen Lyrikers Yvan Goll, gegen Celan öffentlich erhobenen Vorwurf des Plagiats an den Gedichten ihres Mannes. Auch wenn sich herausstellte, dass es sich dabei um manipulative Eingriffe Claire Golls selbst in die nachgelassenen Gedichttexte ihres Mannes handelte, traf der von der bundesdeutschen Presse bereitwillig aufgenommene Vorwurf Celan schwer. Seine Reaktionen darauf formulierte er in seiner Büchnerpreisrede *Der Meridian*, auf die ich in der Folge noch zurückkommen werde, sowie in den Gedichten der 1963 erschienen Sammlung der *Niemandsrose*.[25]

Von welch radikaler Fremdheit Celans *Todesfuge* im Panorama der deutschen Nachkriegsliteratur war, bezeugt jedoch bereits die Lesung des Gedichts auf der 1952 in Niendorf an der Ostsee abgehaltenen zehnten Tagung der Gruppe 47. Ingeborg Bachmann, die den Preis der Gruppe im darauf folgenden Jahr erhalten sollte, informiert Celan brieflich von der bevorstehenden Einladung[26] und fordert ihn unmittelbar vor der Tagung noch ausdrücklich dazu auf, »unbedingt die ›Todesfuge‹ [zu lesen] – trotz allem – denn ich glaube, die Gruppe 47 ein wenig zu kennen.«[27] Ließen die Preisverleihungen an Günter Eich, Heinrich Böll und Ilse

---

22 Ebd.
23 Martin A. Hainz, Die Todesfuge – als Polemik gelesen, in: Andrei Corbea-Hoisie, George Gutu u. M. A. H. (Hrsg.), Stundenwechsel. Neue Perspektiven zu Alfred Margul-Sperber, Rose Ausländer, Paul Celan, Immanuel Weißglas (Jassy 2002), 170.
24 Celan, »Todesfuge« und andere Gedichte, (Anm. 5), 130.
25 Vgl. Celan, Die Gedichte, (Anm. 8), 672. Vgl. dazu besonders Barbara Wiedemann, Paul Celan - die Goll-Affäre. Dokumente zu einer »Infamie« (Frankfurt am Main 2000).
26 Ingeborg Bachmann an Paul Celan, 3. November 1951. Ingeborg Bachmann, Paul Celan, Herzzeit. Briefwechsel, hrsg. v. Bertrand Badiou, Hans Höller, Andrea Stoll u. Barbara Wiedemann (Frankfurt am Main 2008), 39 f.
27 Ingeborg Bachmann an Paul Celan, 9. Mai 1952. Ebd., 49.

Aichinger auch an eine viel versprechende ästhetische Öffnung denken, so erweise, wie Theo Buck in seinem einschlägigen Beitrag deutlich macht, gerade »die unbegreifliche, diffamierende Ablehnung«[28] Celans durch die Gruppe um Hans Werner Richter deren »verheerende ästhetische Teilblindheit gegenüber poetischen Neuerungen«.[29] Walter Jens und Rolf Schroers störten sich bekanntlich am singenden Pathos des celanschen Vortrags;[30] in völliger Blindheit für das Mitgegebensein des Autors im Gedicht, der, so Celan später in seiner *Meridian-Rede*, »nicht vergißt, daß er unter dem Neigungswinkel seines Daseins, dem Neigungswinkel seiner Kreatürlichkeit spricht«,[31] versteigt man sich dazu, ihm einen Singsang wie in einer Synagoge, ja sogar einen goebbelschen Tonfall vorzuwerfen,[32] ohne im Übrigen, wie Herta Müller hervorgehoben hat, »von der langen Tradition des jüdischen, russischen, rumänischen Gedichtsprechens im rhythmisch singenden Ton«[33] auch nur das Mindeste zu ahnen.

Demontage, Parodie, Destruktion. Das sind die Aspekte, welche die jüngste Kritik an der *Todesfuge* versucht hat hervorzuheben. So schreibt etwa Hainz, die *Todesfuge* sei »Spott auf die Möglichkeit, zu sagen, was angemessen ist – und der Einsatz eines ganzen Arsenals poetischer Effekte, die zu sichern scheinen, daß das Gedicht glücke, markiert einen poetisch-poetologischen Kollaps, der nicht anders als angewandte Polemik gegen ein Denken, das den Bruch: die *Fuge* scheut, einigermaßen verstanden werden kann.«[34] »Das Gedicht Celans« sei, schreibt Hainz weiter, »die Demontage jedweder *meisterlicher* Kunst, die affirmativ einer Technik kunstfertig sich zu bedienen wüßte. Der Umstand, daß der *Todesfuge* zuletzt widerfuhr, was sie gleichsam problematisiert, ist ihre Vollendung in der Rezeption – was gleichwohl Celan schockiert haben muß«.[35] Und, weiter: »Die *Todesfuge* ist eine Entstellung der Tradition, welche den Textparasiten aufnimmt, zur Kenntlichkeit; sie zeigt ihren Bewunderer als den, der sie falsch liest, der an der Kultur scheitert, wo er sie als einstimmig missversteht [...]; zum anderen aber ist gerade das Gedicht, das sich als Teil einer als Kultur verbrämten Karikatur begreift, also

---

28 Theo Buck, *Celan und die Gruppe 47*, in: T. B., «Mit entsichertem Herzhirn» (Aachen 2000), 18. Vgl. dazu auch May/Goßens/Lehmann (Hrsg.), *Celan-Handbuch*, (Anm. 7), 12 u. 19.
29 Buck, *Celan und die Gruppe 47*, (Anm. 28), 16.
30 Vgl. ebd., 16 u. 20.
31 Paul Celan, *Der Meridian. Endfassung – Entwürfe – Materialien*, hrsg. v. Bernhard Böschenstein u. Heino Schmull unter Mitarbeit von Michael Schwarzkopf u. Christiane Wittkop (Frankfurt am Main 1999), 9.
32 Vgl. Buck, *Celan und die Gruppe 47*, (Anm. 28), 22.
33 Zit. ebd., 24.
34 Hainz, *Die Todesfuge – als Polemik gelesen*, (Anm. 23), 180.
35 Ebd., 184. Hainz besteht auch in der Folge auf diesen Punkt. Im Aufsatz *Polemik, unkenntlich. Zu Celans Rezeptionsfalle – sowie: Anders, Czernin, Priessnitz, Ujvary ...*, in: M. A. H., Edit Király u. Wendelin Schmidt-Dengler (Hrsg.), *Zwischen Sprachen unterwegs. Symposion der ehemaligen Werfelstipendiaten zu Fragen der Übersetzung und des Kulturtransfers am 21./22. Mai 2004 in Wien* (Wien 2006), 99, heißt es, die *Todesfuge* spiele »mit dem, was ihr die Tradition gab, und sie spielt mit dessen Rezeption, aber auch mit der eigenen«.

sich selbst Nicht-Kultur ist, ein Hoffnungsträger.«[36] Wenige hätten »das De(kon)-struktive der *Todesfuge* [...] erkannt, wahrscheinlich richtiger: *sehen wollen*«.[37] Celan selbst jedoch habe »um diese seinem Œuvre unausgesetzt drohende und auch widerfahrende Zerstörung« gewusst.[38] Trotzdem aber habe er »diese Poetologie und also seinen Weg konsequent weiter [verfolgt]; einen Weg, der Polemik und Melancholie zusehends ineinander verwob, um sich schließlich als *poetologisch irreversibel* zu erweisen: als ›das sich buchstäblich *zu-Tode-Sprechende*.‹«[39]

Im Folgenden möchte ich versuchen deutlich zu machen, wie sich die Metaphern der *Todesfuge* oder, genauer, der Einsatz und der Weg des Metaphorischen in ihr, in diese Poetologie des Sich-zu-Tode-Sprechens fügen. In dieser Absicht scheint es jedoch sinnvoll, vorab die ironisch-paradoxen Traditionsbezüge des Gedichts offenzulegen und die von diesen provozierte Rezeption nachzuzeichnen.

Zum ersten dieser Aspekte hält Wolfgang Emmerich generell fest: »[...] Der so schöne, homogen fließende, originell anmutende Opfergesang besteht *nur* aus intertextuellen Bezügen, ist eine komplette Zitatmontage.«[40] Und Buck führt dazu weiter aus: »Intertextuelle Transformationen und bittere Parodie gehören [...] substantiell zum Ausdrucksrepertoire Celans. Weiterdichten mit dem Material anderer ist, einmal abgesehen von der spätzeitlichen, alexandrinisch-eklektischen Komponente, zu verstehen als ein ebenso souveränes wie teilweise auch bewußt destruierendes Spiel mit Kunstformen der Tradition. Derartiges ›Zitieren‹ darf nicht verwechselt werden mit epigonaler Aufweichung; vielmehr liegt in solcher Evokation immer auch deren Widerruf im aufhebenden Gegenentwurf, der, gleichsam überprüfend, die konventionell festgeschriebenen Sinnbezüge in Frage stellt, zum Teil sogar denunziert. Konvention vorgeführt als Un-Konvention.«[41]

Theodor Lescow fasst in seinem ausführlichen Kommentar zur *Todesfuge* die Ergebnisse der Forschung zusammen: »Man entdeckte Spuren aus Musik (Bach, Wagner, Puccini) und Literatur (barocke Elemente, Heine, Baudelaire, Rimbaud, Rilke, Trakl), die mittelalterlichen Totentänze stehen im Hintergrund und die Meistersinger-Praxis der frühen Neuzeit, aber auch triviale Schlager aus der Kriegszeit wie ›Heimat, deine Sterne‹ werden assoziiert. Vor allem aber deutlich akzentuiert: Fausts Gretchen (›Margarete‹) und die Jungfrau Sulamith aus dem

---

36 Hainz, Die Todesfuge – als Polemik gelesen, (Anm. 23), 184. »Halb oder gar nicht bekannte Versatzstücke ergeben in dieser Fuge einen Kulturholismus, der persifliert, was seine Leser in der *Todesfuge* ernstlich gegeben wissen wollen.« Hainz, Polemik, unkenntlich, (Anm. 35), 100. Daraus ergibt sich für Hainz, ebd., 108, die Forderung, Celan als Polemiker zu lesen; »das polemische und auch das satirische Moment«, so Hainz' Überzeugung, sei »ebenso integraler Bestandteil jener Dichtung, wie es ihre Trauer ist.« Vgl. auch Martin A. Hainz, »›Todesfuge‹ - ›Todesorgel‹: zu Paul Celan und Robert Schindel in: Zeitschrift für deutsche Philologie 124, 2 (2005), 227-242; hier: 230 f.
37 Hainz, Polemik, unkenntlich, (Anm. 35), 104.
38 Hainz, Die Todesfuge – als Polemik gelesen, (Anm. 23), 184.
39 Ebd., 184 f.
40 Emmerich, Paul Celans Weg vom »schönen Gedicht« zur »graueren Sprache«, (Anm. 13), 370.
41 Buck, Todesfuge, (Anm. 5), 15.

alttestamentlichen Hohenlied.«[42] Auf den alt- bzw. neutestamentarischen Hintergrund des Bildwortes »trinken« sowie der »schwarzen Milch« macht Lescow selbst aufmerksam.[43] Im dunklen Streichen der Geigen erkennt Manfred Herrmann sogar »eine Reminiszenz an das Nibelungenlied«.[44] Tradition wird hier zur paradoxen Nahrung des textuellen Parasiten. Die Absicht ist nicht eine affirmative Kumulation jüdisch-christlicher Kultureme und musikalisch-literarischer Versatzstücke, sondern vielmehr deren Läuterung, deren Metamorphose und Umpolung im Durchschreiten des Gedenkens an Auschwitz.

Eine Sonderrolle kommt in diesem Zusammenhang dem Gedicht Er des rumänischen Dichters Immanuel Weißglas, einem Schulfreund Celans, zu:

ER

Wir heben Gräber in die Luft und siedeln
Mit Weib und Kind an dem gebotnen Ort.
Wir schaufeln fleißig, und die andern fiedeln,
Man schafft ein Grab und fährt im Tanzen fort.

ER will, daß über diese Därme dreister
Der Bogen strenge wie sein Antlitz streicht:
Spielt sanft vom Tod, er ist ein deutscher Meister,
Der durch die Lande als ein Nebel schleicht.

Und wenn die Dämmrung blutig quillt am Abend,
Öffn' ich nachzehrend den verbissnen Mund,
Ein Haus für alle in die Lüfte grabend:
Breit wie der Sarg, schmal wie die Todesstund.

ER spielt im Haus mit Schlangen, dräut und dichtet,
In Deutschland dämmert es wie Gretchens Haar.
Das Grab in Wolken wird nicht eng gerichtet:
Da weit der Tod ein deutscher Meister war.[45]

Der Text erscheint 1970 als Teil einer Auswahl von Weißglas-Gedichten in der bukarester Zeitschrift Neue Literatur mit der Datierung 1944. Heinrich Stiehler konstruiert zwei Jahre später in den Akzenten dann eine direkte Abhängigkeit der Todesfuge von diesem Gedichttext.[46] Barbara Wiedemann hat jedoch gegen Stiehler mit Recht darauf hingewiesen, »daß es zumindest problematisch scheint, mit einem Gedicht (und seinem Entstehungsdatum) zu argumentieren, dessen Exi-

---

42 Theodor Lescow, Das hadernde Wort. Paul Celans Todesfuge und Blasphemische Gedichte (Münster 2005), 20. Eine Auflistung der Bezüge bieten auch Wiedemann-Wolf, Antschel Paul – Paul Celan, (Anm. 12), 77-89 sowie Buck, Todesfuge, (Anm. 5), 14 f. Zum Gegensatzpaar Margarete-Sulamith siehe besonders den Kommentar von Barbara Wiedemann in Celan, »Todesfuge« und andere Gedichte, (Anm. 5), 132.
43 Vgl. Lescow, Das hadernde Wort, (Anm. 42), 21 ff.
44 Herrmann, Gedichte interpretieren, (Anm. 15), 103.
45 Zit. nach Celan, Todesfuge, (Anm. 5), 21.
46 Vgl. ebd., 20.

stenz vor Antschels Gedicht nicht mit Sicherheit nachgewiesen werden kann.«[47] Wiedemann zufolge beruhen die beiden Gedichte, Celans *Todesfuge* und Weißglas' *Er*, vielmehr auf gemeinsamen Erfahrungen und Informationen. Allein aufgrund der unterschiedlichen »lyrische[n] Sageweise« könne laut Wiedemann ein möglicher »Plagiatsvorwurf [...] bereits entkräftet werden.«[48]

Besonders seit seiner Aufnahme in die Sammlung *Mohn und Gedächtnis* ist die *Todesfuge* »zum berühmtesten, meistzitierten und –interpretierten Gedicht des ganzen 20. Jahrhunderts« geworden.[49] Trotz oder vielleicht gerade wegen dieser außerordentlichen Wirkung auf Kritik und Leserschaft sind ihr zahlreiche Instrumentalisierungen und Vereinnahmungen nicht erspart geblieben.[50] Dies hatte zur Folge, dass sich Celan in den sechziger Jahren zunehmend davon distanziert und das Gedicht auch nicht mehr öffentlich vorgelesen hat,[51] was jedoch keinesfalls bedeutet, dass er es zurückgenommen hätte.[52] Diese Distanzierung hat jedoch nicht nur mit dem tief verletzenden Niendorf-Erlebnis und dessen Presseecho sowie mit dem »Mißbrauch des Textes im Rahmen christlich-jüdischer Versöhnungs- und Bewältigungsrituale«,[53] sondern vor allem mit Celans poetologischer Entwicklung zu tun.[54] Eine progressive Derhetorisierung und Hermetisierung des lyrischen Sprechens sollte künftig vor derartigen Funktionalisierungen schützen. Dennoch bleibe die *Todesfuge*, so Buck, »für die Nachwelt ein Beispielfall möglicher Lyrik – nach Auschwitz und mit Auschwitz.«[55]

Zu fragen ist nun abschließend, wie sich, parallel zum Aufrufen einer musikalischen und einer literarisch-kulturellen Tradition, der Rückgriff auf die Metapher als zentralen Bestandteil eines traditionellen rhetorischen Arsenals in die für die genannten Aspekte bereits festgestellte Poetologie des Abbaus und der Zerstörung, der Absage an das Meisterliche, des Parodistisch-Destruktiven fügen, wurde der *Todesfuge* doch neben einem bedenklichen, wenn nicht gefährlichen Wohlklang immer wieder auch die Schönheit sprachlicher Bilder zum Vorwurf gemacht.[56]

---

47 Wiedemann-Wolf, Antschel Paul – Paul Celan, (Anm. 12), 80.
48 Ebd., 83.
49 Emmerich, Paul Celans Weg vom »schönen Gedicht« zur »graueren Sprache«, (Anm. 13), 361. »Keine Lyrikanthologie«, schreibt Emmerich, ebd., weiter, »der es nicht beigegeben wäre, kein Deutschunterricht für die Oberstufe, in dem es nicht als ›Pensum‹ auftauchte.«
50 Vgl. Buck, Todesfuge, (Anm. 5), 11.
51 Vgl. Theo Buck, Die ‹Todesfuge› oder Lyrik nach Auschwitz, in: T. B., Muttersprache, Mördersprache (Aachen 1993), 73. Vgl. auch Buck, Todesfuge, (Anm. 5), 11 sowie Celan, Todesfuge, (Anm. 5), 9.
52 Vgl. Emmerich, Paul Celans Weg vom »schönen Gedicht« zur »graueren Sprache«, (Anm. 13), 382.
53 Celan, Todesfuge, (Anm. 5), 9.
54 Vgl. Buck, Todesfuge, (Anm. 5), 11.
55 Ebd., 12.
56 »Im Hinblick auf C.s Kritiker, die ihn in alte surrealistische Metaphernspiele einordnen wollten, unterschrieb er [Celan] Briefe an ihn unterstützende Freunde mit der zynisch bitteren Unterschrift des ›Altmetaphernhändlers‹«. May/Goßens/Lehmann (Hrsg.), Celan-Handbuch, (Anm. 7), 171. Nicht ohne Blick auch auf die eigenen frühen Gedichte sollte Celan selbst, Gesammelte Werke in fünf Bänden, Bd 3: Gedichte III, Prosa, Reden, hrsg. v. Beda Allemann u. Stefan Reichert unter Mitwirkung von Rolf Bücher (Frankfurt am Main 1983), 167, 1958 in der Antwort auf eine Umfrage der librairie Flinker jedoch feststellen: »Die deutsche Lyrik geht, glaube ich, andere Wege als die

Celans Gedicht ist jedoch nicht nur freie Zitat-, sondern, wie Buck unterstreicht, eine ebensolche »Metaphernmontage«.[57] Und es ist genau diese Art des Umgangs mit der Trope, welche ihr die Dimension des Metarhetorischen, der Reflexion also auf die Adäquatheit, ja auf die Zulässigkeit einer bildlichen Ausschmückung poetischer Rede, zumal über Auschwitz, eröffnet. »Die Metaphern der ›Todesfuge‹«, schreibt Buck in seinem ausführlichen Kommentar, »vermeiden es bewußt, das Vernichtungsgeschehen direkt nachzubilden und insofern zwangsläufig zu poetisieren. Was Text, Bilder und deren Anordnung nach dem Willen des Autors zu leisten haben, ist die dem Vergessen und der Gleichgültigkeit entgegenwirkende Kraft des Erinnerns.«[58] Über diese, durchaus wichtige, memoriale Funktionalisierung bildhaften Sprechens weit hinaus geht jedoch Celans heftiges Bestehen auf die Wörtlichkeit dessen, was sich dem ästhetisierenden Blick vorschnell als metaphorisch präsentiert. In den Materialien zum *Meridian* heißt es dazu u.a.: »Als das Unübertragbare, selbst nicht leicht zu Tragende und oft Unerträgliche – unerträglich Schwere – haßt man das Gedicht. Wer das Gedicht nicht mittragen will, überträgt und spricht von Metapher.«[59] Oder: »Wer im Gedicht nur die Metapher findet, der hat auch nichts anderes gesucht«.[60] Im berühmten Brief an Walter Jens vom 19. Mai 1961 äußert sich Celan dem entsprechend: »Das ‹Grab in der Luft› – lieber Walter Jens, das ist, in *diesem* Gedicht, weiß Gott weder Entlehnung noch Metapher.«[61] Celan jedoch insistiert nicht nur in diesem einen Fall auf dem Nicht-Bildhaften, auf die blanke Tatsächlichkeit des erinnerten Schreckens. Im Brief an Jens heißt es nämlich weiter, in der *Todesfuge* spiele »auch nicht ‹der Tod› mit den Schlangen – mit den Schlangen spielt der ‹Mann im Haus›, derselbe, der ‹dein goldenes Haar, Margarete› schreibt.«[62] Und wenn Celan im weiteren Verlauf dieses Briefes dann noch erklärt, »daß erst Wiederbegegnung Begegnung zur (...) Begegnung macht«,[63] dann enthüllt sich vollends die semiologisch-poetologische Dimension dieser Abwehr des Bildes. So wie das Zeichen erst durch Wiederholung entsteht, so wird auch erst aus der wiederholten Rede und dem zitierten Bild das Material eines zerstörenden Angriffs auf eine Tradition, bis hin zur Negation der Bildhaftigkeit selbst.

<small>französische. Düsteres im Gedächtnis, Fragwürdiges um sich her, kann sie, bei aller Vergegenwärtigung der Tradition, in der sie steht, nicht mehr die Sprache sprechen, die manches geneigte Ohr immer noch von ihr zu erwarten scheint. Ihre Sprache ist nüchterner, faktischer geworden, sie mißtraut dem ›Schönen‹, sie versucht, wahr zu sein. Es ist also, wenn ich, das Polychrome des scheinbar Aktuellen im Auge behaltend, im Bereich des Visuellen nach einem Wort suchen darf, eine ›grauere‹ Sprache, die unter anderem auch ihre ›Musikalität‹ an einem Ort angesiedelt wissen will, wo sie nichts mehr mit jenem ›Wohlklang‹ gemein hat, der noch mit und neben dem Furchtbarsten mehr oder minder unbekümmert einhertönte.«

57 Buck, *Todesfuge*, (Anm. 5), 16.
58 Celan, *Todesfuge*, (Anm. 5), 35 f.
59 Celan, *Der Meridian*, (Anm. 31), 158.
60 Ebd., 159.
61 Zit. nach Celan, *Todesfuge*, (Anm. 5), 52. Vgl. auch Celan, *Die Gedichte*, (Anm. 8), 608.
62 Zit nach Celan, *Todesfuge*, (Anm. 5), 52.
63 Zit. ebd., 53.</small>

Exemplarisch lässt sich dies an der – angeblichen – Leit- oder Zentralmetapher der *Todesfuge*, der »schwarzen Milch«, darstellen. Für Buck, wie übrigens für eine Vielzahl anderer Celan-Interpreten, handelt es sich um ein Oxymoron: »›Schwarz‹ als die Nichtfarbe ohne Lichtenergie zerstört in der Funktion des adjektivischen Beiworts zum Substantiv ›Milch‹ radikal dessen positive Implikationen. Die lebenspendende Kraft der weißen Flüssigkeit verkehrt sich in ihr verdorbenes und Verderben bringendes Gegenteil.«[64] Auch dem stellt sich in aller Deutlichkeit eine um 1960 entstandene Notiz Celans entgegen: »Schwarze Milch der Frühe: Das ist keine jener Genitivmetaphern, wie sie uns von unseren sogenannten Kritikern vorgesetzt [wird], damit wir nicht mehr zum Gedicht gehen; das ist keine Redefigur und kein Oxymoron mehr, das ist Wirklichkeit.«[65]

In seiner am 22. Oktober 1960 in Darmstadt gehaltenen Rede anlässlich der Verleihung des Georg-Büchner-Preises spricht Celan von der utopischen Suche des wirklichen nach dem absoluten Gedicht und kommt dabei auch auf die Frage nach dem Wesen der Bilder. Diese sind ihm nun »[d]as einmal, das immer wieder einmal und nur jetzt und nur hier Wahrgenommene und Wahrzunehmende. Und das Gedicht wäre somit der Ort, wo alle Metaphern und Tropen ad absurdum geführt werden wollen.«[66] Im utopischen Impuls der rhetorischen Unmöglichkeit eines einmaligen Bildes, einer nichtübertragenen, konkreten »Metapher« entfaltet Celan eine Toposforschung als Suche nach dem Ort, an dem sich ganz Persönliches, höchst Individuelles ereignet (hat), ein Forschen nach dem *locus singularis*. »Ich suche«, erklärt Celan, »die Gegend, aus der Reinhold Lenz und Karl Emil Franzos, die mir auf dem Weg hierher und bei Georg Büchner begegneten, kommen. Ich suche auch [...] den Ort meiner eigenen Herkunft.«[67] Aber: »Keiner dieser Orte ist zu finden, es gibt sie nicht, aber ich weiß, wo es sie, zumal jetzt, geben müßte, und ... ich finde etwas!«[68] Dieses Etwas nun vereint und löscht die Gegensätze von Bild- und Wörtlichkeit, macht es unmöglich, zwischen Figürlichem und Konkretem zu unterscheiden.[69] Dichtung stellt sich der Kunst in den Weg, »sie

---

64 Buck, *Todesfuge*, (Anm. 5), 21. Dieselbe Bezeichnung verwenden auch Herrmann, *Gedichte interpretieren*, (Anm. 15), 96 u. Fricke, *Sentimentalität, Plagiat und übergroße Schönheit?*, (Anm. 6), 200. Buck zeichnet auch den Weg dieser Metapher durch Texte etwa von Rose Ausländer, Immanuel Weißglas, Moses Rosenkranz oder Alfred Margul-Sperber nach. Vgl. Celan, *Todesfuge*, (Anm. 5), 18 ff.

65 Zit. nach Celan, *»Todesfuge« und andere Gedichte*, (Anm. 5), 130. Hervorhebungen im Original, P.K.

66 Celan, *Der Meridian*, (Anm. 31), 10. In den Mikrolithen heißt es: »Die Dichtung entsteht nicht da, wo ›Wandermetaphern‹ Station machen; sondern da, wo das Bild im einmalig-sterblichen Auge des Dichters als ein von ihm Gesehenes erwacht.« Paul Celan, *»Mikrolithen sinds, Steinchen«. Die Prosa aus dem Nachlaß. Kritische Ausgabe*, hrsg. u. kommentiert v. Barbara Wiedemann und Bertrand Badiou (Frankfurt am Main 2005), 172.

67 Celan, *Der Meridian*, (Anm. 31), 12.

68 Ebd.

69 In diesem Sinn äußert sich auch Philippe Lacoue-Labarthe, *Katastrophe*, in: Werner Hamacher u. Winfried Menninghaus (Hrsg.), *Paul Celan* (Frankfurt am Main 1988), 48, wenn er schreibt, dass bei Celan »zwischen Eigentlichem und Uneigentlichem, Nahem und Fernem, Vertrautem und Fremdem, das Verhältnis immer umkehrbar, und, aus diesem Grund, ohne Halt und Anhalt, unfaßbar und richtungslos ist.« Auch Buck, *Die «Todesfuge» oder Lyrik nach Auschwitz*, (Anm. 51), 71,

ist«, so Philippe Lacoue-Labarthe in Anlehnung an Jacques Derrida, »le pas – d'art, oder le pas - ›de l'art‹.«[70] Übertragen auf die Metapher ließe sich formulieren, diese sei le pas – d'image bzw. le pas – de l'image. »Ich finde«, schließt Celan seine Rede, »das Verbindende und wie das Gedicht zur Begegnung Führende. Ich finde etwas – wie die Sprache – Immaterielles, aber Irdisches, Terrestrisches, etwas Kreisförmiges, über die beiden Pole in sich selbst Zurückkehrendes und dabei – heitererweise – sogar die Tropen Durchkreuzendes -: ich finde ... einen Meridian.«[71]

---

argumentiert in diese Richtung: Celans »poetische Evokation« gehe in der Todesfuge »ganz bewußt höchst genau mit der Wirklichkeit um, weil sie auch dort konkret bleibt, wo sie ins Bildliche hinüberlenkt.«

70 Lacoue-Labarthe, Katastrophe, (Anm. 69), 33.
71 Celan, Der Meridian, (Anm. 31), 12.

III
Antworten auf Kafka

Clemens-Carl Härle

Seilkunst.
Glosse zu Kafka und Genet

Als Schreiben, das neben oder an der Seite des Werks geschieht, als *parergon*, gilt nach allgemeiner Überzeugung der Brief. Die editorische Praxis bestätigt diese Sicht: veröffentlicht wird, was ein Autor unterzeichnet und an Leser schlechthin adressiert, an niemanden und alle. Veröffentlicht wird – in der Regel postum –, was er an sich selbst adressiert, Tagebücher, Notizhefte, fliegende Blätter, künftig wohl *files*, und zuletzt jegliches Dokument, das die Spur seiner Schrift trägt, wie beiläufig und bedeutungslos auch immer. Die Korrespondenzen indes, die ein Autor mit Freunden, Bekannten oder Verlegern führt, erscheinen meist gesondert von der Ausgabe all dessen, was als sein Werk gilt oder nachträglich als solches konstruiert wird. Und dies nicht ohne Grund: an einen *bestimmten* Adressaten gerichtet, kommt dem Empfänger ein Status zu, der dem des Briefschreibers zwar nicht ebenbürtig ist, aber gleichwohl auf Rechtsschutz Anspruch hat. Das im Brief Mitgeteilte ist nur ihm offenbart: von der alltäglichen Rede gesondert und andern Blicken und Ohren verborgen, eignet ihm eine Vertraulichkeit, die ersterer nur selten zukommt. Und da er – als Schrift – die Anwesenheit des Schreibers und des Adressaten überdauert und von ihr unabhängig ist, ist die Art, in der diese Vertraulichkeit existiert, noch gesteigert und abgründiger: eben weil sie fixiert – verbrieft – worden ist, kann sie von dritten jederzeit verletzt werden, so sehr, dass dem geschriebenen Wort zuletzt eine Zugänglichkeit zukommt, die dem zwischen dir und mir gesprochenen vorenthalten ist. Kein Brief ohne Briefgeheimnis, aber auch kein Brief ohne die Möglichkeit, dass dieses Geheimnis verletzt wird – und sei's durch die nachträgliche Publikation der Korrespondenz. Zwar erwirbt ein Brief durch seine Veröffentlichung nicht denselben Status wie das Werk eines Autors, aber in Ansehung seiner Zugänglichkeit wird er diesem, indem er zu einer gedruckten Sache wird, gleich gesetzt. Die vom Werk abgesonderte Publikation der Korrespondenz, ob sie nun die Sendungen beider Partner enthält oder nicht, sanktioniert diese Differenz.

Als *parergon*, als Nebenwerk, markiert der Brief die Scheidelinie, die zwischen Werk und Nicht-Werk verläuft, zwischen Werk und Leben. Wenn nicht mehr noch als das Werk, so doch in einem ganz andern Sinn, wird die briefliche Mitteilung zur Spur eines gelebten, eines gewesenen Lebens, nachträgliches Zeugnis dafür, dass ein Gegenüber angeredet wurde und ich von einem Gegenüber angeredet worden bin. Er tritt in die Überlieferung ein und wird zum Baustein einer Biographie, eines für nachkommende Leser in Schrift verwandelten Lebens. Allein, dass ein Brief aufbewahrt und zu einem Sein für andere wird, ist einer Entscheidung verdankt: wie jegliche Spur, kann auch ein Brief verwischt, das Ereignis seines

Stattgefundenhabens ausgelöscht werden. In gewisser Weise ist die Vernichtung des Briefs durch den Empfänger der Versuch, das Geheimnis, das eben durch die Niederschrift, die es doch besiegeln sollte, der Möglichkeit seiner Preisgabe und Annullierung entgegengeht, in einem andern, absoluten Sinne zu wahren. Vor der nachträglichen, willkürlichen Einsicht durch Dritte ist sie der einzige Schutz, Verzicht auf jegliche Biographie, Parteinahme für das Vergessen. Anders als das veröffentlichte Werk, das der Verfügungsgewalt des Autors entzogen ist, gehört der Brief wenigstens für den, der ihn in Händen hält, einen Augenblick der Sphäre jenes Daseins an, über das noch nicht entschieden ist.

Wie jede Scheidelinie ist auch die, die zwischen Werk und Brief verläuft, durchlässig, eine fragile Membran, ein Häutchen. Die Stimme des Schreibenden lässt sich diesseits und jenseits dieser Grenze vernehmen, im *ergon* wie im *parergon*, in einem andern Tonfall vielleicht oder zumeist – und doch manchmal in einem fast ununterscheidbaren Ton. Die Ansprache im Brief, Aussprache und Absprache, vermischen sich mit der Diktion, die der Leser von den Schriften, die das Werk ausmachen, her kennt, wie umgekehrt das Idiom einer Briefstelle da oder dort im Werk ihr Echo finden mag. Das Grenzgängertum der Stimme, ihr Volumen, das sich von den Unwägbarkeiten des Ausdrucks nährt in eben dem Augenblick, da die Rede zum Akt der Mitteilung anhebt, macht vor dem Unterschied zwischen den Formen, in denen diese erfolgt, nicht halt. Lexik und Syntax sind, in den *Parerga* wie im Werk, von diesem Grenzgängertum tingiert. Eine schiere Ununterscheidbarkeit des Tons oder des Affekts in Essay und Brief ist zuweilen in der Korrespondenz zwischen Benjamin und Scholem zu bemerken, zumal dort, wo ersterer sich über Kafka äußert. Und sie waltet, wenn auch in ganz anderer Weise, in den Briefen, die Kafka an Felice und Milena, Brod und Welsch richtet, besonders dort, wo er sich über sich selbst und über sein Schreiben ausspricht. Die Rede nähert sich einer Zone, wo der Schreibende in der Öffnung des Selbst, die dem Gegenüber gilt, diesen zu verführen sucht und sich zugleich seinem Urteil aussetzt. Sie nähert sich jener anderen Entblößung, die nach Kafkas Eingeständnis im Augenblick der Niederschrift dessen statthat, das an niemanden gerichtet ist und später, in der Regel von anderen, ein Werk genannt wird. Durch wie viele Filter auch immer chiffriert, wird ein Ungedachtes allen und niemandem anvertraut.

Kafka hat von dieser Öffnung, die mitunter im Brief geschieht und auf andere Weise die Voraussetzung des Werks bildet – und die von den Erfordernissen des täglichen Lebens schlechterdings untersagt wird –, mehrmals Rechenschaft gegeben. Und er hat überdies bezeugt, dass der Brief für ihn unabtrennbar ist von dem Begehren, dass der Empfänger die Missive erwidert, einem Begehren, das sich mitunter bis zur Besessenheit steigert, den Adressaten erpresst und den Schreiber in den Traum hinein verfolgt. Für dieses Begehren ist das Geschriebene, das den Anspruch erhebt, Werk zu sein, nicht länger ein möglicher Schauplatz: so sehr, dass die Intransitivität jenes Schreibens, aus dem ein Werk hervorgehen mag, das Ausbleiben jeglicher Antwort und zuletzt die Vorwegnahme dieses Ausbleibens, zur Bedingung seiner Möglichkeit wird. Das Schreiben ist sich selbst genug, *Spaß und Verzweiflung*, nicht länger auf die Bewährung durch den Adressaten angewiesen, und doch zugleich *hilflos und nicht in sich selbst* wohnend[1]. Die Öffnung, aus dem es hervorgeht, ist ein nackter, ungeschützter Hiatus. Über dieses Klaffen heißt es in einem Brief an Felice vom Januar 1913:

> Einmal schriebst Du mir, Du wolltest bei mir sitzen, während ich schreibe; denke nur, da könnte ich nicht schreiben (ich kann auch sonst nicht viel) aber da könnte ich gar nicht schreiben. Schreiben heißt ja sich öffnen bis zum Übermaß; die äußerste Offenherzigkeit und Hingabe, in der sich ein Mensch im menschlichen Verkehr schon zu verlieren glaubt und vor der er also, solange er bei Sinnen ist, immer zurückschrecken wird – denn leben will jeder, solange er lebt – diese Offenherzigkeit und Hingabe genügt zum Schreiben bei weitem nicht. Was von dieser Oberfläche ins Schreiben hinübergenommen wird – wenn es nicht anders geht und die tiefern Quellen schweigen – ist nichts und fällt in dem Augenblick zusammen, in dem ein wahreres Gefühl diesen obern Boden zum Schwanken bringt. Deshalb kann man nicht genug allein sein, wenn man schreibt, die Nacht ist noch zu wenig Nacht. Deshalb kann nicht genug Zeit einem zur Verfügung stehn, denn die Wege sind lang, und man irrt leicht ab, man bekommt sogar manchmal Angst und hat schon ohne Zwang und Lockung Lust zurückzulaufen (eine später immer schwer bestrafte Lust), wie erst wenn man unversehens einen Kuß vom liebsten Mund bekäme! Oft dachte ich schon daran, daß es die beste Lebensweise für mich wäre, mit Schreibzeug und mit einer Lampe im innersten Raume eines ausgedehnten, abgesperrten Kellers zu sein. Das Essen brächte man mir, stellte es immer weit von meinem Raum entfernt hinter der äußersten Tür des Kellers nieder. Der Weg um das Essen, im Schlafrock, durch alle Kellergewölbe hindurch wäre mein einziger Spaziergang. Dann kehrte ich zu meinem Tisch zurück, würde manchmal und mit Bedacht essen und wieder gleich zu schreiben anfangen. Was ich dann schreiben würde! Aus welchen Tiefen ich es hervorreißen würde! Ohne Anstrengung! Denn äußerste Konzentration kennt keine Anstrengung. Nur, daß ich es vielleicht nicht lange treiben würde und beim ersten, vielleicht selbst in solchem Zustand nicht zu vermeidenden Mißlingen in einen großartigen Wahnsinn ausbrechen müßte! *Was meinst Du, Liebste? Halte Dich vor dem Kellerbewohner nicht zurück!*[2]

Schreiben bewegt sich entlang einer Grenzlinie des Lebens. Es genügt nicht, die Gepflogenheiten des *menschlichen Verkehrs* abzustoßen, und es genügt nicht einmal, jene *äußerste Offenherzigkeit und Hingabe* zu erlangen, die dieser nicht zulässt. Nicht nur der Adressat muss ausgeschlossen werden, der eigene Körper muss einer strengen Askese unterworfen werden, damit die Innervation, die seiner Bewegung zugrunde liegt, einzig der schreibenden Hand sich mitteilt. Nur eine solche Introszendenz, die Kafka als eine *Lebensweise* bezeichnet, ermöglicht jene anstrengungslose Konzentration, in der sich die Chance des Schreibens eröffnet, die das Misslingen freilich nicht ausschließt. Des Schreibens als einer unendlichen, durch kein vorgezeichnetes *Telos* orientierter Bewegung, die in ihrer Immanenz

---

[1] Vgl. Franz Kafka, *Tagebücher 1914–1923* (Frankfurt am Main 1994), 197.
[2] Franz Kafka, *Briefe an Felice* (Frankfurt am Main 1976), 250.

jenes Außen entdeckt, das von den Regeln des menschlichen Verkehrs, seiner Zeit und seiner Sprache, ja von den Erfordernissen des Lebens selbst verdeckt wird.

Die Szene, die Kafka ein knappes Jahrzehnt nach diesem Bekenntnis in Erstes Leid, der Erzählung, die den Hungerkünstlerband eröffnet, entwirft, gleicht in vielem der, die er in dieser Briefstelle imaginiert. Verschoben haben sich lediglich der Ort, an den sich das Ich zurückgezogen hat, und die Maske, unter der es sich präsentiert: im Brief als Kellerbewohner in der Abgeschiedenheit eines Verlieses, in der Fiktion als Trapezkünstler *hoch in den Kuppeln der großen Varietébühnen, einem dämmernden Raum, in den in der wärmeren Jahreszeit [...] mit der frischen Luft die Sonne mächtig [...] eindrang, so dass es dort sogar schön war*[3]. Verkrochenheit, schiere Askese des Künstlers – in beiden Fällen wird den bescheidenen körperlichen Bedürfnissen durch eine Art Dienerschaft entsprochen – und Suspension der lebendigen Rede – Schreiben ist zunächst eine solche Ausklammerung, ob es nun an einen bestimmten Gegenüber gerichtet ist oder nicht – bilden die Bedingungen des Akts, aus dem ein Werk hervorgehen kann, habe dieses nun die Selbstständigkeit eines literarischen Texts oder sei es unabtrennbar von seinem Körper, wie im Falle des Trapezkünstlers. Es sind die subjektiven Voraussetzungen des Akts, die sich dem Blick des Betrachters oder Lesers entziehen, seine Anwesenheit schlechterdings nicht dulden: Kafka, der den Blick der Adressatin über die Schulter abweist, der Trapezkünstler, der – wenn es von ihm heißt, dass er in einer *dem Blick sich fast entziehenden Höhe [...] ohne wissen zu können, daß jemand ihn beobachtete, seine Künste trieb oder ruhte* – wenigstens glaubt, diesem Blick entzogen zu sein. Aber verschoben hat sich auch, und dies wiegt mehr als alle Ähnlichkeit, die Instanz der Rede und die Art ihrer Figuration. Das Ich tritt im Brief hervor, als derjenige der spricht und über den gesprochen wird, während die heterodiegetische Fiktion den Erzähler in einem Raum jenseits ihrer selbst belässt. Ein Ich kehrt nur in der Rede des Protagonisten wieder, dort aber an entscheidender Stelle, in dem einzigen Satz, den er spricht, dem einzigen Satz, der in der Erzählung zitiert wird: *Nur diese eine Stange in den Händen – wie kann ich denn leben!* Er bildet den blinden Fleck der Erzählung, den Punkt, von dem her das Ensemble der Episoden und Nicht-Episoden, die die Diegesis ausmachen, zu lesen ist.

Nicht um die Kunst des *außerordentlichen, unersetzlichen Künstlers* also, oder um deren Ausübung *ad oculos* geht es in Erstes Leid, sondern um deren Voraussetzungen. Sie werden figuriert als eine äußerste, nachgerade fanatische Zurückgezogenheit des Künstlers, der ohne die Berührung des Trapezes nicht nur seiner Kunst nicht mächtig ist, sondern ohne diese Berührung schlechterdings nicht leben kann. Ob *aus dem Streben nach Vervollkommnung oder tyrannisch gewordener Gewohnheit*, er verbringt, heißt es, *solange er im gleichen Unternehmen arbeitete, Tag und Nacht auf dem Trapeze*. Und er willfährt diesem Bedürfnis auch dann, wenn er – wie es auf

---

3   Franz Kafka, *Die Erzählungen und andere ausgewählte Prosa* (Frankfurt am Main 1996), 385ff. Die Texte Kafkas werden nach dieser Ausgabe zitiert.

den unvermeidlichen Reisen von Ort zu Ort geschieht – sein Trapez hoch oben unter der Kuppel verlassen muss und zwar in kläglichem, aber doch irgendeinem Ersatz seiner sonstigen Lebensweise die Fahrt oben im Gepäcknetz eines Eisenbahnabteils zubringt, mithin an dem Ort, der von der Fensterecke, an der sich, hinter einem Buch verborgen, der ihn begleitende Impressario aufhält, am weitesten entfernt ist. Wenn man sich nicht schon völlig absondern und sich nicht – wie es im Brief an Felice heißt – in den *innersten Raume eines ausgedehnten, abgesperrten Kellers* zurückziehen kann, muss wenigstens das räumliche Korrelat des Personenverkehrs außer Kraft gesetzt werden: das Erfordernis, dass *ego* und *alter* sich in gleicher Höhe begegnen und ein Gegenüber mir als mein Gegenüber erscheint.

Oftmals hat Kafka in den Erzählungen, die Künstlerfiguren gewidmet sind, Künstler dargestellt, deren einziges Material der eigene Körper ist, *performing artists*, deren Werk – ähnlich wie im Fall des Trapezkünstlers – gänzlich mit der Darbietung dessen, was ihr Körper vermag, zusammenfällt. Dargestellt wird das Ereignis der Ausübung der körperlichen Kunstfertigkeit. Die Gebärde, der – mit Benjamins Wort – die »überkommenen Stützen« genommen worden sind, wird forciert, enggeführt und an eine äußerste somatische Grenze getrieben, bis an den Punkt, wo der eigene Körper zum Substrat eines von diesem unabtrennbaren Werks wird, eines Werks, das mit dem Vollzug der Gebärde zusammenfällt, dem Werk eines übermenschlichen, unmenschlichen oder vormenschlichen Körpers. Dargestellt wird die Tortur, die ein Körper erleiden muss, damit die ungestützte Gebärde hervortritt und zum Schauplatz wird, ob diese Tortur nun durch einen Direktor ausgeübt wird – wie in *Auf der Galerie* – oder durch den Künstler selbst – wie im *Bericht für eine Akademie*. *Man beaufsichtigt sich mit der Peitsche; man zerfleischt sich beim geringsten Widerstand*, bemerkt dort der Affe über das Verfahren, durch das er sich zum Artisten bildet. Dargestellt wird die Rätselhaftigkeit ihres Ausdrucks und ihrer Wirkung, die schlechthinnige Unbestimmbarkeit der Gebärde durch den Begriff – wie in *Josefine, die Sängerin oder Das Volk der Mäuse* –, oder die Katatonie, die den Körper befällt, wenn sie – wie im *Hungerkünstler* – als solche kaum wahrnehmbar ist. Dargestellt werden die Szene, in der die Darbietung des Körperkunstwerks erfolgt – was den Einschluss des Publikums verlangt –, oder die Vorgeschichte dieser Darbietung, wie im Fall des *Berichts*.

Erstes Leid dagegen zeichnet aus, dass alle diese Aspekte: Kunstübung, Szene, Vorgeschichte ausgespart bleiben. Ob die Kunst des Trapezkünstlers – *eine der schwierigsten unter allen, Menschen erreichbaren* – in der Tat so vollendet ist, wie im Text behauptet wird, bleibt ungewiss, obschon es im Hinblick auf seine Zurückgezogenheit ausdrücklich heißt, *daß er nicht aus Mutwillen so lebte, und eigentlich nur so sich in dauernder Übung erhalten, nur so seine Kunst in ihrer Vollkommenheit bewahren konnte*. Allein, was in dieser Reklusion, dieser schieren Ereignislosigkeit der Fiktion sich ankündigt, ist eine zwar unauffällige, aber entscheidende Verschiebung: an die Stelle der Darstellung der Kunstfertigkeit, ihres Exerzitiums oder des Akts ihrer Demonstration, tritt die Beschreibung einer *Lebensweise* – als solche wird die Verkrochenheit des Trapezkünstlers ausdrücklich bezeichnet –, die vielleicht sogar eine Lebenskunst, eine *tekhné tou biou* ist. Ein solcher Wechsel der Perspektive ist gewiss in den beiden anderen Künstlergeschichten des Hungerkünstlerbands angedeutet, bleibt aber infolge der Ausrichtung der Narration auf die Aporetik der Musikübung bzw. der Hungerkunst eher verborgen. Von einer *Lebensweise* war indes schon in der zitierten Briefstelle die Rede: *Oft dachte ich schon daran, daß es die beste Lebensweise für mich wäre, mit Schreibzeug und einer Lampe* [...] Was dem Trapezkünstler die Stange, sind dem Schreibenden Schreibzeug und Lampe – Elemente eines *agencements*, wie Deleuze sagen würde, einer ebenso verborgenen wie unentbehrlichen Verkettung, ohne die das Begehren nicht schaffen, nicht agieren, seine Kraft nicht entfalten könnte. Sie sind so bedeutsam, dass am Ende der *Beweis* dessen, dass sie – die *unzulänglichen, ja kindischen Mittel* – *zur Rettung* dienen können, gar nicht mehr geliefert zu werden braucht.

Von der Form des Briefs bewahrt Genets *Le funambule* die Apostrophe. Noch bevor der Text anhebt, wird ausdrücklich der Name des Empfängers genannt, an den er gerichtet ist – *Pour Abdallah* –, obschon er sich doch als Publikation an eine anonyme Leserschaft, an niemanden und jeden wendet und damit das Geheimnis preisgibt[4]. Das *ergon* nimmt die Briefform des *parergon* in sich auf und suspendiert sie zugleich. Zwar überwiegt die direkte Anrede des Empfängers: *Tu l'aimeras, et d'un amour presque charnel*, bedeutet der Verfasser dem Seiltänzer über das Stahlseil, das ihn trägt. Aber dies hindert nicht, dass der Verfasser, die Apostrophe unterbrechend, mitunter beiseite – *para* – spricht. Mit sich selbst sprechend wie ein Schauspieler auf der Bühne, der mitten im Dialog monologisiert, verwandelt er seinen Gegenüber in den Gegenstand seines Nachdenkens, nimmt Rede und Gegenrede in der Imagination vorweg und tut damit, was die transitive Form des Briefs nicht unmittelbar vorsieht. *Je lui dit encore: – Tu devras travailler à devenir célèbre... – Pourquoi? – Pour fair mal. – C'est indispensable que je gagne tant de pognon? Sur ton fil de fer tu apparaîtras pour que t'arrose une pluie d'or. Mais rien ne t'intéressant que ta danse, tu pourriras dans la journée.* Der Briefschreiber führt sich ein als eine Art Impressario. Er gesteht, dass er seinem Gegenüber nicht alles mitteilen will. Wenn Schlegel die Ironie eine »permanente Parekbase« nennt, dann liefert Genets *Funambule* dafür ein eindringliches Beispiel: In den durch Kursivdruck hervorgehobenen Digressionen, die die Anrede immer wieder unterbrechen – die typographische Abweichung macht gleichsam das ungerichtete Gemurmel der Rede sichtbar –, eignet sich der Text eine Doppelung zu, eine innere Resonanz[5]. Die Anrede, die beschwörende Emphase des Gegenüber, erweist sich als die Modalität eines

---

4 Jean Genet, *Le funambule* (1957, Paris 2010), deutsche Übersetzung von Gerhard Edler: *Der Seiltänzer*, in: Jean Genet, Werke in Einzelbänden, Band VII (Gifkendorf 2004), 146 ff. Die Erstpublikation trug noch den Titel *Pour un funambule*.
5 Friedrich Schlegel, *Philosophische Lehrjahre 1798–1806*. Kritische Ausgabe der Werke, Bd. 18 (München/Paderborn 1963), 85.

Bewusstseins, dessen andere Richtung die Reflexion seiner selbst ist. Am Ende bekennt der Verfasser ein, dass es »vergebliche, törichte Unterweisungen« sind, mit denen er seinen Gegenüber verfolgt, Ratschläge, die niemand befolgen kann; dass er nicht zu belehren beabsichtigt, sondern entflammen will; dass seine Rede ein Gedicht ist. Im *aparté*, dem Beiseite-Sprechen, das die Anrede begleitet, ist die Exhortation, deren Ton unüberhörbar ist, suspendiert, spiegelt sich gleichsam in sich selbst und potenziert sich zuletzt, in einer abermaligen Wendung, zu einer betörenden Adresse, zur Transfiguration des Seiltänzer-Gegenüber. Als ein ironisches Lehrgedicht, das den prosaischen Gestus der Gattung überfordert, sich dem Adressaten imponiert, diesen verwandelt und zuletzt seine Lehre zurücknimmt, könnte man Le Funambule bezeichnen.

Genets Text beabsichtigt die Vergegenwärtigung eines Abwesenden, des abwesenden Adressaten der Rede. Umso nachdrücklicher ist die Beschwörung seiner Präsenz oder genauer, die seiner Kunst, des Seiltanzes. Durch sie wird ein gleichgültiger, unsichtbarer, alltäglicher zu einem sichtbaren, ausgestellten, blendenden Körper. Diese Verwandlung oder Verklärung wird ermöglicht durch den *jeu d'adresse* des Funambul, die vollendete Kontrolle des Körpers, seines Gangs, des Gleichgewichts, in dem Augenblick, da er schwerelos auf dem Seil einherschreitend, springend, tanzend, jeglichen Halts entbehrt. *L'exactitude sera la beauté de ta danse.* Der Wille des Ich ist gänzlich an den Körper entäußert, das Exerzitium, das die Verwandlung ermöglicht, in der Vollendung seiner Bewegungen getilgt und vergessen. In dieser Erhöhung wird der Körper zum Bild, dessen Widerschein den Betrachter in Bann schlägt und um dessen Einstand willen der Tänzer tanzt. *Mais rien – surtout pas les applaudissements ou les rires – n'empêchera que tu danse pour ton image [...] Pâle, livide, anxieux de plaire ou de déplaire à ton image: or c'est ton image qui va danser pour toi.* Mit der Erde nur durch das gespannte Seil verbunden, vom Publikum durch eine unüberbrückbare Distanz getrennt, ist der Tänzer einer »wüstenhaften Einsamkeit« ausgesetzt. *Que ta solitude, paradoxalement, soit en pleine lumière, et l'obscurité composé de milliers d'yeux qui te jugent, qui redoutent et espèrent ta chute: tu dansera sur et dans une solitude désertique, les yeux bandés, si tu le peux, les paupières agrafées.* Das Bild, in das sich der Körper zurückgenommen, irrealisiert hat, erstrahlt in dieser Entfernung: von der Erde abgesondert, dem ungewissen Blick des Publikums getrennt, in der Leere, die durch diese gedoppelte Entfernung gehöhlt wird.

Genets Seiltänzer oder genauer, die Art wie Genet ihn vergegenwärtigt, ist ein Gegenbild zum narrativen Filigran, das Kafka vom Trapezkünstler in *Erstes Leid* auslegt und das »mehr eine im Mittel verschiedener Erfahrungen gleichsam schwebende Zeichnung, als ein bestimmtes Bild« entwirft, um Kants Bestimmung des sinnlichen Ideals zu zitieren[6]. Wird in dem einen Text das Hier und Jetzt des Körperkunstwerks, der den Tod herausfordernde und ihm trotzende Akt

---

6   Immanuel Kant, *Kritik der reinen Vernunft* (1781/87). Theorie-Werkausgabe (Frankfurt am Main 1974), 514.

angerufen und der Abstand zwischen dem Körper, der seinen Gang der Erde anmisst, und jenem anderen, der das Seil als den einzigen Haltepunkt seines Tanzes erwählt, beschworen, so annulliert Kafka den Unterschied zwischen Übung und Ausübung des Akts, Alltag und Ausnahme, Kunst und Leben, um diese Extrema im Bild einer Verborgenheit zu annullieren, einer Absonderung, über die sich das Ich nicht auszusprechen vermag. Und doch gibt es eine Zone, wo diese ganz und gar ungleichartigen Schriften einander berühren, die eine die andere streift. Dieser ausdehnungslose Punkt, in gewisser Weise ihr Fluchtpunkt, ist die Einsamkeit der dargestellten Figur, auch wenn Kafkas Diskretion dieses Wort unterschlägt. Genets Prosagedicht schließt die Möglichkeit, dass der Seiltänzer seinerseits zum Sprecher wird, aus. Es ist eine Adresse, die keine Erwiderung vorsieht: gänzlich an den Körper entäußert, ist das Ich der Sprache nicht mächtig und bedarf eines Fürsprechers, der an seiner Stelle das Wort ergreift und es ermuntert, den todesträchtigen Akt zu vollbringen. *J'ajoute pourtant que tu dois risquer une mort physique définitive. La dramaturgie du cirque l'exige [...] Le danger a sa raison: il obligera tes muscles à résussir une parfaite exactitude – la moindre erreur causant ta chute, avec les infirmités ou la mort.* Kafka hingegen verleiht dem Trapezkünstler das Wort, wenn auch in Gestalt eines einzigen, leise hingesprochenen Satzes. Die Einsamkeit wird durch diese Rede nicht gemildert, vielleicht sogar noch abgründiger: sie zieht sich, unauslotbar, in das Intervall zwischen sprachlicher und körperlicher Gebärde zurück.

Einsamkeit ist kein An sich, sie bedarf eines Gegenübers, um gesagt werden zu können, einer Szene, in der sie sich zeigt. In *Erstes Leid* übernimmt, in der einzigen genuin narrativen Sequenz des Texts, der Impressario diese Rolle, im *Funambule* fällt sie unmittelbar dem Verfasser zu. Verhält sich ersterer als ein allzu beflissener Begleiter, der das Leid seines Schützlings missversteht, ihm aber gleichwohl zum Ausdruck verhilft, so erklärt letzterer dem Seiltänzer-Adressaten, was in seiner Kunst auf dem Spiel steht und animiert ihn zu diesem gefährlichen Spiel: *À la fois gibier et chasseur, ce soir tu t'es débusqué, tu te fuis et te cherche.* Mehr noch als unendlich beredtes Pendant des Impressario, verhält sich der Verfasser-Inspirator des *Funambule* als Doppelgänger des Autors der Briefe an Felice. Agiert dieser nicht wie der unnachgiebige Impressario wenn nicht der Beziehung, so doch der zwischen Prag und Berlin gewechselten Korrespondenz? In was für eine Art von Gegenüber, in die Artistin welcher Kunst wollte sich die Adressatin durch die Springflut der Briefe verwandeln?

Die »tödliche« oder »absolute Einsamkeit«, auf die Genet aufmerksam macht, hat in einer Reihe von Figuren Kafkas ihr Ebenbild. Nicht nur, was nahe liegt, in der *hinfälligen, lungensüchtigen Kunstreiterin* in *Auf der Galerie* oder dem Hungerkünstler, von dem es heißt, dass er *genau genommen, nur ein Hindernis auf dem Weg zu den Ställen war.* Mehr noch gleicht sie, in einer Umkehrung und Vertiefung der Perspektive, der des jungen Galeriebesuchers selbst: der *tour de force* der Reiterin vergewaltigt ihn nicht weniger als diese. Im Affekt, der in dem Satz, den der Trapezkünstler dem Impressario zuflüstert, durchbricht, kehrt eine ähnliche Kommotion wieder. Der junge Zuschauer könnte sich – suggeriert der Apolog – die *lange Treppe durch alle Ränge hinab in die Manege stürzen und Halt! durch die Fanfaren des immer sich anpassenden Orchesters* rufen, um der Tortur der Artistin und der Frenesie, die ihr Ritt entfesselt, ein Ende zu setzen. Aber Kafka tut dar, dass die Distanz, die zwischen der Darbietung der Reiterin und der Impression, die sie im Zuschauer erweckt, waltet, unwiderruflich ist. Die Verwandlung des Körpers, der kein Werk ist, ins nackte Substrat eines Werks, in ein ebenso anziehendes wie abstoßendes Bild, lähmt den Körper dessen, der dieses Bild gewahrt. Es lässt keine Handlung zu, sondern setzt einen Affekt frei, der den, der ihm erliegt, der Selbstpräsenz beraubt: – *da dies so ist, legt der Galeriebesucher das Gesicht auf die Brüstung und, im Schlußmarsch wie in einem Traum versinkend, weint er, ohne es zu wissen*.

Erstes Leid schließt mit einer ähnlichen, der Subjektivität, die sie erleidet, unzugänglichen Rührung. Aber anders als in Auf der Galerie, wo das Vorliegen der Rührung außer Frage steht – das grammatisch-rhetorische Dispositiv des Texts ist ausdrücklich darauf abgestellt, das Faktum der Lähmung herauszuheben –, wird nunmehr dieses Vorliegen seinerseits modalisiert. Nicht nur wird der Zweifel an der Beobachtbarkeit der Rührung betont, wenn es, in Verschmelzung der Perspektive des Erzählers mit der des Impressario, heißt: *Und wirklich glaubte der Impressario zu sehen, wie jetzt im scheinbar ruhigen Schlaf, in welchem das Weinen geendet hatte, die ersten Falten auf des Trapezkünstlers glatter Kinderstirn sich einzuzeichnen begannen*. Auch die Strukur des unbewußten Affekts, dem die Rührung entspringt, hat sich verändert[7]. Entspricht dieser in Auf der Galerie der Gewalt, mit der das Bild den, der es aufnimmt, lähmt, so steht er in Erstes Leid nicht länger mit einem Vorkommnis in Zusammenhang, das einen Körper von außen trifft, sondern verdankt sich einer Störung, die inmitten Ich geschieht. *Nur diese eine Stange in den Händen – wie kann ich denn leben!* –: der, der diesen Satz verlautbart, kennt nicht den Wunsch, der darin sich ausspricht. Das Subjekt der Rede – der Trapezkünstler, der sich in die höchste Höhe des Varietés bzw. des Eisenbahncoupés zurückgezogen hat – sucht den Wunsch zu erhaschen, zu dem ihn eine Flucht bedrängt, von der er fortgerissen wird wie von einer fremden Kraft – einer Kraft, die er nur dadurch bannen kann, indem er sich an einer Stange festhält. Aber kein Gegenstand, kein *transional object* vermag diesem Wunsch eine Stütze zu geben, auch nicht das zweite Trapez, das der Impressario in einem subtilen Missverständnis seinem Gegenüber verspricht. Die Kraft, die sich im Wunsch ankündigt, stößt jeglichen Gegenstand ab, obschon er doch andererseits einzig vermöge des Gegenstands bzw. dessen Namens – in einer ebenso irreführenden wie unvermeidlichen Verschiebung – in die Ordnung des Diskurses, der Darstellbarkeit eingeführt, ausgesprochen und

---

7 Zum Begriff des unbewußten Affekts, vgl. Jean François Lyotard, Emma (1989), in: Misère de la philosophie (Paris 2000), 55ff.

von anderen angesprochen werden kann. *Daß hier die Zustimmung des Impressarios ebenso bedeutungslos sei, wie es etwa sein Widerspruch wäre:* diese Bemerkung zeigt an, dass Bejahung und Verneinung gleichermaßen das Zu-Sagende verfehlen. Das Gesagte hat den Status eines Zeichens, das in keinem einholbaren Verhältnis zu dem Impuls steht, der seine Nennung veranlasst hat.

Von dem sprachlichen Zeichen ist weniger das Ich – das nicht weiß, was es sagt, auch wenn es dadurch, dass es spricht, ein Wissen vorgibt – als der Körper der ohnmächtige Zeuge, sozusagen Zeichen in Potenz oder Zeichen eines Zeichens. Wenn der Text mit der Beobachtung schließt: *Und wirklich glaubte der Impressario zu sehn, wie jetzt im scheinbar ruhigen Schlaf, in welchem das Weinen geendet hatte, die ersten Falten auf des Trapezkünstlers glatter Kinderstirn sich einzuzeichnen begannen*, so wiederholt er und sanktioniert auf der Ebene der Anschauung, was im Satz des Ich nur angedeutet war. Auch das Nicht-Wissen darüber, dass das Zu-Sagende nicht gesagt werden, mithin keine Antwort dem Zu-Sagenden entsprechen kann, zeigt sich, ähnlich wie sich schon zuvor der Wunsch in der Sprache angezeigt hat. Es ist mit einer Kraft begabt, die sich als Spur auf der Oberfläche des Körpers einschreibt. Und wenn diese Falten – ähnlich wie im Titel das Leid – als *die ersten* bezeichnet werden, so darum, weil die Messung der Zeit auf die Möglichkeit einer Anschauung angewiesen ist, im Unterschied zu der Kraft, welche den Wunsch bewegt und sich der Ordnung der Zeit entzieht. Ihr gegenüber werden die ersten Falten immer nur die »zweiten« gewesen sein, wie umgekehrt die »zweite« Stange, die der Impressario beibringt, nicht die gewünschte Stange gewesen sein wird.

Was dem Trapezkünstler die Stange, ist dem Funambul das Seil. Es hat an der Transfiguration seines Körpers teil – *Qui donc avant toi avait compris quelle nostalgie demeure enfermée dans l'ame d'un fil d'acier de sept millimètres?* –, ja diese erfüllt sich in gewisser Weise in der Transfiguration des Seils: *Tes bonds, tes sautes, tes danses [...] tu les réussiras non pour que tu brilles, mais afin qu'un fil d'acier qui était mort et sans voix enfin chante. Comme il t'en saura gré si tu es parfait dans tes attitudes non pour ta gloire mais la sienne.* Der Tanz des Körpers wird zum Medium des Mediums, aber Genet unterschlägt nicht die Frage, die diese Übertragung unwillkürlich provoziert: *Si c'est lui qui danse immobile, et si c'est ton image qu'il fait bondir, toi, où donc seras-tu?*

Die Antwort auf diese Frage führt Genets Adresse in einen Bereich, der an den grenzt, aus dem der apokryphe Satz des Trapezkünstlers spricht. Genet nennt diesen Bereich Wunde – Wunde, die ein Mensch spürt, wenn sein Stolz verletzt wird, und er fügt hinzu, dass ein schneller, geschärfter Blick sie im Gesicht eines Tiers oder gar eines Dings zu entdecken vermag. *Je me demande où réside, où se cache la blessure secrète où toute homme court se réfugier si l'on attente à son orgueil, quand on le blesse? Cette blessure – qui devient ainsi le for intérieure –, c'est elle qu'il va gonfler, emplir. Tout homme sait la rejoindre, au point de devenir cette blessure elle-même, une sorte de coeur secret et douloureux.* Die Wunde ist der stumme Zeuge einer Beschädigung, Vorwegnahme einer Gefahr oder Spur einer Gewalt, deren Präsenz dem Ich unbemerkt bleibt, so jedoch, dass diese Wunde zum innersten Innen des Ich wird oder genauer, zu einem Außen, das im Innen der Innerlichkeit aufbricht und, obschon der Willkür entzogen, sich ankündigt und zeigt, als unfreiwillige Gebärde, im Blick, der Haltung des Körpers, der Art wie er als Körper in der Welt ist. Sie ist der Aspekt meines Gesichts – würde Jean-Luc Nancy sagen –, der sich je schon den Andern darbietet, von mir aber immer nur nachträglich, in einem Akt der reflexiven Verdoppelung agnosziert werden kann. *Pour le funambule dont je parle, elle – die Wunde – est visible dans son regard triste qui doit renvoyer aux images d'une enfance misérable, inoubliable, où il se savait abandonné.* Am Ende freilich steht die unfreiwillige Erscheinung für das Sein selbst, die Zwiefalt, der die Einsamkeit des Künstlers und seine Kunst gleichermaßen entspringen. Die Möglichkeit von Kunst ist in der Annäherung an, in den Sprung in diesen Raum beschlossen: *dans cette blessure – inguérissable puisqu'elle est lui-même – et dans cette solitude qu'il doit se précipiter, c'est là qu'il pourra découvrir la force, l'audace et l'adresse à son art.*

In *Saint Genet. Comédien et martyre* bemerkt Sartre: Genet »will das Reale in das Imaginäre ziehen und darin erschöpfen [...] Wenn er auf den Andern einwirkt, so in Gestalt eines Virus, als Agent einer Irrealisation«[8]. Auch Genet betont, wie wir sahen – ähnlich wie Benjamin, wenn er die Aura als »einmalige Erscheinung einer Ferne, so nah sie sein mag« bestimmt –, die Distanz, die bei der Entkörperung des Artisten, seiner Verwandlung ins Bild vorausgesetzt ist. Aber damit ein Körper sich ganz im Bild erschöpft und ein Daseiendes zum Schauplatz einer Irrealisation wird, ist noch mehr erforderlich. Um sich zum Substrat eines Werks zu machen, muss der Seiltänzer jene mögliche Unmöglichkeit, die der Tod ist, in sich aufnehmen und sein Leben aufs Spiel setzen. Die Transformation der ungestützten Bewegung in ein Kunststück setzt die Vorwegnahme, genauer: einen Kalkül des Todes, voraus. *La Mort – la Mort dont je te parle – n'est pas celle qui suivra ta chute, mais celle qui precède ton apparition sur le fil. C'est avant de l'escalader que tu meurs. Celui qui dansera sera mort – décidé à toutes les beautés, capable de toutes. Quand tu apparaîtras une pâleur – non, je ne parle pas de la peur, mais de son contraire, d'une audace invincible – une pâleur va te recouvrir. Malgré ton fard et tes paillettes tu sera blême, ton âme livide. C'est alors que ta précision sera parfaite.* Es ist kein heroischer Tod, den der Künstler in sich aufgenommen hat, sondern ein schäbiger, lausiger Tod, der sich dem Affront verdankt, mit dem der Künstler sich über all die Erfordernisse und Übereinkünfte hinwegsetzt, mit denen die Gesellschaft ihren Bestand, ihr Dasein rechtfertigt. *Qui, s'il est normal et bien pensant, marche sur un fil ou s'exprime en vers?* Nur das Gelingen des *tour de force*, des *jeu d'adresse* lähmt für einen Augenblick den uneingestandenen Wunsch des Publikums, dem Sturz dessen beizuwohnen, der von dem Willen beseelt ist, dem Tod jeglicher Nützlichkeit zu entreißen: *Un lourdaud, sur le fil fait le saut pèrilleux, il le loupe et se tue, le publique n'est pas trop surpris, il s'y attendait, il l'esperait presque.* Was wundert's, wenn am Ende das Schicksal des Seiltän-

---

8 Jean-Paul Sartre, *Saint Genet. Comédien et martyr* (1952, Paris 2010), 412.

zers, der stürzt, dem des Hungerkünstlers gleicht? *Si tu tombes du fil? Des brancardiers t'emportent. L'orchestre jouera. On fera entrer les tigres ou l'écuyère.* Ob ein Tiger oder ein junger Panther am Rande des Schauplatzes lauert: zuletzt ist es das Publikum selbst, das sich in der Bestie verbirgt. *Le publique – qui te permet d'exister, sans lu tu n'aurait jamais cette solitude dont je t'ai parlé – le publique est la bête que finalement tu viens poignarder.* Wer durch ein *jeu d'adresse* die »Nacht der Illusion« erweckt, um dem Bild, dem Irrealen jene fragile Realität, die das Außer-Sein ist, zu erteilen, oder sich zu Tode hungert, um die Möglichkeit einer sich allen Scheins entschlagenden Kunst zu demonstrieren, nimmt den Kampf mit einer doppelköpfigen Bestie auf, der des eigenen Körpers und jener andern, die er als Adressaten und Zeugen des Akts installiert.

In Erstes Leid hat Kafka jegliche ausdrückliche Anspielung auf den Tod unterlassen, im Unterschied zu den beiden andern Erzählungen des Hungerkünstlerbandes. Die *Falten auf des Trapezkünstlers glatter Kinderstirn* sind eher eine Anspielung auf Genets Wunde. Und doch enthält die Erwähnung des *scheinbar ruhigen Schlafs* am Ende der Erzählung einen untrüglichen Verweis: nicht so darauf, dass dieser einen Tod erwartet oder ein Tod auf ihn wartet, sondern dass er darauf verzichtet – oder vielleicht sogar vergessen hat –, ein Publikum in jene erleuchtete Szene am Rande der Nacht zu locken, an den Ort wo, wie Genet betont, die Barriere des Todes zurückgeschoben wird: *Si nous allons au théâtre c'est pour pénétrer dans le vestibule, dans l'antichambre de cette mort précaire que sera le sommeil [...] Quand le rideau se lève, nous entron dans un lieu où se préparent les simulacres infernaux.* Wenn in einer äußersten Engführung die künstlerische Tätigkeit in Erstes Leid sich ihres Akts entschlägt, so darum, um auf das ungewisse Intervall zu verweisen, das diesem vorausgeht. Dass in diesem Intervall, diesem Möglichkeitsraum ohne Gegenüber, eine Anverwandlung an den Tod, eine Art »Scheintod« gleichwohl statthat: kein Kalkül, sondern eine Anästhesie, dies bekennt Kafka in einer Briefstelle ein, die, nur wenig später als die anfangs Zitierte geschrieben, diese ergänzt: *Ich brauche zu meinem Schreiben Abgeschiedenheit – heißt es dort – nicht ›wie ein Einsiedler‹, das wäre nicht genug, sondern wie ein Toter. Schreiben ist in diesem Sinne ein tieferer Schlaf, also Tod, und so wie man einen Toten nicht aus seinem Grabe ziehen wird und kann, so auch mich nicht vom Schreibtisch in der Nacht*[9]. Es ist der eigene Körper, der in Quarantäne versetzt wird, damit die Hand über die Kraft verfügt, jene *simulacres infernaux* zu fixieren, die die Imagination mitunter freigibt.

Es zeichnet *Le funambule* aus, unablässig, mit Bravour von der Anrede in die Reflexion, von der Emphase in die Beschreibung, von der Realität des Du in die seines Bildes überzuspringen. Die Möglichkeit einer solchen Parekbase ist ausgestrichen in dem ein knappes Jahrzehnt später geschriebenen Fragment, in dem Genet des toten Abdallah gedenkt: *À l'intérieur de la morgue de Paris, quand je vis le cercueil ouvert posé à même le sol, je regardai Abdallah mort. De son visage au mien, il y avait*

9 Kafka, Briefe an Felice, (Anm. 3), 412.

cette distance en mouvement, sans cesse en mouvement. C'était une pierre que j'aurais pu ramener et tenir dans mes mains et c'était au même moment un minérail très loin dans l'espace et même dans le temps. Indifférent à mon examen, ou plutôt ignorant totale. Et, en regardant ce visage d'Abdallah mort, je reconnus le très proche et l'incalculablement, scandaleusement lointain des sculptures de Giacometti[10]. Der tanzende Körper ist in ein Mineral, das doch zugleich mehr als ein Stück Stein ist, verwandelt. Es bietet sich dem Blick in einem unauslotbaren Abstand dar, jenseits von aller Nähe und aller Ferne, einem Abstand, der die Berührung mit dem Auge erzwingt und die mit Hand und Mund in der Schwebe lässt. Etwas hat sich ganz selbst in sich zurückgenommen: in gewisser Weise ist der Leichnam ein absolutes Bild. »Ein Leichnam ist das Bild seiner selbst«. Blanchot fügt hinzu: »Wenn ein Leichnam in solchem Maße ähnlich ist, so darum, weil er in einem bestimmten Augenblick die Ähnlichkeit par excellence ist, ganz und gar Ähnlichkeit und nicht anders als diese Ähnlichkeit. Er ist das Ähnliche, ähnlich im höchsten Grad, bestürzend und betörend. Ähnlich mit was oder wem? Mit niemandem und nichts.«[11]. In der zur selben Zeit wie Le funambule entstandenen Hommage an Giacometti hatte Genet darauf aufmerksam gemacht, dass dessen Skulpuren dem Betrachter sich zugleich nähern und entfernen: Chaque statue semble reculer – ou en venir – dans une nuit à ce point lointaine et épaisse qu'elle se confond avec la mort [...] Ils sont à ce point final où la vie ressemble à la matière inanimée[12]. In diesem Widerspiel von Ferne und Nähe bricht, in einer Zeit, die man als kleine oder Quasi-Ewigkeit bezeichnen kann, eine neue Ähnlichkeit auf, nicht mehr die des Bildes mit dem Abgebildeten, sondern die unmögliche Ähnlichkeit des Lebens mit der unbelebten Materie. Es ist das Privileg des Kunstwerks, das vom Körper des Schaffenden schlechthin abgetrennt ist, diese unmögliche oder unähnliche Ähnlichkeit sichtbar oder hörbar zu machen. Es ist der Fluch des Körperkunstwerks, dass der Ausübende diese unmögliche Ähnlichkeit »in einem bestimmten Augenblick«, hier und jetzt an seinem Körper vollziehen muss. Der Kadaver, und sei es der eines Tiers, Bild einer Ähnlichkeit mit nichts, schwebt, hingebettet oder hingeworfen, in diesem Intervall mitten inne.

---

10 Unveröffentlicht, zitiert in Edmund White, Jean Genet (Paris 1993), 467. Abdallah Bentaga hatte sich 1964 durch eine Überdosis an Schlaftabletten das Leben genommen.
11 Maurice Blanchot, L'espace littéraire (1955, Paris 1973), 351.
12 Jean Genet, L'atélier d'Alberto Giacometti (1958; Paris 1967), unpaginiert.

Isolde Schiffermüller

Über die Schwierigkeit, hier zu bleiben.
Fluchtlinien der Betrachtung von Kafkas Spätwerk

I.

Wie kommt man zum Schloß? – so lautet die Ausgangsfrage, die dem Aufsatz *Come arrivare al Castello?*[1] den Titel gibt. So einfach diese Frage auch klingen mag, sie findet in Kafkas drittem und letztem Romanfragment *Das Schloß* keine Antwort. Das Schloss bleibt auf Distanz. Im Lesen des Textes und im Begehen der Wege, die scheinbar zum Schloss führen, entfaltet die genannte Fragestellung jedoch schrittweise ihre unerwarteten Implikationen und lädt sich auf mit semantischen Konnotationen, die in unterschiedliche Richtungen weisen. Walters Aufsatz über Kafkas Schloss, der diesen Wegen nachgeht, ist Teil eines gemeinsamen größeren Projekts, das uns in den letzten Jahren beschäftigt hat. Eines lässt sich mit Sicherheit darüber sagen: es hat uns mehr bedeutet als das, was im Jargon der Institution als »Forschungsschwerpunkt« bezeichnet wird. Kafkas späte Texte sind uns ständige Wegbegleiter geworden auf Spaziergängen, auf denen wir das *Schloss* vor Augen hatten, imaginäre Gesprächspartner in den Erzählungen des eigenen Lebens, Medien einer Verständigung über so grundsätzliche Fragen wie: Wozu Literatur? Und im Besonderen: Wozu das Schreiben über Literatur? Ein Schreiben, in dem wir Wege begehen, die andere vorgeschrieben haben, um sie für uns erfahrbar zu machen. In der Form eines imaginären Dialogs mit Walters Arbeiten möchte ich hier unsere Schloss-Gespräche fortsetzen und damit ein Stück weitergehen auf dem Weg, auf dem die Literatur zur Erfahrung wird.

Der Vergleich der verschiedenen Versionen des *incipit* von Kafkas Schloss-Roman, dem der Aufsatz *Come arrivare al Castello* nachgeht, stellt vor allem ein Problem ins Zentrum der Betrachtung: Wie können sich in einer Situation, die – so zeigen die ersten Notizen Kafkas[2] – ausweglos und konfus erscheint, Perspektiven und Wege eröffnen, Wege, die solche der Wahrnehmung und der Erkenntnis sind und die im Lesen literarisch begehbar werden? Eine erste Antwort auf diese grundsätzliche Frage gibt schon die Szene der *Ankunft*, die in der letzten Fassung des Romanfragments die Beziehung vorwegnimmt, die K. zum Schloss herstellen wird:

> Es war spät abend als K. ankam. Das Dorf lag in tiefem Schnee. Vom Schloßberg war nichts zu sehn, Nebel und Finsternis umgaben ihn, auch nicht der schwächste Lichtschein deutete das große Schloß an. Lange stand K. auf der Holzbrücke die von der Landstraße zum Dorf führt und blickte in die scheinbare Leere empor.[3]

---

1   Walter Busch, *Come arrivare al Castello*, in: I romanzi di Kafka, Cultura tedesca 35 (2008), 69-88.
2   Vgl. Franz Kafka, *Das Schloß*. Apparatband, hrsg. v. Malcolm Pasley (Frankfurt am Main 2002), 115-117.
3   Franz Kafka, *Das Schloß*, hrsg. v. Malcolm Pasley (Frankfurt am Main 2002), 7.

Die Einbildungskraft wird von nun an beherrscht von einer unbezweifelbaren Präsenz, die sich unsichtbar in der »scheinbaren Leere«[4] verbirgt und die den Blick von K. in ihren Bann zieht. Der Blick richtet sich nach oben, hinauf zum großen Schloss, das seine magische Wirkung ausübt in der Finsternis einer Schneelandschaft, die die gewohnten Konturen des Dorfes zudeckt. Der Standort von K. auf der Holzbrücke bezeichnet die Schwelle, die ins Territorium der Schlosswelt hineinführt und markiert damit auch den Übergang in die eigene Realität der Romanwelt, die sich dem Blick zugleich anbietet und verweigert. K. kommt von anderswo her, sein Standort ist der eines Fremden und der perspektivische Fluchtpunkt seines Blicks ist das Ziel in der Ferne, eine Ferne, die – so stellt sich in der Lektüre des Romans heraus – unüberbrückbar bleibt. K. wird im Lauf des Erzählens dem Schloss keinen Schritt näher kommen, trotz vielfältiger »Berührungen« mit dessen imaginären Mächten, die in der Form von Fernverbindungen statt finden, in Briefen oder Telefonaten, aber auch in Gerüchten, Träumen, Ängsten und Legenden, in Hoffnungen und Enttäuschungen, Wünschen und Verlockungen, kurz in den »Schloß-Geschichten«[5], die in der Welt des Romans auch aktenkundig werden und sich ablagern in Schriften und Protokollen.

Walters Aufsatz zeigt im Detail, wie aus der semantischen Energie der ersten Sätze des Romans der Raum der Erzählung hervorgeht, ein Wahrnehmungsraum, der in *statu nascendi* beschrieben wird. Mit K.s strategischen Versuchen, sich in einer unbekannten und fremden Realität zu verorten, bildet sich gleichsam schrittweise die Topographie des Schlosses, das Feld einer unvermessenen Landschaft, die poetisch erforscht werden soll. Immer deutlicher stellt sich dieser Raum als ein dynamisches Feld von Kräften dar, das sich vor den Augen des Lesers bildet. Der Kommentar kreist um diese »Kräfte«, ein Lieblingswort Kafkas, das in seinem Werk weder vitalistische noch im üblichen Sinn spirituelle Bedeutung hat. Die Kräfte, die das unerforschte Gelände im *Schloß* beherrschen, bleiben unsichtbar, sie zeigen sich jedoch ganz klar an ihren Wirkungen, sie gewinnen ihre Evidenz in den optischen und perspektivischen Metamorphosen, die der Leser aus der Perspektive von K. verfolgen kann: in der dauernden Konstruktion und Variation der Wahrnehmungsbedingungen im Hinblick auf das Schloss, in der Verunsicherung der sichtbaren Realität, in die surreale Phantasmen und Bilder einbrechen können, in den beweglichen Koordinaten eines Kräftefelds, in dem sich Oberfläche und Tiefendimension, Nähe und Ferne immer neu konfigurieren, oder anders gesagt: in der Exposition an eine Alterität, die nicht zu lokalisieren ist, die sich jedoch in den Figurationen und Deformationen der Wahrnehmung kundtut, in denen sich die Bannkraft des Schlosses reflektiert. Was auf diese

---

4 Vgl. Beda Allemann, *»Scheinbare Leere«. Zur thematischen Struktur von Kafkas ›Schloß‹-Roman*, in: ders., Zeit und Geschichte im Werk Kafkas, hrsg. v. Diethelm Kaiser u. Nikolaus Lohse (Göttingen 1998), 189-220.

5 Ludo Verbeeck u.a., *Schloß-Geschichten. Zu Kafkas drittem Romanplan – eine Diskussion* (Eggingen 2007).

Weise aufscheint, ist der Horizont eines fremdartigen Lebens. So unsicher und prekär dieser eigenartige Erfahrungsraum auch sein mag, so präzise stellt sich die Imagination des Kräftefelds dar, das sich um das Schloss in der Ferne bildet, und Walters Kommentar insistiert auf dieser Genauigkeit, die bei Kafka bis ins kleinste Detail geht.

Im Rahmen von Walters Arbeiten bezeichnet der Aufsatz über Kafkas Schloß den Auftakt zu einer Recherche, die der Eröffnung des poetischen Raums gewidmet ist. Der Raum wird hier zum Medium und zur Voraussetzung eines Denkens, das neue Erfahrungen erschließen und wörtlich »einräumen« kann, das auf feste Bezugsrahmen und vorgegebene Bezugspunkte verzichtet und traditionelle Referenzsysteme außer Kraft setzt. Nicht die Geometrie, sondern die moderne Physik steht hier Modell, da sie die Realität dynamisch begreift als ein Feld von Kräften, von denen die Ereignisse berührt werden, die sich in ihm abspielen. Der Raum, eine Denkkategorie, die oft zum formalen Systembegriff neutralisiert wurde, die aber auch oft missbraucht wurde als geschichtsmächtige Instanz oder geopolitischer Faktor, erweist sich hier als ein dynamisches »Prinzip, das die Kräftezentren verbindet und es dem Kräftefeld ermöglicht, sich zu entfalten«[6]. An Kafkas Schloß lässt sich in diesem Sinn auch zeigen, wie die räumliche Kulisse zum bewegten Kampfplatz wird und wie sich der Raum schließlich selbst als der eigentliche Akteur und Protagonist des Geschehens in Szene setzt. Die Entdeckung des Raums als kreatives Prinzip, das bedeutet im konkreten Kontext des Schloß-Kommentars im Besonderen auch, Situationen scheinbarer Ausweglosigkeit, wie sie Kafkas erste Notiz zum Roman festhält, anders und neu zu denken; es bedeutet, die Metapher der Unzugänglichkeit zu entfalten, um sie umzuschreiben, um sie zum Ausgangspunkt einer Forschung zu machen, die den Problemen und Strategien der Verortung in anderen Erfahrungsräumen nachgeht, um Wegmarken zu setzen in einem unerforschten Territorium, das von unbekannten Kräften beherrscht wird.

Die Radikalität der Fragestellung antwortet – so liest man zwischen den Zeilen von Walters Kommentar – auf eine extreme Verunsicherung der Koordinaten des alltäglichen Lebensraums, auf Risse, Brüche und Dissoziationen in der Wahrnehmung der Realität, auf die Erfahrung, dass es einem den Boden unter den Füßen entziehen kann und dass die Koordinaten der gelebten Geometrie ins Wanken geraten können. Gerade dies aber ermöglicht die Einsicht in die Perspektive von K.: Der Kommentator teilt mit ihm die Offenheit und die Neugier des Fremden, den ganz eignen Mut, der K. auszeichnet, wenn er zu fragen wagt, wo in der Dorfgemeinschaft nichts als stumpfsinniges Schweigen herrscht; wie K. und vielleicht wie jeder Fremde weiß er vor allem eines genau: dass seine Chance nur in einer anderen Wahrnehmung der Welt liegen kann. Mit K. macht er weiters

---

[6] Pavel Florensky, Lo spazio e il tempo nell'arte, hrsg. v. Nocoletta Misler (Milano 2001), 50: »principio che unisce i centri di forza, principio che dà al campo di forze la possibilità di dispiegarsi.«

die Erfahrung, dass die Vektoren der Kräfte, die Wünsche, die Intentionen und Aufgaben, die neue Räume der Erfahrung eröffnen, immer wieder an ihre endlichen Grenzen stoßen müssen. Wenn in diesem Zusammenhang Kafkas »letzte irdische Grenze«[7] zitiert wird, so ist diese zunächst ganz konkret und körperlich gemeint, als Grenze physischer Müdigkeit, und niemand – so heißt es bei Kafka – hat Schuld daran, dass diese »Grenze auch sonst bedeutungsvoll ist«. Gerade für den also, der mit K. in die Ferne blickt und die Vision von weiten Flächen und schneebedeckten Landschaften vor Augen hat, kann die Müdigkeit des eigenen Körpers das Nächste und zugleich auch das Entfernteste und Fremdeste sein. Dieser Körper, der besetzt wird von Mächten, von denen er nichts weiß, ist aktiver Part im eröffneten Kräftefeld: oft meldet er sich als agonaler Kämpfer im Gefecht mit den unbekannten Mächten zu Wort, in übernächtigen Momenten und an der Schwelle zum Schlaf kann er Einsicht gewinnen in seine intime Fremde, die dann in den Bildern des Traums sichtbar wird, er kann aber auch – und dies ist seine größte Gefahr – ganz einfach zum toten Gewicht werden, das aus dem Netz aller Verbindungen und Kontakte heraus fällt.

Aber was will K. eigentlich? Worin besteht die »schwere Aufgabe«, der er sein ganzes Leben gewidmet hat und für die er bereit ist zu kämpfen, wie schon in der ersten Skizze zum Roman mit Nachdruck angekündigt wird? Und wie erklärt sich die Beharrlichkeit von K., den ein wahrhaft obstinater Wille auszeichnet?

K. kommt als Fremder, der Aufnahme sucht und Anerkennung; er will »Fuß fassen«, doch nicht wie einer, der irgendwo Unterschlupf sucht, nicht wie ein Gast, der bald wieder sein Zimmer im Gasthof zu verlassen hat, vielmehr wie einer, der gerufen wird und dessen Beruf anerkannt wird, einer, der das Recht hat, das Territorium zu vermessen, in dem er sich bewegt. In Walters Lektüre, die auf allegorische Fluchtwege verzichtet, wird diese »Berufung« zum Landvermesser ganz minimalistisch gefasst; sie lässt sich zurückführen auf die konkrete Erfahrung, dass man nicht leben kann ohne anerkannte Aufgabe, ohne legitimierten Lebensraum und ohne reale Beziehungen, auf das Risiko hin, das Kafka klar und nüchtern benannt hat, die Gefahr nämlich, »ein außeramtliches, völlig unübersichtliches, trübes, fremdartiges Leben«[8] zu führen. Dass in der Welt von Kafkas Schloß das Unübersichtliche, das Trübe und Fremdartige des Lebens in einer Reihe stehen mit dem eigentümlichen Attribut des »Außeramtlichen«, mag beim Leser Zweifel hervorrufen über das vermeintliche Amt, das hier gemeint ist; Missverständnisse mit der Institution etwa, die sicher nicht das Amt ist, das wir meinen, wehmütig-heitere Reflexionen über die fehlende Gemeinschaft, die uns aufnehmen soll oder ironische Klagen über den Legitimationsdruck des Berufslebens in einem fremden Land, das längst unser zu Hause geworden ist. Was bleibt, ist das

---

7 Busch, *Come arrivare al Castello*, (Anm. 1), 85. Vgl. Kafka, *Das Schloß*, (Anm. 3), 425: »Die Leibeskräfte reichen nur bis zu einer gewissen Grenze, wer kann dafür, daß gerade diese Grenze auch sonst bedeutungsvoll ist.«
8 Ebd., 81.

Problem der Anerkennung des eigenen Lebensraums, noch einfacher, die Frage und der Wunsch nach Zugehörigkeit, der hier insistiert und als eine Art Leitmotiv der vorliegenden Überlegungen wiederkehrt. Eines macht Kafkas Roman in diesem Zusammenhang mehr als klar: Dass sich dieses Problem in keinem Fall reduzieren lässt auf den Horizont einer sozialen Ordnung.[9] K. sucht die Anerkennung durch das Schloss und wird sie in den stumpfsinnigen Mienen jener Dorfbewohner niemals finden, die die Strukturen der Macht nicht unterscheiden können von den Mächten und Kräften im Schloss.

Für die anderen, die mit K. das Kräftefeld des Schlosses betreten haben, gibt es wohl kein Zurück mehr[10], sie werden nicht mehr entlassen aus der Bannkraft dieser anderen Welt. Aus diesem Grund wohl kreist die neuere Diskussion der »Schloss-Geschichten« vor allem um einen Satz oder besser um ein Grenzwort in Kafkas Text, das auf den ersten Blick ganz marginal und fremd erscheinen mag: »*Auswandern* kann ich nicht.«[11] K. antwortet an dieser Stelle auf die Phantasien der Geliebten Frieda, »irgendwohin« auszuwandern, wo das Leben erträglicher ist: » ›Auswandern kann ich nicht‹, sagte K., ›ich bin hierhergekommen um hier zu bleiben. Ich werde hier bleiben‹.« Und »wie im Selbstgespräch« fügt er dem noch hinzu: »Was hätte mich denn in dieses öde Land locken können als das Verlangen hierzubleiben?« In Wahrheit ist K. längst schon ausgewandert, wenn er – wie auf einer »umgekehrten Wüstenwanderung«[12] – das »öde Land« des Schlosses betritt und auf die alte Welt »als Ausländer zurück« sieht. Er kann also gar nichts anderes mehr als »hier bleiben«, denn es gibt – so Verbeeck - »kein Draußen im Schloß«, oder besser: das Schloss ist das Draußen in einem Roman, in dem »die Effekte dieses Anderswo (...) von Anfang an unveräußerlich auch zur Wirklichkeit«[13] gehören. Es kann dort kein Entkommen geben, wo Fremdsein und Hierbleiben letztlich dasselbe sind. Die Insistenz von K. – so könnte man es zuspitzen – betrifft vielleicht gar nichts anderes als sein entschlossenes Verlangen »hier zu bleiben«, das sogar ein fanatischer Dekonstruktivist wie Anselm Haverkamp als »wirklichkeitsbegreifend« und »wirklichkeitsbegründend«[14] bezeichnet hat. K. wird dem Schloss – wie gesagt – keinen Schritt näher kommen, er kann nur seinen Blick in die Ferne richten und die »scheinbare Leere« aushalten, die Exposition an eine Alterität, die die Wahrnehmung in ihrem Bann hält. Die Festigkeit des Blicks und

---

9 Gerade in den neueren anti-theologischen Lesarten steht oft die Problematik sozialer Anerkennung im Vordergrund, vgl.: Oliver Jahraus, *Kafka. Leben, Schreiben, Machtapparate* (Stuttgart 2006), 397-424.
10 Vgl. Franz Kafka, *Nachgelassene Schriften und Fragmente II*, hrsg. v. Jost Schillemeit (Frankfurt am Main 2002), 34 u. 114: »Von einem gewissen Punkt gibt es keine Rückkehr mehr. Dieser Punkt ist zu erreichen.«
11 Verbeeck, *Schloß-Geschichten*, (Anm. 5), 17.
12 Ekkehard W. Haring, *Auf des Messers Schneide leben wir. Das Spätwerk Franz Kafkas im Kontext jüdischen Schreibens* (Wien 2004), 236.
13 Verbeeck, *Schloß-Geschichten*, (Anm. 5), 19.
14 Anselm Haverkamp, *Kafkas Pannen: Poetik des Landstreichens im dichtgemachten Text*, in: Verbeeck, (Anm. 5), 110-118; hier: 115.

die dunkle Ferne sind dabei untrennbar aufeinander bezogen, wie auch das Kafka-Zitat deutlich macht, das als perspektivischer Fluchtpunkt von Walters Kommentar gelesen werden kann:

> Bleibst du aber fest, läßt mit der Kraft des Blicks die Wurzeln wachsen tief und breit (...) dann wirst du auch die unveränderliche dunkle Ferne sehen, aus der nichts kommen kann als eben nur einmal der Wagen, er rollt heran, wird immer größer, wird in dem Augenblick, in dem er bei dir eintrifft, welterfüllend und du versinkst in ihm wie ein Kind in den Polstern eines Reisewagens, der durch Sturm und Nacht fährt.[15]

Die Festigkeit des Blicks ist hier auf die Erwartung eines einmaligen, Welt erfüllenden Augenblicks bezogen, in dem dich die Ferne aufnimmt wie ein Kind; der Blick wird so ganz visionäre Konzentration, er lässt sich nicht hypnotisieren von einer Chimäre, von einem imaginären Fluchtpunkt und einem vermeintlichen Ziel in der Ferne. »Hier bleiben«, das hieße in diesem Kontext Fluchtreflexe vermeiden und keine Ausfluchten suchen in Projektionen, den Versuchen nicht nachgeben, die die Mächte auf eine Macht reduzieren wollen. Es hieße vielleicht auch nur, die Spannung im »Apparat« zu registrieren, in dem immer irgendwo irgendwelche Entscheidungen getroffen werden, um sie trotz aller Müdigkeit physisch durchzuhalten, ohne sie bewusst verdunkeln zu wollen im Turbiloqium ›unbewusster‹ Körpergeschichten und ohne sie zu schnell zu ironisieren als so genannte ›spirituelle Spannung‹.

II.

Es geschieht nur selten in der Literatur, dass der Schreibprozess und das Geschriebene, die Niederschrift und die Erzählung so eng aufeinander bezogen sind wie in Kafkas Romanfragment *Das Schloß*. Das Realste – so heißt es im Aufsatz *Come arrivare al Castello* – ist hier der Ort des Schreibens, ein »»situs realissimus««[16], den Kafka in einem Brief an Klopstock als eine »mit Nägeln aufgekratzte Deckung im Weltkrieg«[17] bezeichnet hat, eine von destruktiven Mächten bedrohte Frontstellung. In Walters Kommentar klingt die Kriegsmetapher nach und damit auch das Schlachtfeld, das die Weltkriege hinterlassen haben, die Zerstörung der kulturellen Tradition und Gedächtnisräume wie auch die realen Fluchtgeschichten, die sich physisch eingeschrieben haben und sich noch heute äußern können im intimen Schrecken, der einen in der ganz alltäglichen Normalität heimsuchen kann. Es gibt eine Art des Schreibens und Lesens, die mit dem Reisen in kollektiven Gedächtnisräumen der Vergangenheit vergleichbar ist. In der Prosa von W.G. Sebald etwa[18] reisen die Protagonisten auf den Spuren der Zerstörung, die

---

15 Franz Kafka, *Hochzeitsvorbereitungen auf dem Lande* (Frankfurt am Main 1983), 255, zit. in: Busch, *Come arrivare al Castello*, (Anm. 1), 87.
16 Busch, *Come arrivare al Castello*, (Anm. 1), 85.
17 Franz Kafka, *Briefe 1902-1924* (Frankfurt am Main 1975), 374.
18 Vgl. W.G. Sebald, *Storia della distruzione e memoria letteraria*, hrsg. v. Walter Busch, Cultura tedesca 29 (2005).

den Raum der Geschichte durchziehen, um in der Imagination der historischen Orte und Signaturen die Phantomspuren eines unerlösten Schmerzes zu beleben und so zu antworten auf die Angst vor dem Auslöschen des Gedächtnisses, auf den Schrecken vor der abstrakten Tyrannei einer erinnerungslosen Zeit, die sich ankündigt. Bei Kafka dagegen geht es – wie gesagt – um die Schwierigkeit, hier zu bleiben, in einer unausweichlichen Situation, in der die Kraft nur aus der Klarheit des Blicks kommen kann.[19]

Kafka beginnt die Arbeit am Schloss nach einem schwerem »Zusammenbruch«[20] im Januar 1922. Die Briefe und Tagebuchaufzeichnungen aus jener Zeit erzählen von der Neurasthenie des Autors und von seinen verzweifelten Versuchen, sich vor dem Lärm der Welt zu schützen: »fast scheint es mir manchmal, daß es das Leben ist, das mich stört«[21], so kommentiert Kafka seine extreme Geräuschempfindlichkeit in einem Brief an Max Brod. Bekannt ist die bereits zitierte Tagebuchnotiz vom »Ansturm gegen die letzte irdische Grenze«, in der Kafka von der »Unmöglichkeit zu schlafen« und »Unmöglichkeit zu wachen« spricht, von der »Unmöglichkeit das Leben, genauer die Aufeinanderfolge des Lebens zu ertragen. Die Uhren stimmen nicht überein, die innere Jagd in einer teuflischen oder dämonischen oder jedenfalls unmenschlichen Art, die äußere geht stockend ihren gewöhnlichen Gang.« Für die Wildheit des inneren Gangs macht er die Selbstbeobachtung verantwortlich, »die keine Vorstellung zur Ruhe kommen läßt, jede emporjagt um dann selbst wieder [...] gejagt zu werden.«[22] Das Schreiben, das sich als Antwort versteht auf diese Form der Selbstzerstörung, die der Selbstbeobachtung inhärent ist, gewinnt jetzt eine neue Funktion und Bedeutung. War es in früheren Zeiten vor allem »Kampf um Selbsterhaltung«[23] oder »Darstellung meines traumhaften inneren Lebens«[24], so tritt es jetzt in ein neues Spannungsfeld: es soll den permanenten Reflexionsprozess auf das eigene Leben unterbrechen, die wilde innere Jagd der Vorstellungen, die zum Zusammenbruch führt, es soll der Weg sein, der von der Selbstbeobachtung ablenkt, ein »merkwürdiger, geheimnisvoller, vielleicht gefährlicher, vielleicht erlösender Trost«, der eine »höhere Art der Beobachtung« möglich macht, »je unabhängiger« und »mehr eigenen Gesetzen folgend« desto »unberechenbarer, freudiger, steigender ihr Weg.«[25]

Ende Januar bringt Kafka im winterlichen Spindlermühle im Riesengebirge die ersten Notizen zum Schloß-Roman zu Papier.[26] Etwa gleichzeitig vertraut er dem Tagebuch eine ausführliche Beschreibung seiner konkreten persönlichen

---

19 Vgl. Franz Kafka, Tagebücher, hrsg. v. Hans-Gerd Koch, Michael Müller u. Malcolm Pasley (Frankfurt am Main 2002), 904: »Und wer gibt Dir die Kraft? Wer Dir die Klarheit des Blickes gibt.«
20 Ebd., 877 (Aufzeichnung vom 16.1.1922).
21 Kafka, Briefe, (Anm. 17), 293.
22 Kafka, Tagebücher, (Anm. 19), 877.
23 Ebd., 543.
24 Ebd., 546.
25 Ebd., 892.
26 Vgl. Kafka, Das Schloß. Apparatband, (Anm. 2) 61ff.

Lage an. Die Aufzeichnung vom 29. Januar 1922 liest sich wie ein komplementäres Bild zur Ankunftsszene von K. im Schloß, oder besser: wie eine Beschreibung jener unerzählten Wegstrecke, die K. im Rücken hat, wenn er die Holzbrücke betritt, um seinen Blick auf die »scheinbare Leere« des Schlosses zu richten:

> In dieser Welt wäre die Lage schrecklich, hier allein in Sp., überdies auf einem verlassenen Weg, auf dem man im Dunkel im Schnee fortwährend ausgleitet, überdies ein sinnloser Weg ohne irdisches Ziel (zur Brücke? Warum dorthin? Außerdem habe ich sie nicht einmal erreicht), überdies auch ich verlassen im Ort [...] unfähig mit jemandem bekannt zu werden, unfähig eine Bekanntschaft zu ertragen [...] mein Schatten ist in dieser Welt tatsächlich allzu groß [...] überdies nicht nur hier so verlassen sondern überhaupt, auch in Prag meiner »Heimat« und-zwar nicht von den Menschen verlassen, das wäre nicht das Schlimmste, ich könnte ihnen nachlaufen, solange ich lebe, sondern von mir in Beziehung auf die Menschen, ich habe Liebende, aber ich kann nicht lieben, ich bin zu weit, bin ausgewiesen, habe da ich doch Mensch bin und die Wurzeln Nahrung wollen, auch dort »unten« (oder oben) meine Vertreter, klägliche ungenügende Komödianten, die mir nur deshalb genügen können (freilich, sie genügen mir gar nicht und deshalb bin ich so verlassen) weil meine Hauptnahrung von andern Wurzeln in anderer Luft kommt, auch diese Wurzeln kläglich, aber doch lebensfähiger.[27]

Die schreckliche Lage in dieser Welt, die Einsamkeit, Sinn- und Ziellosigkeit des autobiographischen Ich, versetzt Kafka von Beginn an in den Konjunktiv, er nennt sie nur im *modus irrealis*, um letztlich sein Leben in einer anderen Welt und »in anderer Luft« zu verwurzeln. Dazwischen aber, zwischen dieser und der anderen Welt, insistiert das Leitmotiv der Verlassenheit, als wiederkehrendes Attribut des Wegs, des Ortes, des schreibenden Ich und seiner Beziehung auf die Menschen. Wenn hier der große Schatten des Weltfremden, der seine kläglichen komödiantischen Vertreter auf die Erde schickt, das Hier und Da beherrscht, so stellt sich der Beginn des Schreibens am *Schloß* als der Versuch dar, die Lebensfähigkeit der »andern Wurzeln in anderer Luft« zu erproben, um als Ausländer dieser Welt ein »Bürger in dieser andern Welt«[28] zu werden.

Trotz der Konzentration und der Kraft des Blicks bricht der ansteigende Weg des Schreibens, der das Schloss in der Ferne vor Augen hält, schließlich ab.[29] Der Schreibende erwirbt sich kein Wohnrecht in der anderen Welt. In den sparsamen Aufzeichnungen der letzten Monate des Jahres 1922 ist wieder von Verirrung und Verbannung die Rede, so etwa in den Versen, die Kafka Anfang September niederschreibt:

> Wiederum, wiederum, weit verbannt, weit verbannt.
> Berge, Wüste, weites Land
> gilt es zu durchwandern.[30]

27 Kafka, *Tagebücher*, (Anm. 19), 894-896 (Aufzeichnung vom 29.1.1922).
28 Ebd., 893 (Aufzeichnung vom 28.1.1922).
29 Vgl. Kafka, *Das Schloß*. Apparatband, (Anm. 2), 70.
30 Franz Kafka, *Nachgelassene Schriften und Fragmente II*, hrsg. v. Jost Schillemeit (Frankfurt am Main 2002), 514.

Wie kann es weitergehen nach dem *Schloß*? Hat Kafka hier nicht eine »letzte irdische Grenze« erprobt und eine letzte Schwelle fast schon überschritten? Und wird mit dem Abbruch des Wegs nicht auch der Anspruch aufgegeben, den K. ans Schloss stellt? Verzichtet K. auf die schwere Aufgabe des Weltfremden, der als Fremder »hier bleiben« will, mit anderen Worten: verzichtet er auf den Kampf um ein Leben, das seine Wurzeln und seine Nahrung in einer anderen Welt finden will?

III.

Kafkas letzte Erzählungen scheinen auf diese Fragen ganz unerwartete Antworten bereitzuhalten, Antworten, die – wie alle entscheidenden Lösungen – die Fragen gleichsam »wegheben« (Benjamin), die Kafka im *Schloß* gestellt hat. Aus diesem Grund wohl standen die späten Erzählungen Kafkas, insbesondere *Der Bau* und die *Forschungen eines Hundes* in letzter Zeit im Zentrum unserer Forschungen und Gespräche.[31] Gibt es verborgene Wege, die vom Machtbereich des Schlosses zu den unterirdischen Räumen des Tiers im *Bau* führen, das sich seine »Burg« erobert und ergrübelt hat? Gibt es eine Verbindung zwischen K., der als Fremder in die unzugängliche Ferne des Schlosses blickt und dem animalischen Hausbesitzer im Bau, der sich eingerichtet hat in einer ganz neuen Nähe zu sich selbst und seine Festung sichern will vor allen Feinden der Welt? In Kafkas späten Tiergeschichten verdunkelt sich der Blick in die Ferne, während der Spürsinn und das Hören zu privilegierten Organen der Wahrnehmung werden. Dies bedeutet zunächst den Abschied von K. als Perspektivfigur, den Abschied vom Blick des Fremden in die unzugängliche Ferne des Schlosses: keine Projektion mehr auf ein höheres Ziel, keine Fixierung mehr auf eine imaginäre Instanz, die es K. erlauben soll, das Land zu vermessen, in dem er leben kann.

Der Trennung von K. ist eine eigene Geschichte Kafkas gewidmet, nämlich die Erzählung *Das Ehepaar*, die ebenfalls in den letzten Monaten des Jahres 1922 entsteht. Der Ich-Erzähler berichtet hier von seinem vergeblichen Versuch, die alte Geschäftsverbindung mit K. wieder aufzunehmen, die sich »aus mir unbekannten Gründen fast gelöst hat.«[32] Er beschließt, K. im Kreis seiner Familie aufzusuchen. Dieser ist inzwischen ein alter Mann geworden, »abgemagert, gebückt, unsicher geworden« und »sehr wenig aufnahmsfähig« für die Angebote des Erzählers, schließlich scheint er sogar vor den Augen des Erzählers seinen Geist endgültig aufzugeben:

> K. saß mit offenen, glasigen, aufgequollenen, nur für die Minute noch dienstbaren Augen da, zitternd nach vorne geneigt, als hielte oder schlüge ihn jemand

---

31 Diese Fragen standen beispielsweise im Mittelpunkt des von Walter Busch organisierten Forschungsseminars: Franz Kafka, Der Bau, Forschungen eines Hundes, Universität Verona, 22.11.2010.
32 Kafka, *Nachgelassene Schriften und Fragmente II*, (Anm. 30), 534.

> im Nacken, die Unterlippe, ja der Unterkiefer selbst mit entblößtem Zahnfleisch hing unbeherrscht herab, das ganze Gesicht war aus den Fugen; noch atmete er, wenn auch schwer, dann aber wie befreit fiel er zurück gegen die Lehne, schloß die Augen, der Ausdruck irgendeiner großen Anstrengung fuhr noch über sein Gesicht und dann war es zuende.[33]

So krass und pysiognomisch prägnant diese Szene auch wirken mag, in der K. für immer die Augen schließt, sie wird am Ende der Erzählung dementiert, und zwar von K.s alter Ehefrau, die »klein und gebrechlich, aber äußerst lebhaft«[34] für ihren Mann Sorge trägt. Mit dem »unendlichen Vertrauen des Unschuldigen« küsst sie die Hand des Schlafenden, um ihn zu neuem Leben zu erwecken: »K. bewegte sich, gähnte laut, ließ sich das Hemd anziehn, duldete mit ärgerlich-ironischem Gesicht die zärtlichen Vorwürfe seiner Frau«.[35] Abgeschlossen wird die Geschichte vom Kommentar des Erzählers, der nun die Wohnung von K. für immer verlässt:

> Im Vorzimmer traf ich noch Frau K. Im Anblick ihrer armseligen Gestalt sagte ich aus meinen Gedanken heraus, daß sie mich ein wenig an meine Mutter erinnere. Und da sie still blieb, fügte ich bei: »Was man dazu auch sagen mag: die konnte Wunder tun. Was wir schon zerstört hatten, machte sie noch gut. Ich habe sie schon in der Kinderzeit verloren.«[36]

Noch ein letztes Mal taucht hier die Erinnerung an die Gestalt der Mutter auf, deren schattenhafte Präsenz in den Texten von Franz Kafka eine eigene Untersuchung verdiente. Diese Mutter, die – was die biographischen Voraussetzungen betrifft –, den Sohn so sehr geliebt hat und doch gar nichts von ihm verstand, war schon die Hauptfigur einer ganz frühen Episode gewesen, die Kafka in einem Jugendbrief an Max Brod beschreibt und die später in die *Beschreibung eines Kampfes* eingeht. Es geht um eine kleine und scheinbar völlig bedeutungslose Gartenszene, in der die Mutter »in natürlichem Ton« eine andere Frau im Garten fragt: »›Was machen Sie?‹ Eine Frau antwortete aus dem Garten: ›Ich jause im Grünen!‹«. Da kann der autobiographische Erzähler nur sein Erstaunen äußern: »Da staunte ich über die Festigkeit mit der die Menschen das Leben zu tragen wissen.«[37] In der Geschichte *Das Ehepaar* verabschiedet sich der Erzähler nun auch von der Mutter, die im Kreis der menschlichen Familie ihre Wunder tut, um seine weiteren Recherchen den *Forschungen eines Hundes* anzuvertrauen.

Wahrscheinlich noch während der Arbeit am *Schloß* oder kurz vor ihrem Abbruch wird die Erzählung *Forschungen eines Hundes* begonnen. Sie liest sich wie ein alternativer Kommentar zur Lebenssituation, die Kafka Ende Januar in Spindelmühle in seinem Tagebuch festgehalten hatte. Dort war die Rede von der mensch-

---

33 Ebd., 539.
34 Ebd., 536.
35 Ebd., 540.
36 Ebd., 541.
37 An Brod, 28 August 1904, in: Kafka, *Briefe*, (Anm. 17), 40.

lichen Einsamkeit und Ausgewiesenheit, von der Situation des Verlassenen, der seine komödiantischen Vertreter in die Welt schickt, »da ich doch Mensch bin und die Wurzeln Nahrung wollen«[38], jetzt, in der Erzählung des Hundes, liegt der Akzent auf der elementaren Frage nach der Nahrung, die in den Mittelpunkt der Forschung tritt. Es lohnt sich ein Stück weit diese Fährte von Kafkas Forscherhund zu verfolgen, die sicherer, mit mehr Instinkt und Spürsinn vorwärts führt als die unsicheren menschlichen Wege: »nur vorwärts hungriges Tier führt der Weg zur eßbaren Nahrung, atembaren Luft, freiem Leben, sei es auch hinter dem Leben«, so heißt es schon im Februar 1922 in einer Tagebuchnotiz Kafkas.[39]

Auch der Ich-Erzähler in den *Forschungen eines Hundes* fühlt sich wie K. fremd und anders, ein Exzentriker der Hundeschaft, der weiß, »daß hier seit jeher etwas nicht stimmte, eine kleine Bruchstelle vorhanden war, ein leichtes Unbehagen«[40]. Doch nicht die Fremdheit unter den Menschen, sondern die Frage nach der Gemeinschaft steht für den Hund im Mittelpunkt der Forschung, mehr noch, die Zugehörigkeit zu seiner Artgenossenschaft wird für ihn zur eigentlichen Lebensfrage, die letztlich unergründlich bleibt, da auf sie immer nur das Schweigen der Hundeschaft antwortet: »wir widerstehen allen Fragen, selbst den eigenen, Bollwerk des Schweigens, das wir sind«[41]. Gerade die verschwiegene Fremdheit aber scheint das zu sein, was allen gemeinsam und eigen ist, dies spürt der Hund und rührt damit an eine Gewissheit, die in der Hundenatur noch radikaler verschlossen liegt als im Menschen.[42] Dieser Forscher, der so die stumme Fremdheit des eigenen Wesens aufspürt und in den anderen wieder erkennt, kann nun auch »Wir« sagen und damit auch die Besonderheit seiner eigenen Art erkennen: »Wir sind die welche das Schweigen drückt, welche es förmlich aus Lufthunger durchbrechen wollen.«[43] Aus Lufthunger treibt der Forscherhund seine »kleinen hoffnungslosen« und doch »unentbehrlichen Untersuchungen« voran bis zur extremen Askese und schreckt auch vor dem Experiment des konkreten Hungerns nicht zurück. Die Insistenz, die schon K. im *Schloß* charakterisierte, wird hier zur radikalen Verbissenheit, die die Selbsterforschung an einen äußersten Ort der Verlassenheit führt, »fort von allen«, wo der Erzähler »völlig allein mit dem in den Eingeweiden brennenden Hunger«[44] bleibt. Solange kann er an diesem Ort ausharren, bis nur noch der Hunger spricht und ein entsetzlicher Lärm im eigenen Bauch aufbricht, der das Ich erschüttert wie der Einbruch einer anderen Dimension: »wer war ich, der ich noch immer hier zu bleiben wagte«[45]. Hier, wo der

---

38 Kafka, *Tagebücher*, (Anm. 19), 895 (Aufzeichnung vom 29.1.1922).
39 Ebd., 903 (Aufzeichnung vom Februar 1922).
40 Kafka, *Nachgelassene Schriften und Fragmente II*, (Anm. 30), 423.
41 Ebd., 444.
42 Vgl. dazu Rainer Nägele, *Kafkaesk*, in: *Odradeks Lachen. Fremdheit bei Kafka*, hrsg. v. Hansjörg Bay u. Christoph Hamann (Freiburg 2006).
43 Kafka, *Nachgelassene Schriften und Fragmente II*, (Anm. 30), 451f.
44 Ebd., 470.
45 Ebd., 479.

moderne Wahrheitssucher – auch um den Preis seines Lebens – nach einer letzten Gewissheit sucht, kann sich das Ich nicht breit machen in seinem »Schmerz und Blut«. Eine erhabene Stimme verjagt es vom Ort der extremen Verlassenheit, wo es von der mächtigen Melodie eines anderen unpersönlichen Lebens durchdrungen wird: »neues Leben durchfuhr mich dabei, Leben wie es der Schrecken gibt.«[46] Der schöne »fremde Hund«, der plötzlich erscheint und scheinbar auf großartige Weise zum Singen anhebt, mag nur eine Halluzination des Hungernden sein, das Ereignis zeitigt auf jeden Fall seine geistigen Folgen: der Hund muss den Bereich seiner Forschungen auf ein Grenzgebiet erweitern: auf die Musik der Tiere und auf die »Lehre von dem die Nahrung herabrufenden Gesang«[47].

Die *Forschungen eines Hundes* lesen sich wie das radikale Projekt einer künstlerischen Praxis, die sich vornimmt, die herrschenden Diskurse der Tradition und der Gegenwart über den undurchsichtigen Kreislauf von Himmel und Erde um zu schreiben. Umgeschrieben werden in der Erzählung des Forscherhundes die alten Formen menschlicher Selbsterforschung, um das Selbst zu erschüttern und auf die Fremde des Körpers zu verweisen[48], umgeschrieben werden die biopolitischen Diskurse sowie die rassistischen Mythologeme und Kampfschriften der *Secessio judaica*.[49] Vielleicht könnte man diese Forschungen aber auch ganz einfach als »Altererzählung« bezeichnen, die der noch nicht vierzigjährige Kafka unmittelbar nach seiner Pensionierung schreibt, als eine neue Lebensphase beginnt, und sich die elementaren Fragen stellen in der Art: »was war das denn nun, was ich während meines ganzen Lebens gemacht habe?«[50] Deleuze und Guattari setzen sich in ihrem letzten gemeinsamen Buch *Was ist Philosophie?* mit solch grundsätzlichen Problemen des Spätwerks auseinandersetzen, die dringlich werden, »wenn das Alter naht und die Stunde, um konkret zu werden«[51], und stellen dabei – was den Bereich der Kunst betrifft – die Frage nach den Kräften, die uns affizieren, in den Vordergrund. Der artistische Raum der Komposition, der aus diesen Kräften der Affektion hervorgeht, beginnt für sie mit dem Tier, »das ein Territorium absteckt und eine Behausung errichtet«.[52] In diesem Kontext wird auch der Name Franz Kafkas genannt: »Kafkas Kunst wird die tiefgründigste Meditation über Territorium und Haus sein, über den unterirdischen Bau«[53].

---

46 Ebd., 478.
47 Ebd., 481.
48 So im Beitrag von Clemens Härle, »Und ich war wirklich völlig außer mir«. Zu Kafkas Forschungen eines Hundes, Forschungsseminar vom 22.11.2011, Università di Verona (unveröffentlicht).
49 Wie aus einer Tagebuchaufzeichnung hervor geht (Anm. 19, 924), liest Kafka zu dieser Zeit insbesondere die Schrift von: Hans Blüher, Secessio judaica. Philosophische Grundlegung der historischen Situation des Judentums und der antisemitischen Bewegung (Berlin 1922).
50 Gilles Deleuze, Félix Guattari, *Was ist Philosophie?* Aus dem Französischen von Bernd Schwibs u. Joseph Vogl (Frankfurt am Main 1996), 5.
51 Ebd., 5.
52 Ebd., 218.
53 Ebd., 219.

IV.

Im letzten *Schlosßheft* und im so genannten *Foschungen-Heft* findet sich eine Reihe von Aufzeichnungen, die auf einen regen Baubetrieb verweisen, auf eine Arbeit der Konstruktion, die zunächst dazu dienen soll »das Bestehende zu sichern[54]« [Herv. I.S.]. Vom Baubetrieb auf der Erde aber gibt es nur noch – so liest man in diesen Notizen – ein paar Grundmauern und vereinzelt auch ein verlassenes Haus, in dem die Spuren des Wohnens allerdings »unbegreiflich gut verwischt« sind. Die Bauarbeit des Erzählers muss nun ihre Richtung ändern, um einen Fortschritt zu ermöglichen: »Was baust Du? Ich will einen Gang graben. Es muß ein Fortschritt geschehn. Zu hoch oben ist mein Standort«.[55] Das Bauprojekt, das die Arbeit der Selbstkonstruktion vorantreibt, weist nun vertikal nach unten und geht vom Bauen ins Graben über. Nicht, dass das Graben an sich neu wäre, Kafka ist, wie er selbst an Milena Jensenkà schreibt, ein »alter Maulwurf«[56]. Doch was vorher nur Rettungsloch und Grube war, die Schutz vor dem Lärm der Welt bieten sollte, das wird jetzt zum komplexen Bau- und Netzwerk.

Sicherlich ist Kafka nicht der erste und auch nicht der einzige, der die Notwendigkeit erkennt, auf der Suche nach einer letzten Gewissheit den eigenen Standort weiter nach unten zu verlegen. Peter Sloterdijk etwa stellt seine Artistik in die Nähe zur gelebten Philosophie von Ludwig Wittgenstein und spricht von der Kategorie der »inversen Akrobaten«, der auf der Vertikalachse »abwärts steigenden Engel«.[57] Gemeinsam mit Wittgenstein mag Kafka die unerbittliche Arbeit und Disziplin der Selbstkonstruktion haben, die sein Leben und Werk zum Exempel macht. Aufschlussreich mag daher auch der Vergleich mit dem Wiener Philosophen und Sezessionisten sein, der sich gerade das Einfachste zum Ziel gesetzt hat. Wittgenstein, der noble Heilige, konnte zur österreichischen Kultfigur werden, da er das Gewöhnliche in den Geist der großen Reform stellte. Die Perfektion der Normalität als akrobatische Übung, dies scheint – so ließe sich übrigens auch bei Thomas Bernhard nachlesen – die letzte Geisteshaltung zu sein, die den Überlebenden Habsburgs vor ihrer endgültigen Verblödung gelungen ist. Und dennoch: Kafka lässt sich schwer einordnen in Sloterdijks zynische Apologie des Lebens als radikales Design, sein Leben und Werk hebt sich klar ab von Wittgensteins »Daseinskurve«, die »den langen Kampf um eine erträgliche Ankunft auf dem Boden der Tatsächlichkeit« beschreibt und dabei einem berühmten Motto folgt: »Steige nur immer von den kahlen Höhen der Gescheitheit in die grünenden Täler der Dummheit«.[58] Kafkas Projekt reicht wesentlich tiefer und nimmt eine

---

54 Kafka, *Nachgelassene Schriften und Fragmente II*, (Anm. 30), 506.
55 Ebd., 484.
56 Franz Kafka, *Briefe an Milena. Erweiterte und neu geordnete Ausgabe*, hrsg. v. Jürgen Born u. Michael Müller (Frankfurt am Main 2004), 185. Brief vom 4/5.8.1920: »Am Ende macht man schon wieder neue Gänge, man, alter Maulwurf.«
57 Peter Sloterdijk, *Du mußt dein Leben ändern. Über Anthropotechnik* (Frankfurt am Main 2009), 211.
58 Ebd., 212f.

Richtung, die der Autor selbst in einem Satz bezeichnet hat, dem im Rahmen seiner Aufzeichnungen das Gewicht eines Aphorismus zukommt: »Wir graben den Schacht von Babel«.[59]

Die Inversion des Turmbaus zum Schacht von Babel, der in die Tiefe hinunter gegraben wird, bezeichnet Kafkas Antwort auf das Schwanken des Himmelbaus und auf den Verlust des wahren Worts, in dem die Menschheit noch mit »einerlei Zunge« sprach, eine singuläre Antwort auf die babylonische Verwirrung, die hier – allen multi- und transkulturellen Lesarten zum Trotz – in keine Apologie oder »Kartographie eines zerstreuten Sprechens«[60] mündet. Das Bild des Schachts von Babel bezeichnet vielmehr eine strenge Monotopie, die anschaulich macht, dass sich die wahre Inversion und Umkehr ganz auf der vertikalen Achse bewegt und diese tief in die Erde versenkt. Die Umkehr des Mythos deutet hier nicht allein und nicht primär auf die Zurücknahme der Hybris hin, die für Kafka nie das wahre Problem darstellte[61], sie reicht auch tiefer als alle Fragen nach dem Fundament und nach dem Boden unter den Füßen, denn sie will den Himmelsbau in die Erde graben und sucht in der unterirdischen Tiefe nach jenem vergessenen mythischen Ort, an dem wir alle eine Sprache sprechen und ein wahres Wort finden. Aus solchen Grabungen geht schließlich die Erzählung *Der Bau* hervor.

Im Kontext der Aufzeichnungen jener Zeit liest sich Kafkas späte Tiergeschichte zunächst wie eine eigentümlich verrückte Antwort auf eine lebenslange Schwierigkeit, nämlich die, ein Haus in Besitz zu nehmen.[62] Die Notizen, die der Erzählung *Der Bau* unmittelbar vorhergehen, sprechen von einer Rückkehr und Heimkehr, in der das »zuhause« allerdings unsicher und fraglich bleibt:

> Ich bin angekommen. Wer wird mich empfangen? Wer wartet hinter der Tür der Küche? [...] Ist Dir heimlich, fühlst Du Dich zuhause? Ich weiß es nicht, ich bin sehr unsicher. [...] Ich wage nicht an die Küchentür zu klopfen, nur von der Ferne horche ich, nur von der Ferne horche ich stehend, nicht so daß ich als Horcher überrascht werden könnte. [...] Je länger man vor der Tür zögert, desto fremder wird man.[63]

Nicht mehr der Blick in die unzugängliche Ferne, sondern das Horchen aus der Ferne bezeichnet nun die Fremdheit dessen, der vor der Schwelle des eigenen Hauses steht. Der Topos der Angehörigkeit und Zugehörigkeit entfaltet sich im Medium des Hörens, der auditiven Wachsamkeit und Hellhörigkeit.[64] In einer

---

59 Kafka, *Nachgelassene Schriften und Fragmente II*, (Anm. 30), 484.
60 Bernhard Siegert, *Kartographien der Zerstreuung*, in: Franz Kafka, Schriftverkehr, hrsg. v. Wolf Kittler u. Gerhard Neumann (Freiburg 1990), 222-257; hier: 247.
61 Vgl. Kafka, *Nachgelassene Schriften und Fragmente II*, (Anm. 30), 45: »Wenn es möglich gewesen wäre, den Turm von Babel zu bauen, ohne ihn zu erklettern – der Bau wäre erlaubt worden.«
62 Vgl. dazu die Belege in: Hartmut Binder, *Kafka-Kommentar zu sämtlichen Erzählungen* (München 1982), 304ff.
63 Kafka, *Nachgelassene Schriften und Fragmente II*, (Anm. 30), 572f.
64 Vgl. Michael Moxter, *Hören*, in: Wörterbuch der philosophischen Metaphern, hrsg. v. Rolf Konersmann (Darmstadt 2007), 146-167.

Skizze, die der Erzählung *Der Bau* unmittelbar vorhergeht, lässt Kafka allerdings noch ein letztes Mal die Figur von K. auftreten und in die Ferne blicken: »Dann lag die Ebene vor K. und in der Ferne weit im Blauen auf einem kleinen Hügel, kaum zu erkennen, das Haus, zu dem er strebte.«[65] Der Wanderer K. schaut hier noch einmal in die weite Ebene, doch nicht mehr hinauf in die »scheinbare Leere«, wo sich das »große Schloß« verbirgt, er hält sich vielmehr das Haus vor Augen, das er schließlich als sein eigenes zu Hause erkennt: »›Das ist also mein Haus‹, sagte er sich, ›ein kleines altes klägliches Haus‹.«[66] Erzählt wird weiter, wie K. bis zum Abend wandert, »viele Mal war ihm das Ziel« verschwunden, dann aber steht er ganz unvermittelt vor einer offenen Tür, die Schwelle wird von einer Katze bewacht, die mit Geschrei verschwindet, K. sieht alte zerbrochene Möbel und hört plötzlich eine zitternde Stimme, die fragt, wer gekommen sei. Damit bricht dieses Dokument einer unheimlichen Heimkehr ab, in der Befremdliches direkt an Vertrautes rührt, und die Erzählung *Der Bau* kann beginnen.

Der Erzähler im *Bau* macht gleich zu Beginn klar, dass er das Werk seines Lebens realisiert hat und dass er sich eingerichtet hat in seiner eigenen Konstruktion: »Ich habe den Bau eingerichtet und er scheint wohlgelungen«.[67] Jetzt, da das Leben »auf seinem Höhepunkt« ist und er alt zu werden beginnt, kann er sich die Baugesetze und Umrisse des eigenen Lebenswerks vergegenwärtigen, all die unterirdischen Gänge und Plätze, wo das Tier »den süßen Schlaf des Friedens, des beruhigten Verlangens, des erreichten Zieles, des Hausbesitzes« schläft, wo es stolz sein kann auf seine innere Festung, den Hauptplatz oder Burgplatz – das »Ergebnis allerschwerster Arbeit meines Körpers in allen seinen Teilen.«[68] Wenn dieses Tier zeitweise noch den eigenen Bau verlässt, so tut es dies nicht so sehr, um die Freiheit draußen auszukosten, notwendig sind die Ausflüge vielmehr, um sich die Macht des eigenen Baus vor Augen zu halten. Das Belauern und Belagern des eigenen Eingangs von außen kann ekstatische Momente eines wahrhaft souveränen Selbstgefühls erzeugen:

> Mir ist dann, als stehe ich nicht vor meinem Haus, sondern vor mir selbst, während ich schlafe, und hätte das Glück gleichzeitig tief zu schlafen und dabei mich scharf bewachen zu können. Ich bin gewissermaßen ausgezeichnet, die Gespenster der Nacht nicht nur in der Hilflosigkeit und Vertrauensseligkeit des Schlafes zu sehn, sondern ihnen gleichzeitig in Wirklichkeit bei voller Kraft des Wachseins in ruhiger Urteilsfähigkeit zu begegnen.[69]

So »ausgezeichnet« diese Selbstvorstellung auch sein mag, die tief in die Nacht des Unbewussten hinabreicht, der Erzähler muss sie doch kurz darauf wieder dementieren: »Nein, ich beobachte doch nicht wie ich glaubte meinen Schlaf, viel-

---

65 Kafka, *Nachgelassene Schriften und Fragmente II*, (Anm. 30), 575.
66 Ebd.
67 Ebd., 576.
68 Ebd., 580.
69 Ebd., 591.

mehr bin ich es der schläft während der Verderber wacht.«[70] Die Grübeleien des Tiers, die immer wieder zwischen Affirmation und Demento, zwischen nervöser Angst und souveräner Selbstgewissheit hin und her schwanken, spielen alle widersprüchlichen Implikationen des selbstbezüglichen Sprechens durch; was sie letztlich aussagen und festhalten können, ist nur die Aporie jeder noch so souveränen Selbstbeobachtung, die unmögliche Gleichzeitigkeit von Wachen und Schlafen, von restloser Anwesenheit und Bewusstsein, von Tat und Beobachtung, von Denken und Handeln.

Das Selbst des Sprechenden kann in diesen unschlüssigen Grübeleien wohl niemals Gestalt werden, im Gegenteil, die Sprache scheint hier einer Strategie der Reduktion jeder Identität zu dienen, einem differenzierten Abbau des Bewusstseins bis zur Denkmüdigkeit und bis zur animalischen »Benommenheit«[71]. Nur die bewusste Demontage der Selbstvorstellung erlaubt es dem sprechenden Tier schließlich auch, seine Beobachterposition zu verlassen und in seinen Bau zurückzukehren. Die Prozedur des Hinabsteigens bezeichnet allerdings nicht allein den Abbau des Selbstbewusstseins, sie verbindet sich auch – wie hier betont werden soll – mit der Annäherung an eine unzerstörbare Gewissheit, die diesen Abstieg eigentlich erst möglich macht; es geht um das Wissen:

> daß hier meine Burg ist, die ich durch Kratzen und Beißen, Stampfen und Stoßen dem widerspenstigen Boden abgewonnen habe, meine Burg, die auf keine Weise jemandem andern angehören kann und die so sehr mein ist, daß ich hier letzten Endes ruhig von meinem Feind auch die tödliche Verwundung annehmen kann, denn mein Blut versickert hier in meinem Boden und geht nicht verloren.[72]

»Meine Burg«, dies ist der Ort einer unwiderruflichen Zugehörigkeit von Ich und Bau, von Erzähler und Werk, die durch die Rückkehr in den Bau der Erfahrung zugänglich wird. Dreimal wiederholt sich im Text jetzt das Lokaladverb »hier«, um diesen katatonischen Ort einer unterirdischen Gewissheit zu bezeichnen, sechs mal kehrt das Possessivpronomen »mein« wieder, um in dieser Steigerung das Ich sterben zu lassen und so das Unverlierbare seiner selbst zu retten. Wenn Kafka hier die Formel »Blut und Boden« dem kollektiven Missbrauch entreißt, so tut er dies nicht im Namen einer Grundlegung des Subjekts oder gar einer mythischen Fundierung des Territoriums und der Erde, sondern im Hinblick auf eine ganz innerirdische Phantasie von Tod und Wiedergeburt, eine ganz neue und andere Erfahrung der Zugehörigkeit, diejenige zum eigenen Ort und zum eigenen Werk, zu einer »neuen Welt, die neue Kräfte gibt«.[73]

---

70 Ebd., 593.
71 Zur animalischen »Benommenheit«: Martin Heidegger, *Die Grundbegriffe der Metaphysik. Welt-Endlichkeit-Einsamkeit.* Gesamtausgabe Bd. 29/30, II Abt. Vorlesungen 1923-44 (Frankfurt am Main 1983), (2. Aufl. 1992), 371.
72 Kafka, *Nachgelassene Schriften und Fragmente II*, (Anm. 30), 601.
73 Ebd, 603.

Handelt die Erzählung *Der Bau* also von der Ankunft bei sich selbst? Kann sich der Erzähler jetzt endlich einrichten an jenem Ort, den er sich selbst geschaffen hat, *hier*, wo alles »gut und wichtig« ist und ihn gewissermaßen »sättigt«[74]? Realisiert sich hier endlich der Topos der *anima nutritiva*, das heißt der Ort, an dem alles Nahrung ist für das Tier und an dem es vielleicht auch den erlösenden Schlaf finden kann? Momentan scheint es so, als ob der Erzähler wirklich an diesem Ort einer *acquiescentia in se ipso* ankäme, wenn er von der »Lässigkeit« spricht, die ihn schließlich überkommt, und dann weitergrübelt:

> ich will hier nicht schlafen, nur der Lockung gebe ich nach mich hier so einzurichten, wie wenn ich schlafen wollte, nachsehn will ich, ob das hier noch immer so gut gelingt, wie früher. Es gelingt, aber mir gelingt es nicht mich loszureißen, ich bleibe hier in tiefem Schlaf.[75]

Im Rahmen von Walters Studien zum poetischen Raum wird Kafkas *Bau* aber gerade deshalb zum Ort jener »unglaublichen Entdeckungen«[76], von denen auch Kafkas Erzähler spricht, weil der Text mit der Ankunft und Heimkehr des Tiers in den Bau keineswegs zu Ende und zur Ruhe kommt. Hier, am unterirdischen Ort, an dem das Tier heimisch ist, eröffnet sich überraschenderweise ein ganz neues und unkontrollierbares Kräftefeld, ein bisher unbekannter und wörtlich unerhörter Erfahrungsraum, der sich nur dem animalischen Ohr und dem Lauschen des Hausbesitzers erschließt. Walters Beitrag konzentriert sich auf diesen letzten Teil der Erzählung, der beginnt, als der Erzähler aus seinem Schlaf erwacht und das unerhörte Zischen in den eigenen Wänden hört, das allmählich anwächst: »ich mußte erst wieder völlig heimisch werden um es zu hören, es ist gewissermaßen nur mit dem Ohr des wirklich sein Amt ausübenden Hausbesitzers hörbar«[77]. Das Grübeln geht jetzt in ein hoch allarmiertes Lauschen über, ein Abhören der eigenen Gänge, ein Horchen auf die inwendige Akustik des Baus, dem das Tier angehört. Der Erzähler setzt sich auf die »Spur jenes ziehenden nicht verortbaren Geräusches, das nichts anderes ist als sein eigenstes Lebensgeräusch«[78] – so heißt es in Walters Kommentar, vielleicht nichts als der Puls des eigenen Lebens, das Blut, das in den Ohren pocht. Die Distanz und die perspektivische Orientierung des Auges haben sich verdunkelt in diesem unterirdischen Hörlabyrinth, wo es nur hypothetische Lokalisierungen von Nähe und Ferne gibt, »Organprojektionen«[79], in denen das Tier von sich selbst wegrückt und in die Ferne lauscht, keine ima-

---

74 Ebd., 604.
75 Ebd., 605.
76 Walter Busch, *Der ergrübelte Raum. Fluchtwege der Beobachtung zu Kafkas Der Bau*; Beitrag zum Forschungsseminar vom 22.11.2010, Università di Verona (unveröffentlicht).
77 Kafka, *Nachgelassene Schriften und Fragmente II*, (Anm. 30), 606.
78 Busch, *Der ergrübelte Raum*, (Anm. 76).
79 Ebd.

ginären Fluchtpunkte, die den Betrachter verlocken, nur unendliche Variationen und Inversionen von Hier und Anderswo.

Vielleicht gehört auch dies zu den Einsichten, die Kafkas späte Erzählung für den Leser bereit hält: dass sich hier im Bau, an diesem Ort einer unausweichlichen Immanenz, wo kein Auswandern mehr möglich ist, die Imagination und die Intuition ganz in die Erde versenkt haben, in eine unterirdische Hellhörigkeit, die sich zeitlich artikuliert als »Sorge um sich« (M. Foucault). Diese dient der Verteidigung der eigenen Burg, die immer neu von innen her gefestigt werden muss und die doch allen Feinden ausgesetzt bleibt, der Feindschaft der Welt wie auch den inneren Feinden, den mythologischen Wesen der Sage etwa, die bei Kafka nicht die Wölbung des Himmels erklimmen, sondern im Innersten der Erde kratzen und dem Tier so nah kommen können, dass sie es vernichten und seinen Bau in Besitz nehmen können.

Auch Walters Lektüre muss und kann sich vor ihren Feinden schützen, vor dem subjektlosen Gemurmel, das sich im Zischen des Baus verliert, vor den Kurzschlüssen der Selbstreferentialität und den Apologien der Unlesbarkeit, die Kafkas bodenlose Grübelei, die asketisch verbissen oder krankhaft tiefsinnig sein kann, auf die postmodernen Allegorien des Lesens festschreiben wollen. Ihr größter Widerstand aber gilt dem »Dämon der Analogie«, der die Leser in die Ferne locken will, der immer neue Fluchtlinien und Fluchtwege aufscheinen lässt, um die Imagination ins Unendliche zu treiben und die Illusion einer Transzendenz zu erzeugen, in der sich das »Hier und Da« überschreiten und über sich hinausgehen will. Bestechend ist die Präzision von Kafkas Literatur, die diesem Dämon widersteht, die – streng monotopisch – auf dem »hier bleiben« insistiert und dieses *Hier* zum Ort »unglaublicher Entdeckungen« macht.

Milena Massalongo

Flüchtlingsgespräche ohne Flucht.
Einmal spricht Brecht, und einmal erwidert Kafka

> Das Verlangen der Zeit hört sich wie
> der Lärm von tausend Zungen an.
> S. Kierkegaard

Der globale Frieden war schon seit dreißig Jahren ohne Sturm und Klang ausgebrochen und hatte scheinbar alle Mauern und Grenzen und im Wesentlichen auch die Fähigkeit zum Unterscheiden Jahr auf Jahr niedergerissen. Freiheit zum eigenen Denken war zum einzigen, gemeinsamen Gedanken geworden und deren allgemeinste Idee zur Partei. Denken war lange nicht mehr zum Leben nötig, die Scheidung zwischen Leben und Denken, und die zwischen Denken und Genuss war bis zu dem Punkt gelungen, dass dies eben umrissene Bild schon nutzlos und auf jeden Fall zu ernst geklungen hätte – als in einem Lokal, das, wenn auch äußerst peripher, immerhin zentral genug lag, und das ohne Ambitionen den ambitionierten Namen ›Aus den Fugen‹ trug, manchmal zwei saßen und noch redeten, sich ab und zu vorsichtig oder scheu herum blickend, scheinbar über Literatur und Schnee. Der eine war einer der letzten überlebenden Leser aus dem vorigen Jahrhundert; der andere, etwas jüngere (aber nicht so jugendlich, dass er nur eine einzige Zeit kannte) hatte etwas übersetzt – obwohl es nicht mehr angebracht war. Man lebte jetzt in der Tat, wie einmal am Anfang dieser Zeit bemerkt worden war, »in einer geradezu fröhlichen Eintracht«: man verstand einander, wenn es notwendig war, kam ohne einander aus, wenn es einem passte, und man verstand einander selbst dann.[1] Das bürgerliche Leben ermöglichte es, unter gewissen Bedingungen ruhig in den Städten zu leben. Unter gewissen Bedingungen war die öffentliche Sicherheit garantiert und man konnte nachtsüber, ebenfalls unter gewissen Bedingungen, ruhig ausgehen. Diebstähle waren selten geworden und es handelte sich auf jeden Fall um Gegenstände des täglichen Gebrauchs, von Anstürmen gegen die letzte irdische Grenze[2] konnte nicht mehr die Rede sein. Alles geschah immer nur *bis zu einem gewissen Punkt*. Deswegen konnte man sichergehen und ein ruhiges Leben führen. Dieselbe Sicherheit herrschte auf dem Gebiet des einmal so genannten *Geistes*: Gedanken kamen und gingen, ohne zu stören, auch die entscheidensten zogen durch den Kopf hindurch ohne anzuhalten. Man befasste sich mit den schwierigsten Fragen, und darüber wurde mehr

---

1 Vgl. Franz Kafka, *Rede über die jiddische Sprache* (1912), in: ders., Nachgelassene Schriften und Fragmente I, hrsg. v. M. Pasley, (Frankfurt am Main 1993), 188-193.
2 Franz Kafka, *Tagebücher 1914-1923* (Frankfurt am Main 2001), 199.

oder weniger diskutiert. Aber die innere Sicherheit war abgesichert, oder genauer gesagt, man lebte wirklich ruhig.[3]

Trotz des Altersunterschieds stammten unsere Gesprächspartner noch aus demselben Zeitalter: Sie verfügten über kaum differenzierte Mittel, um Probleme zu lösen. Erst darin unterschieden sie sich vielleicht voneinander, dass einer im Grunde noch hoffend dachte, und es nicht der jüngere unter ihnen war. Beide wussten noch, dass es Fremdsprachen in der eigenen Sprache gibt und hatten die Erfahrung gemacht, dass selbsterdachte Rätsel zwar gelöst, aber wirkliche Probleme nur aufgehoben werden können. Das war genug, um die praktische Dosis von Nüchternheit, d.h., eine zum Vertrauen noch fähige, zu schaffen.

Wir werden sie im Folgenden L. und Ü. nennen, da der eine als Leser, der andere als Übersetzer vorgestellt worden ist – obwohl das weniger ihren Beruf als ihr *Überleben* oder sogar ihr *Leben* (wenn man so etwas noch laut sagen dürfte) bezeichnen kann.

Ü.

Bald wird man nicht einmal hier ruhig sitzen und reden können. Der Lärm wächst jeden Tag, man wäre fast geneigt zu sagen, mit jedem Wort an.

L.

Recht verwirrend ist das, weil nicht einfach zu entscheiden ist, ob selbst die eigenen Worte dazu beitragen. So leicht zu lösen ist die Lage auch nicht, indem man bloß Ort wechselt. Überall, wo immer man sich auch befindet, sitzt man im Kern der Lärmzentrale. Ich ging am letzten Wochenende im Schnee spazieren und selbst wo das Weiße und das Schweigen ungestört waren, war der Ruhe und der Leere nicht zu glauben. Darunter musste *auf jeden Fall* ein Autobahnnetz sein und zu einer Reihe miteinander verwechselbarer Schlösser führen – die übrigens alle gerade wie ein Schloss aussehen.

Ü.

Alles in schönster Ordnung. Es ist wirklich die Zeit, in der alle Versprechen eingehalten werden. Man hat entdeckt, dass das nicht so schwer fällt, vorausgesetzt, dass man wenig verspricht und möglichst erst das, was schon vorhanden ist. Nein, man muss noch weniger als das versprechen, was schon vorhanden ist. Wer weiß denn, was wirklich vorhanden ist. Wenn man aber die Kräfte dimensioniert, geht man sicher.

Grund genug, um darin nicht einfach eine Störung, sondern *die* Frage zu erkennen. Beugen Sie sich nur bitte etwas näher vor, davon lässt sich nicht laut reden.

---

3 Vgl. dazu: Søren Kierkegaard, *Gedanken, die hinter der Schulter verletzen*, in: ders. Der Pfahl im Fleisch. Zum ersten Mal ins Deutsche übertragen und mit einem Vorwort versehen von Theodor Haecker (Innsbruck 1914).

L.

Lachend. Sie meinen wohl nicht, dass jemand daran interessiert sein könnte! Denn, wenn es so ist, beruhigen Sie sich, niemand wird uns belauschen! Wir besprechen nichts Irreales...

Ü.

Und erst das Irreale gilt heute als konkret *(laut lachend).* Was übrigens seine wirkende Wirklichkeit hat. Nein, ich meinte nur, was ich sagte: davon lässt sich nicht laut reden – ohne dass der Gegenstand selbst dadurch verstimmt wird. Gegenstand ist: Es gibt keine Auswege; aus diesem Lärm, aus diesem Lokal, aus dieser Peripherie, die vom heutigen Zentrum nicht weit genug sein kann. Wobei zu bemerken ist, dass dieser Gegenstand kein Gegenstand mehr, vielmehr schon eine These ist.

L.

Dadurch befinden wir uns schon mitten in einer Erzählung Kafkas: Nichts ist peripher genug. Jeder Ausweg kippt in einen Einweg um, Grenzen begrenzen nichts, Türen können niemals wirklich schließen und ausschließen.

Ü.

Nur sagen Sie das mal laut, und Sie werden die reine Verzweiflung klagen hören: die *These* verschwindet einfach, es bleibt eine Tatsache. Aber sagen Sie das mal ›leise‹, *literarisch,* will sagen: schieben Sie die These zugrunde, machen Sie daraus eine experimentelle Hypothese, und die Suche nach einem Ausweg könnte ihren vernünftigen Schein verlieren...Der Ausweg könnte einfach sinnlos werden, aber nicht weil er unmöglich ist. Also nicht infolge einer Frustration.

L.

So wird dagegen die Ausweglosigkeit und sorgfältige Frustration alles Strebens bei Kafka gelesen, genau wie man sie im Alltag erleben würde – sollen wir in einem »abendländischen« Alltag hinzufügen? – , also unliterarisch: *nihilistisch.* Ich muss aber gestehen, dass ich auch, wenn ich von dem Ausweg, von den »Fluchtlinien«,[4] auch von der »kleinen, widersinnigen Hoffnung«[5] lese, die Schwerpunkt bei Kafka wären, ratlos werden muss. Ich kann dabei Brechts Vorbehalte Kafka gegenüber fast bejahen. Er musste die äußerste Genauigkeit würdigen, mit der Kafka unsere Welt auffängt, *so wie sie ist;* aber er ahnte dabei eine unabsichtliche Gefahr, der zu entgehen Kafka nicht gelänge: die Resignation zu

---

4 Vgl. dazu Gilles Deleuze und Felix Guattari, *Kafka. Für eine kleine Literatur* (Frankfurt am Main 1976); und auch ders., *Tausend Plateaus. Kapitalismus und Schizophrenie* (Berlin 2010).
5 Vgl. dazu Benjamins Brief an G. Scholem von 11.8.1934, in: Walter Benjamin. *Briefe 1931-1934,* Band IV (Frankfurt am Main 1998), 478.

dem, was ist, die endliche Versöhnung.⁶ Deswegen forderte er eine verdächtige Lesehaltung, die diese Gefahr entschärfen könnte. In der Tat hat das Jahrhundert Brecht darin nicht dementiert: Kafka ist und wird gern auf eine *resignierte* Weise gelesen.

Ü.

Nicht nur Kafka. Nur ist es eine *fröhliche* Resignation: Allzu prompt und gern werden überall Gründe dazu erfunden. Das tat Brecht sicher wohl, sich um das Schicksal der Leser von Kafka zu kümmern.

L.

Auch Günther Anders hatte den Schwerpunkt bei Kafka gar nicht in einer Art Rebellion oder *Desertion* erkannt, eher in einem ewig frustrierten Wunsch nach *Zugehörigkeit*.⁷ Mit dem Faschismus im Blick war auch nur der Schein davon selbstverständlich Grund genug, um ihm Kafka verdächtig zu machen. Natürlich wandelt Anders zu schnell das, was Kafka nur Material ist, in eine Art erbaulichen Lehrinhalt um. Aber es stimmt, Kafkas Karl und K.s wollen sich in der Tat alle irgendwie integrieren. Sogar der K. des *Prozesses,* der den Maschen des Prozesses ständig entgehen will, strengt sich in einem vermutlichen Schlusskapitel an, aus dem Prozesswillen seinen Willen zu machen; möglichst keinen Widerstand mehr zu leisten und aktiv teilzunehmen, soweit es ihm gelingt, an seiner eigenen Hinrichtung.

Ü.

Ich muss jetzt denken, wie sehr das unserer fröhlichen Resignation den Spiegel vorhalten könnte. Man verlässt sich auf den Lauf der Dinge, wie man sich einmal auf Gottes Willen verließ; das ist die Säkularisierung der religiösen Verhältnisse: es bleibt genau dieselbe Vertrauensgeste erhalten, nur das ›Mysterium‹, das Unberechenbare ist verschwunden. Man traut keiner Möglichkeit oder Unmöglichkeit mehr; man traut dem, was schon vorhanden ist, also etwas, dem man *stricto senso* nicht zu trauen braucht. Und etwas Weiteres verschwindet: der Widerstand, der kleine, unzerstörbare Widerstand, den K. bei aller Anstrengung zur Anpassung bis zum letzten nicht unterdrücken kann.

L.

Kein Wunder: wenn man etwas Vorhandenem ›traut‹, haben sowohl Skepsis wie Vertrauen keinen Sinn mehr. Jedenfalls steht eines fest: Freiheit ist kein The-

---

6 Walter Benjamin, *Gespräche mit Brecht. Svendborger Notizen,* in: ders. Versuche über Brecht (Frankfurt am Main 1966), 122.

7 Vgl. dazu Günther Anders, *Mensch ohne Welt. Schriften zur Kunst und Literatur.* (Über Döblin, Kafka, Brecht, Heartfield, Broch und Grosz. Mit einer Einleitung, 13 Abbildungen graphischer Arbeiten und einem Liedtext des Verfassers [München 1984]).

ma bei Kafka, ebenso wenig wie das Gesetz oder die Macht es sind, wie schon Benjamin bemerkt hatte.[8] K. ist zerstreut, wenn er mit dem Maler die möglichen Strategien bespricht, seine Freiheit zurückzubekommen. Sie scheint ihm plötzlich nicht mehr so wichtig zu sein. Warum?

Ü.

Ja, Freiheit wird bei Kafka *als Wert* nicht vorausgesetzt, ebenso wenig wie die ›Macht‹ als Feind und Gefahr bekämpft wird. Genauer gesagt erscheint nicht einmal so etwas wie ein Machtzentrum in Kafkas Werk, wie wir es gewöhnlich verstehen, nämlich nach einer juristischen Auffassung: als Kontrollapparat, der nicht so sehr Ziele auferlegt, als bestimmte Wege erlaubt und andere Wege verbietet. Nicht einmal das Gerichtsverfahren in dem *Prozess* funktioniert auf eine ausschließlich juristische Weise. Immer wieder passiert etwas, ein Satz wird auf eine solche Weise formuliert, die dem juristischen Verfahren nicht entspricht, ja sich ihm sogar sträubt. Andere historische Praktiken drängen hinter der juristischen Praxis, die aus ihnen hergeleitet ist, und brechen manchmal in sie wieder ein. Von ›Zwang‹ als Gefahr, als zu lösendes Problem kann bei Kafka niemals die Rede sein. Erinnern Sie sich an das, was im *Prozess* der Geistliche zu K. sagt: Vom Zwang kann man niemals reden. Der Prozess nimmt Sie auf, wenn Sie kommen, und lässt Sie gehen, wenn Sie gehen wollen.

L.

Um so weniger kann man im *Schloß*-Roman Spuren von Zwang auffinden. Es wäre eher richtig zu sagen, dass erst K. es ist, der die Modalität des ›Zwangs‹, die letztendliche juristische Gültigkeit in diesen Schloss-Raum einführen möchte.

Ü.

Stimmt. Er verlangt, dass Akte, Behördenentscheidungen, Unterzeichnungen, amtliche Hierarchien – will sagen Gesetzeskraft, einen verbindlichen Wert haben, d.h. er geht vom Dasein eines Machtzentrums und einer Repräsentanzkraft aus, wie wir es ungefähr seit der Aufklärung kennen. Er denkt juristisch in einem allem Anschein nach nicht-juristischen Raum, und was heißt juristisch denken, wenn nicht nach einer Logik des *Besitzes*? Im Grunde nach einer Logik der erzwungenen *Dauer*: Eine Lage wird gesetzt oder fixiert, über ihre ›spontane‹ Dauer hinaus. Wer einmal als Landvermesser herbeigerufen worden war, als Not dazu war, *muss nach Gesetzes Kraft* die Stelle bekommen, obwohl in der Zwischenzeit der Notfall aufgehoben wurde.

---

[8] Benjamins Brief an G. Scholem vom 11.8.1934, in: Walter Benjamin, Briefe 1931-1934, (Anm. 5), 479. Nach Benjamin handle es sich bei Kafkas stetem »Drängen auf das Gesetz« um »den toten Punkt seines Werks«.

L.

Das erinnert mich jetzt an das, was der Vorsteher zu K. sagt: im Grunde braucht die Schloss-Gemeinschaft wirklich keinen Landvermesser, Bauern kommen schon von selbst durch, falls Streitereien über die Grenzen entstehen.

Ü.

Was schon an sich unwahrscheinlich ist, weil Grenzen im Schloß keine echte Frage darstellen. Wo die Situationen nicht juristisch festgehalten oder von oben herab erlassen werden, antwortet man auf die jeweilige Lage ohne vorgefasste Ziele und Verhaltensweisen. Deswegen sind auch die Funktionäre den ihnen zugeteilten Funktionen nicht so streng verbunden: jeder ist für bestimmte Angelegenheiten zuständig, aber falls sie sich in einer unerwarteten Lage finden, die über ihre streng genommene Kompetenz hinausgeht, antworten sie ihren Fähigkeiten gemäß darauf. Näher betrachtet finden wir uns da aber in einem normalen Alltag wieder, denn wo ergibt sich eine konkrete Angelegenheit, die einer Kompetenz, einer Norm, einem Gesetz perfekt entspricht? Kein Gesetz kann unmittelbar in einer Lage angewendet werden, immer bilden sich im Lauf der Zeit parajuridische Praktiken, die die Zusammenkunft von Gesetz und konkretem Verhalten ermöglichen: Verhaltensmuster, um mit dem Gesetz umzugehen, sei es um es anzuwenden oder um ihm auszuweichen. Nun: Im Schloss herrscht in der Tat eine ›scheinbare Leere‹, kein offizielles Gesetz mehr, sondern die Praxis schlechthin. Keine Macht gerinnt an einer bestimmten Stelle und nimmt Vertretungsfunktionen an. Die Entscheidung kann an jedem Ort von jedermann getroffen werden, der jeweils *da ist*. Aber das bedeutet auch, dass sie die Situation, aus der und vor die sie hervortritt, nicht überleben kann.

L.

Ja, auf diese Weise verlieren in der Tat viele irritierende Verschiebungen und Ablenkungen von der Erwartungshaltung, die in der Prosa Kafkas ständig vorkommen, ihre ›Willkürlichkeit‹. Ich dachte jetzt z.B. an den sonderbaren Gesprächswechsel zwischen K. und dem Schulmeister im Schloß-Roman. Aus diesem Gespräch wäre zu folgern, dass nichts in diesem Raum einen offiziellen Wert trage. Keine Ausdrucksweise, sei sie in schriftlicher oder gar abgestempelter Form, scheint mehr Gültigkeit als jede beliebige andere zu besitzen. Der Mehrwert, den K. einem schriftlichen Dokument der Behörde gewährt, im Unterschied zu einer mündlich erzählten Erinnerung des Schulmeisters, liegt nicht in einem geheimnisvollen ›Wahrheitsgehalt‹ der Schrift, sonder nur in ihrer materiellen Dauer. Warum sonst sollte eine schriftliche Lüge mehr Wahrheit enthalten als eine mündliche? Außerhalb einer juristischen Logik, wie Sie sagten, einer vom Einzelnen angenommenen Logik des Besitzes als Dauergarantie und der Macht als Vertretungskraft, kann nichts *aprioristisch* gelten. Ein Befehl wird keine endgültige Kraft haben, eine Entscheidung wird nicht mehr als jede beliebige andere gelten.

Ü.

Vorausgesetzt, dass sie eine *Entscheidung* ist. Ja, da scheint die Dimension der Autorität in unserem profanen Sinn ganz abhanden gekommen zu sein. Sie überlebt nur noch in K.s Erwartung. Der Schulmeister kündigt K., obwohl der Bürgermeister ihn angestellt hat; K. beruft sich als guter *citoyen* auf die moderne juristische Welt, was wir selbst tun würden, und entscheidet trotzdem an seiner Stelle zu bleiben; er glaubt, wie wir sagen würden, ein *Recht* dazu zu haben. Dann wechselt er seine Meinung (es geht bei ihm um Meinungswechsel, nicht um Entscheidungen. Wo man allegmein nach Rechten und Pflichten denkt, geht er von irgendwann schon getroffenen Entscheidungen aus) und er will plötzlich weggehen. Darüber staunt der Schulmeister: wollte er nicht bleiben? K. muss seinerseits über diese Frage staunen: hatte der Schulmeister ihm nicht befohlen wegzugehen? Darauf die sonderbare Antwort des Schulmeisters: das war meine Entscheidung. In anderen Worten: Wenn K. nicht gekündigt werden will, dann kann ich dagegen nichts tun. Er muss selbst die Entscheidung treffen wegzugehen. In gleicher Weise kann man, wenn K. weder auf seine Stelle als Landvermesser noch auf seine immer wieder ausfallende »Verabredung« mit Klamm, dem vermeintlichen Obersten im Schloss, verzichten will, nur darauf warten, dass er selbst die Entscheidung trifft, darauf zu verzichten. Hier besteht kein offizieller Wert, der Zwang ausübt. Niemand und nichts hat die Macht, K. wegzujagen, ja nicht einmal die Macht dazu, seine Funktion als Landvermesser amtlich zu bestätigen, nämlich ein für alle Mal seine Position in diesem Raum festzuhalten, über jede besondere Angelegenheit hinaus. Das Leben wird hier über eine bloß juristische Dimension hinaus gelebt, über jede Möglichkeit hinaus, eine Lage über ihre wirkliche Dauer festzuhalten.

L.

Ich sehe in der Tat, wie K. die ganze Zeit nach einem Machtzentrum sucht, von dem endgültige Entscheidungen getroffen würden, die in jedem Punkt dieses Raums homogen gälten, auf die man sich überall berufen könne. Damit suspendiert man im Grunde die jeweilige konkrete Situation mit einem *autoritären* Gestus, wie man sagen würde. Worin bestehe denn die Macht, wenn nicht in dieser Suspension des Konkreten? Aber hier muss sich K. jedes Mal mit einer kapillar *verbreiteten Entscheidungskraft* auseinandersetzen, aus der niemand, *kein Letzter*, nicht einmal *er* ausgeschlossen werden kann...

Ü.

In diesem Sinn ist kein Machtort im Schloss wirklich lokalisierbar. Jeder Punkt in diesem Raum ist jedem anderen gleichwertig, alle Punkte sind dem

Schloss sozusagen gleich nah oder gleich fern, d.h. gleich unvorhersehbar, gleich unberechenbar, gleich ›scheinbar leer‹. Diese überall verbreitete ›Macht‹ ist keine legitime oder legitimierende Macht, wie wir dies Wort gewöhnlich verstehen. Eigentlich hätte es kaum mehr Sinn, von Macht zu reden. Es geht eher um etwas Radikaleres, Elementarstes, von dem im Grunde jede Macht ursprünglich abhängt, und das jede Macht abdanken lässt: die Kraft einzugreifen, die Kraft der Initiative; die Schwerkraft der eigenen Bewegung. Die liegt an jedem Punkt dieses Raums. Oder sollten wir eher sagen, das gilt für jeden Raum und nicht nur für dieses Schloss? Selbst für einen juristisch organisierten.

L.

K.s Bewegungen versuchen in der Tat diesen Raum juristisch zu begehen, ihn in einen Raum umzuwandeln, wo alle Punkte homogen sind, aber nicht in dem Sinn, den Sie eben erklärt haben. Sie wären in diesem Fall ja gleichwertig, aber weil sie neutral – weil sie *neutralisiert* wären. Jedes Punkts eigene Schwerkraft ist in einem solchen Raum neutralisiert, Kräfte sind vermessen, kanalisiert, und dadurch in ihren Wirkungen und Verhaltensweisen vorhersehbar. Erst da kann eine Erwartung entstehen. Ein Anspruch. Eine Aussicht. Eine Hoffnung. In einem solchen euklidischen, *neutralisierten* Raum kann man erwarten, dass ein Schloss wie ein Schloss aussieht: Wenn man in der Ferne ein Schloss sieht und wenn man sich auf dem Weg dahin macht, wird man irgendwann, irgendwie aber endlich doch das erreichen, was man sich vorgestellt hatte.

Ü.

Es ist nicht so, dass erst in einem solchen Raum die Möglichkeit eines Ziels und eines Erreichens entsteht, sondern: dass erst in einem solchen Raum das Bedürfnis danach und die Vorstellung eines Ziels selbst möglich werden.

K. kommt manchmal als einer vor, der sich daran macht, Meerwasser wie festes Land zu vermessen und nach festen Grenzen zu verteilen, und das, ohne dabei an Seekrankheit zu leiden. Ein solcher Landvermesser, der im Grunde nichts Anderes beansprucht, als dass die Wasserbewegungen seine Vermessungen berücksichtigen, wäre wohl ein buchstäblich *ver-rückter*...

L.

Nur ist dieser Wasserraum, den Sie jetzt herbei beschworen haben, im *Schloß*-Roman ein Schneeraum. Dieser erzählte, meist ins Dunkel eingetauchte und schneebedeckte Raum, zu dem kaum Zugang möglich ist, darf nicht naturalistisch und illusionistisch missverstanden werden,[9] im Gegenteil. Schneeschichten und Schneestürme löschen den »gestreiften Raum«, bei dem die abendländische Ge-

---

9 Vgl. Walter Busch, *Come arrivare al castello*, in: I romanzi di Kafka. hrsg. v. Isolde Schiffermüller, Cultura tedesca 35 (2008), 79.

schichte gelandet ist. Sowohl topographisch wie sozial-politisch und kulturell-existentiell: überall nur Gleise, Zielorte und Auswege, die wie perspektivische Fluchtpunkte erscheinen. Als solche verschieben sie nur den Ausgang und verlängern dadurch die Zwangswege weiter als das Auge reicht.

Ü.
Durch diesen verschneiten Raum lässt Kafka in der Tat einen »glatten Raum« durchscheinen, wie Deleuze und Guattari ihn benennen, wenn sie ihn von einem, wie Sie sagten, »gestreiften« Raum unterscheiden. Ein glatter Raum ist vielleicht nicht unvermessbar, aber jedenfalls nicht konkret zu vermessen, durch keine vorbestimmten Wege durchzogen, durch keine festen Grenzen verteilt. Andere Gangarten lassen sich vorstellen. Erinnern Sie sich daran, Deleuze hatte als Beispiel dafür den Unterschied zwischen dem Schachspiel und dem chinesischen Go angeführt: das Schachspiel streift das Spielbrett, es begeht es nur nach bestimmten Richtungen, sieht nur verbindliche Bewegungen vor, und diese erlauben den Spielfiguren nur ganz spezifische Funktionen, nach einer unverletzbaren Hierarchie. Alles in allem eine Miniatur des Machtdispositivs. So funktioniert das despotische Verhalten, so operiert im Grunde die juristische Streifung des Raums. Anders bei dem chinesischen Go-Spiel: da sind die Spielsteine ganz frei, sich in alle Richtungen zu bewegen, auf die Forderung und Gefahr der jeweiligen Lage nach Not zu antworten, und ihre Funktion, die »Macht« der einzelnen Figur, hängt völlig von der vorläufigen Gesamtkonstellation des Augenblicks ab. Sie ist also eine flüssige Größe, im ständigen Wechsel, keine Konstante, keine *Garantie*.

L.
Genau wie es im Schloss keine Konstanten gibt. Wie man sagt: Not kennt kein Gebot.

Der Lärm ist in der Zwischenzeit so gestiegen, dass man sich nicht einmal nah zugewandt hören kann. Beide lehnen sich in ihren Sitzen zurück und trinken ihre Getränke weiter. Als es nicht mehr so laut ist, dass man selbst laut werden muss, nehmen sie das Gespräch wieder auf. Zuerst bemerkt einer, wie man bei einem solchen angestiegenen Lärm seine Ohren und sein Gehirn nur dann schützen könne, wenn man sich zu ihm geselle und den allgemeinen Text laut mitlese: ein Schutz von innen, sozusagen. Darauf bemerkt der andere, wie die Geste der gedankenlos Mitschreibenden und der sich dadurch Wehrenden von außen ununterscheidbar sei. Auf Dauer vielleicht auch... von innen? Beide sind sich darüber einig, was auf jeden Fall zählt: dass sie von außen ununterscheidbar sind, das heißt, dass nichts da ist, was den Lärm störe. Was auf der inneren Front passiert, das Schweigen im Geheimen, bleibt folgenlos, oder, wie Brecht gesagt hätte, es ermöglicht nur die eine materielle Folge: das Weiterbestehen des Lärms. Aber wie schweigt man ... laut?

Sie erkennen darin eine der Grundfragen – vielleicht die Grundfrage Brechts, an der sein Kampf zugrunde und zum Grund geht. Sie entzieht ihm den Boden unter den Füßen und ver-

tieft zugleich seinen Kampf abgründig: Die unlösbare Aufgabe, eine wenn auch nur winzige, aber echte Differenz zu schaffen. Sie müssen aber auch bald daraus schließen, dass das eben eine der Grundfragen, vielleicht die Grundfrage Kafkas ist. Nur so radikalisiert, dass sie kaum eine Frage mehr darstellt. Eine Differenz zu schaffen scheint bei Kafka nicht mehr der Punkt zu sein. Entweder ist eine Differenz schon da oder es besteht keine Möglichkeit, eine zu organisieren. Entweder sind die Engel des Oklahoma-Theaters irgendwie wahr, die die Leute zum neuen, freien und zukunftsorientierten Leben willkommen heißen, oder sie sind an ihrem Gewand und Gestus nicht von Werbungsstatisten für die gegenwärtige Sozialordnung zu unterscheiden. Falls Rotpeter einen Unterschied darstellt, dann nur, weil er tatsächlich unterschieden ist: Auf den Befehl des Autors ist er ein Affe und nicht ein Mensch. Darin bestehe, wenn überhaupt, seine kleine, winzige Chance – dass er nie zu einem Menschen werden wird. Aber seine Nachahmungsfähigkeit, dass er Worte und Gesten lernen und wiedergeben kann, ohne sie im Ernst zu meinen, dass er sein ganzes Leben nur wie ein Mensch aussehen und klingen wird, das könnte schon wieder allzu menschlich sein. Ja, die Tatsache selbst, dass er niemals zu einem Menschen werden wird oder will, könnte wiederum allzumenschlich sein.

L.
Rotpeter, der Affe Kafkas, sagt es ganz ausdrücklich: mir ging es nicht um Freiheit, dies gutmütige Gefühl, das alle Herzen wärmt, sondern immer und ständig nur um eines: jeweils einen Ausweg findig zu machen.

Ü.
Es gelte nur, sich vor allen Dingen die Frage zu stellen: was ist ein Ausweg? Wie er in *Bericht für eine Akademie* erscheint, sieht er schon ziemlich revolutionär aus. Ein Affe schlägt den Weg der menschlichen Nachahmung ein, um dem jeweiligen Käfig zu entfliehen. Das hat nichts mehr mit den Erlösungen der Tradition und den ›Großen Lösungen‹ der Geschichte zu tun. Hier geht es jedes Mal nur darum, »sich in die Büsche zu schlagen«. Aber es zeigt sich, dass diese Flucht nicht einmal eine Flucht in gewöhnlichem Sinne ist: keine Nische, wo man sich verstecken und bewahren kann, eher ein Sich-Entziehen, das aber wie ein Sich-Aussetzen wirkt. Der Affe schlägt sich jetzt auf der Flucht vor den Menschen in die Büsche und taucht einen Augenblick später als Schauphänomen gerade in der menschlichen Metropole auf. Aber so könnte man es als eine weitere Art von Verstecken verstehen, die menschliche schlechthin, die der Täuschung, der Heuchelei, im Grunde die der erstmaligen Spaltung in ein Drinnen und ein Draußen, ein soziales Verhalten und eine Innerlichkeit. Man gräbt eine virtuelle Nische und so entsteht die Projektion einer Tiefe, ein Bau, in dem man sich vor dem Außen schützt.

Ü.
Oft und gern erkennt man in der Tat in Kafkas Affen diese List. Nur vielleicht allzu gern. Denn das gibt Hoffnung. Uns gibt das Hoffnung, weiter sein zu dür-

fen, wie wir schon sind; das segnet sozusagen unsere täglichen, bürgerlich getesteten Überlebensmittel. Aber, wie Sie im Grunde schon sagten, das bürgerliche Arrangement ist Kafkas Ansatz, sein Material, nicht sein Ankunftspunkt.

L.
Es ist bemerkenswert, dass Kafka die menschliche Evolution durch einen Fluchtvektor hindurch liest. Man schreitet erst in dem Sinn fort, dass man aus einer Zeit in die andere flüchtet, aus einem Netz in das nächste, auf der Suche nach dem nächsten Loch. »Weg von hier« sei das Ziel der Reise, wenn hier noch von Ziel die Rede sein kann.

Ü.
Dadurch bewegen wir uns aber noch in einer Logik des *Fortschritts*, was immer man darunter versteht, sei es auch nicht der Glaube an eine schicksalhafte Verbesserung, die auf Fließbändern gleitet, sondern nur die endgültige Überholung eines Stadiums, eines Problems, eines Mittels, endlich: die gelungene Trennung einer Zeit von einer anderen, ohne Reste. Diese fortschrittliche Logik ist gerade das, was Kafka hier unter die Lupe nimmt. Diese Flucht, dies Fliehen, unterhöhlt nicht die Bewegung des Fortschritts, eher unterstützt sie ihn. Sie ist nur die abstrakteste Form des Fortschritts, die Triebkraft der Evolution. Wo man noch in diesem Sinn ›flieht‹, aus einer Situation in die nächste, nicht nach Zielen sondern vor Gefahren, glaubt man immerhin, *fortzuschreiten*, eine Lage zu verlassen, so wie sie ist, so wie man sie sieht, und in eine andere, was immer sie sei, einzutreten.

L.
Wenn man nicht mehr an ein Ziel glauben kann, glaubt man wenigstens an einen Ausweg. Es sei nur, man schafft es: Weg von hier!, d.h., die Situation zu erledigen, anstatt in ihr gegenwärtig zu sein, in sie einzugreifen. Nach diesem Bericht wäre die ganze Menschengeschichte als eine Flucht vor dem Mensch-Werden zu lesen – oder sollte man lieber so sagen (und schreiben): vor dem Mensch/Werden? Die ganze Geschichte könnte so wie ein Inventar von Tricks und Abwegen, nämlich von Zielorten und Zielschüssen aussehen, um immer wieder das Werden (das Werden zum Einzelnen, nicht einfach zum Individuum) abzukürzen und es in Repräsentanzen, öffentlichen oder elitären, individualistischen Identitäten festzustellen und zu vergessen.

Ü.
Von unserem gegenwärtigen Standpunkt aus gesehen hat diese Geschichte zu unserer Zeit ihr Bestes geleistet: Die ganze Gesellschaft ist jetzt zu einem perfekt funktionierenden Fluchtsystem geworden. Will man zufällig »werden«, wird man überall gestoppt und abgeleitet durch Notausgänge zu Endstationen, die fast schon am Anfang liegen.

L.

Heute scheinen in Wahrheit die ›Ziele‹, nicht einmal die anspruchslosen und vernünftigsten unter ihnen, nicht mehr erreichbar zu sein.

Ü.

Darin könnte aber eine Chance bestehen, die einzige vielleicht. Bis auf die nächste kosmetische Sanierung, die alles auf ein ewig nächstes Mal verschiebt.

Dann fällt die Aufmerksamkeit auf das Wort Ernst, das im Gespräch gefallen war, als die Rede von Nachahmung und Geste handelte und von der Chance, die darin liege. Wenn man eine Chance in der Nachahmung des Affen Kafkas oder in dem Naturtheater von Oklahoma sehen kann, dann nur, weil der Ernst eins mit der Überzeugung, eins mit der Einfühlung gedacht wird. Dass man etwas meint, bedeutet aber nicht, dass man ernst damit umgeht. So kann ein Schauspieler, der Hamlet spielt, ernst sein, ohne sich einzufühlen oder an das zu glauben, was er vorsagt. Brechts verfremdeter Spielart mangelt es keineswegs an Ernst!

Ü.

Seit der Nazizeit scheint der Ernst, was immer darunter zu verstehen ist, in einen unwiderrufbaren Verruf gefallen zu sein. Brecht konnte es in den Exiljahren wohl merken, »wie der Ernst als Lebenshaltung ein bissel diskreditiert im Augenblick« wäre; er musste sich fast hüten, den Ernst ernst zu beschwören. Wo Ernst sei, erschiene früher oder später Blut.[10]

L.

Kein Wunder, dass Benjamin und Brecht sich damals sehr vorsichtig gegenüber den Erscheinungen des Ernstes von allerlei Art äußerten. In den Notizen zu seinen *Svendborger Gesprächen* mit Brecht entgeht es Benjamin nicht, dass Brechts Widerstandsäußerungen gegen die Nazis manchmal eine dem Feind gewachsene Gewalt zeigen.[11] Er beobachtet das ohne Moralismus, d.h. ohne Urteil über das Daseinsrecht des Phänomens, eher mit demselben wissenschaftlichen Blick, mit dem Brecht sich selbst übrigens ständig beobachtet.

Ü.

Manchmal kommt mir die ganze Operation der Judenvernichtung als ein bloßes Manöver vor, um der Nazi-Sache jenen Ernst einzuimpfen, der ihr spontan total fehlt. Ich erinnere mich, dass Benjamin ein Gedicht Brechts aus einer nicht verdächtigen Zeit später in diese Richtung kommentiert hatte: wenn man einmal zu prügeln angefangen hat, wird da am stärksten geprügelt, wo der echte, kon-

---

10 Vgl. dazu Bertolt Brecht, Flüchtlingsgespräche, in: ders. Gesammelte Werke 14. Prosa 4 (Frankfurt am Main 1967), 1442.
11 Vgl. dazu Benjamin, *Gespräche mit Brecht*, in: ders. Versuche über Brecht, (Anm.6), 70.

krete Anlass ganz verfehlt wird.¹² Die Frage der Gewalt ist in Wahrheit die Frage des Ernstes, oder dessen Mangel. Wo der Ernst ausfällt, drängt sich Gewalt als Stellvertreterin vor.

L.

Dass erst die Todesdrohung die Dinge ernst machen kann, ist typisch für eine so humorlose Gesellschaft, die um etwas ernst zu machen, es erst bluten lassen muss. Dass einem der Ernst ganz fehlt, kann man daran nachweisen, dass man keinen Humor besitzt und den Sinn für das Lächerliche total vermisst.

Ü.

Brecht sagt einmal, Kafka sei im Grunde gerade an einem Zwiespalt zwischen Ernst und Ironie gescheitert.¹³ Er konnte den Ernst nicht preisgeben, ohne ästhetisch zu werden: was in unserer Gesellschaft nur heißt, eine mehr oder weniger elitäre, auf jeden Fall eine weitere Ablenkung zu liefern. Er konnte aber auch nicht ganz ernst werden, d.h. auf die Literatur verzichten, ohne sich lächerlich zu machen. Kafka scheint in der Tat ständig auf der Suche zu sein, nach diesen *point of no return*, wo man nicht mehr ironisch, perspektivisch, wo man nicht mehr *literarisch* in einem bürgerlichen Sinn sein kann. Denn die Literatur ist so tief in Verruf geraten, weil sie eben zusammen mit der Ironie, mit einer unverbindlichen Möglichkeit gedacht wird.

Kafkas Erzählungen könnten eher dieselbe Rolle spielen, die Platons Dialoge gespielt haben, wären sie, man gestehe es zu sagen, ernst genommen worden. Wie jener alte Biograph Platons schrieb, dieser mache der Philosophie und der Wissenschaft mit derselben Geste ein Ende, mit der er sie offiziell einweihte, so könnte man von Kafka sagen, er mache mit der Wissenschaft und der Literatur Schluss, indem er sie ständig an ihrem Ursprung erwischt, wo die Sprache sich als Erkenntnismittel offenbart.

L.

Sie müssen sich dabei aber bewusst werden, worauf Ihre jetzige Rede hinausläuft: erst im Literarischen oder im Künstlerischen sei eine letzte Chance zum Ernst gegeben. Das will mir klingen wie eine Art äußerst unzeitgemäßer Korrektur der ersten These zum Begriff der Geschichte Benjamins, dass jetzt auch der Materialismus genauso wie die Theologie hässlich und bösartig erscheinen muss.

Unzeitgemäß ist diese Korrektur wohl, da auch die Literatur seit langem, früher als der Materialismus selbst, keinen guten Ruf mehr genießt und sich als Medienwissenschaft verkleiden muss.

---

12 Vgl. dazu Walter Benjamin, *Kommentare zu Gedichten von Brecht*, in: ders. Versuche über Brecht, (Anm. 6), 134.
13 Vgl. dazu Benjamin, *Gespräche mit Brecht*, in: ders. Versuche über Brecht, (Anm. 6), 118f.

Ü.

Auf jeden Fall liegt der Punkt nicht im Verruf der Literatur, eher darin: wer würde heute die Chance zum Ernst überhaupt als Chance betrachten? Das ist eher das, wovor alle zurückscheuen! Wenn man heute die Geisteswissenschaften nicht Ernst nimmt, muss der Akzent nicht auf den Geisteswissenschaften liegen, sondern auf dem Mangel an Ernst. Erst da geht man der Frage wirklich an die Wurzel, d.h. über die Geisteswissenschaften hinaus.

L.

Aber: ist das nicht, was Brecht einmal von sich selbst gestehen muss? »Ganz ernst ist es mir nicht.«[14] Das sollten wir uns aber an diesem Punkt nur wünschen: Wer unter den Denkern und den Künstlern und den Politikern im letzten Jahrhundert an diesem Scheitern zwischen Ernst und Ironie nicht gescheitert ist und wer sich für den einen oder die andere entschieden hat, war entweder ein Henker oder ein Scharlatan. Oder beides zugleich, was die schrecklichste aber auch ehrlichste Kombination ist – wo das Geschwätz seine ernste, blutige Seite zeigt.

Ü.

Manchmal kommt mir Kafka wie ein in unseren Zeiten wieder geborener Kierkegaard vor: wie hätte Kierkegaard heute sein Pseudonym wegwerfen und zu einem gewissen Punkt *in persona* auftreten können mit seinen erbaulichen Schriften! Wenn man sie heute liest, kann man dem Gefühl nicht entgehen, als seien sie auch unter einer fiktiven Rolle geschrieben worden, der Rolle dessen, *der es im Ernst meint*. Das ist eben das Verstörende an ihnen, nicht das christliche Element, eher die Tatsache, dass da einer ist, der mit sich, mit uns, die ihn lesen, ernst macht (obwohl Kierkegaard hier wahrscheinlich einwenden möchte, dass eben darin das Christliche bestehe). Da redet einer, der sich selbst durch sein Reden impliziert fühlt, der den Leser als Einzelnen anspricht und der ihn zur gleichen Implikation auffordert. Adorno hatte in der Sprache Kafkas diesen Aspekt nicht übersehen, als er bemerkte, dass in ihr das kontemplative Verhältnis von Text und Leser von Grund auf gestört sei. Kafkas Texte seien darauf angelegt, dass zwischen ihnen und ihren Lesern, die Adorno als »Opfer« bezeichnet, kein Abstand bleibe; eher müsse der Leser fürchten, »das Erzählte käme auf ihn los wie Lokomotiven aufs Publikum in der jüngsten, dreidimensionalen Filmtechnik.«[15] Es ist wirklich in seinen Schriften so, dass wenn in ihnen überhaupt ein Fluchtpunkt zu bestimmen ist, dieser immer der Lesende ist. Stellen Sie sich vor, die Welt von dem Gesichtspunkt eines Fluchtpunkts aus wahrzunehmen: da hätten

---

14 Benjamin, *Gespräche mit Brecht*, in: ders. Versuche über Brecht, (Anm. 6), 118.
15 Theodor W. Adorno, *Aufzeichnungen zu Kafka*, in: ders. Kulturkritik und Gesellschaft I. Prismen. Ohne Leitbild, Gesammelte Schriften, Band 10.I (Frankfurt am Main 1977), 256.

Sie keinen Beobachtungspunkt mehr, eher würden sich Dinge und Menschen und Räume wirbelnd auf Sie stürzen ... als ihre einzige Gelegenheit. Sie würden gewiss und verständlich und auch bescheiden, kurz, Sie würden ganz menschlich mit der möglichst geschickten Bewegung schnell zur Seite rücken ... das eben fängt Kafka auf, diesen Sturz und dieses ständige Entgehen, diese ›Menschlichkeit‹, für die wirklich unsere Zeit unendliche Mittel zur Verfügung stellt....

L.

Kommen wir aber einen Augenblick zum Thema Zwang bei Kafka zurück. Nicht einmal in der *Strafkolonie* käme ein Zwang vor? Die ganze Geschichte besteht im Grunde aus Aufbau, Wirken und Absterben eines Foltergeräts...

Ü.

Ich würde sagen, nicht einmal da. Worauf da die Aufmerksamkeit gelenkt wird, sind nicht die *Effekte* des Zwangs, die Entziehung der Freiheit und des Lebens. Eher wird die *Wirksamkeit* des Zwangs getestet. Wollten wir die Erzählung als Kommentar einer Frage betrachten, könnte diese so lauten: Inwieweit, wenn überhaupt, innerliche Wirkungen durch äußerliche Mittel erlangt werden können. Sie werden zugeben, dass das eine Frage von unermesslichem Belang ist. Sie geht quer durch die Geschichte des Abendlands hindurch und trifft besonders das vorige Jahrhundert ins Mark. Sie ist die Grundfrage der Erziehung, der Religion, der Politik, der Totalitarismen, der Revolution.

L.

Wie komisch, vom XX. Jahrhundert als von dem vorigen zu reden. Wir sind ja noch nicht darüber hinaus. Was am Anfang des Jahrhunderts Fuß gefasst hat, ist von da an immer in Gang gewesen und läuft immer noch. Nur jetzt: konkurrenzlos. Und ohne Zwang.

Ü.

Sehen Sie das so: man braucht keinen Zwang, wenn man nicht mehr ›innerlich‹ sein kann: wenn man in der Masse nicht mehr einzeln dastehen kann und seine Verantwortung nur auf irgendeine Vertretung legen kann, auf die Gruppe, auf die Idee, die uns vielleicht aufruft. Man weiß heute nicht einmal in dem armen, altbürgerlichen Sinne innerlich zu sein, nämlich seine eigenen psychophysischen Bedürfnisse *privat*, fremden Augen fern, zu erledigen.

L.

Ja, Innerlichkeit in einem modernen bürgerlichen Sinn heißt jetzt: seine Privatbedürfnisse in aller Öffentlichkeit erledigen...

Ü.

Luciano Fabro, der berühmte Künstler der Arte Povera, hat einmal in den achtziger Jahren in einem Seminar für Kunststudenten die Aufmerksamkeit auf diese wachsende Unfähigkeit zum innerlich-Sein gelenkt. Das Ergebnis davon sei vor aller Augen: man könne nicht mehr etwas ausdrücken, ohne sofort ein Exhibitionist zu werden. Der Ausdruck von etwas bestehe unmittelbar nur als dessen Exhibitionismus.

L.

Somit ist auch die Pest der zeitgenössischen Dichtung in klaren Buchstaben fixiert. Die lyrische Ausdruckskunst nach dem zweiten Weltkrieg ist genau an dieser im Grunde spießbürgerlichen Auffassung des Ausdrucks gescheitert, als Stimme eines Innen, das ... heraus muss.[16] Aber wenn das Innen einen Ausdruck braucht, ist es kein Innen mehr, wie Kierkegaard es in den Stein gemeißelt hatte. Vielmehr eine Würze, die Ventil braucht. Oder, wie er mehrmals sagte: ein innerlicher Charakter lasse sich erst daran merken, wie gut er sich verstecken kann. Also, wie innen er bleiben und sich sedimentieren kann, bis das Innerliche zur eigenen Form reift und keinen Ausdruck mehr braucht. Wer in der heutigen Dichtung ›ich‹ sagt, sagt darum nichts, nicht weil er ›ich‹ sagt, sondern weil er dadurch ein Innen, wenn auch nicht unbedingt das seinige, bloß auslassen will. So fransen Gedichte wie faule Pilze aus, und riechen sogar schrecklicher...

Ü.

Wir können wirklich nicht sagen, bei Kafka und Brecht sei keine Spur von Innerlichkeit mehr. Es wäre leicht, diesem Eindruck anheim zu fallen, da beide, jeder nach seiner Art, die Schrift sozusagen funktionalisiert haben. Aber genau da, wo die Oberfläche nicht mehr der Tiefe dient, kann die Tiefe tief wirken.

L.

Von diesem Gesichtspunkt aus kann es paradox klingen, aber ist es nicht so, dass die vielleicht äußerlichsten, will sagen der Oberfläche entlang geschriebenen Texte des letzten Jahrhunderts die letzten Zeugen von dem sind, was Benjamin das Ausdruckslose und Kierkegaard das Innerliche nannten – wenn diese Begriffe wenigstens insofern angenähert werden können, als beide ein Innen bezeichnen, das weder in ein Außen umkippt noch es zum Ausdruck braucht. Und das heute unvorstellbar zu sein scheint.

---

16 Vgl. dazu Walter Busch, *Texte aus der Krise oder das zerbrochene Archiv. Anmerkungen zu den Nachlassgedichten Ingeborg Bachmanns*, in: Ingeborg Bachmanns Gedichte aus dem Nachlass. Eine kritische Bilanz, hrg. v. A. Larcati u. I. Schiffermüller (Darmstadt 2010), 87-103, insbesondere 96-99.

Ü.

Wenn diese Innerlichkeit nicht mehr verstanden wird, wenn das Organ dafür etwa geschrumpft ist, gibt es wirklich keine Not mehr: es gibt nichts zu unterdrücken – wozu... die Erziehung? Es gibt dann auch nichts mehr, zu dem es zu erziehen wäre. Man braucht keine Erziehung, um eine Kompetenz zu lernen oder zu lehren. Man braucht nicht innerlich zu werden, um die zugeteilte Rolle zu spielen. So haben im letzten Jahrhundert Bildung und Erziehung auseinander fallen können.

L.

Ja, wenn heute das Bildungsproblem nicht gelöst werden kann, hängt das davon ab, dass es nicht einmal eine wirklich wahrgenommene Frage ist. Sonst würde man gewahr werden, dass es eins mit der Erziehungsfrage ist; und diese ist gar nicht lösbar, in dem Sinn, dass man keine Lösung braucht. Sie ist gar kein Problem, sondern – eine Aufgabe.

Ü.

Der Sinn für die Situation ist das, was den Einzelnen immer persönlich, ohne Vertretungen, ohne Verschiebungen, in Anspruch nimmt. Wir könnten sagen, dass jeder von uns der Zusammenhang ist zwischen seiner Kompetenz und der empirischen Lage, die ihn betrifft – und dieser Zusammenhang ist jedes Mal auszubessern oder zu erfinden. Das ist zugleich äußerst verantwortlich und äußerst unberechenbar: die Ergebnisse sind nicht so einfach vorhersehbar, wie man seine Rolle gewissenhaft ausführt, d.h., wie man seine Kompetenz ›ausstellt‹. Ja, das ist wahrscheinlich das richtige Wort. Heute scheint der Beruf mehr in der Ausstellung einer Kompetenz zu bestehen, als in der alt-bürgerlich verstandenen, gewissenhaften Ausführung eines Auftrags, in der Ausübung einer ›Effizienz‹.

L.

Ein Godard würde vielleicht nach Brecht dazu kommentieren: sieh mal, wie jetzt auch die Arbeit zum Spektakel wird, nachdem sie als Ware noch einen Gebrauchswert wiederbekommen konnte... Die Funktionäre im Schloss scheinen dagegen zu jener Verantwortung, von der Sie sprechen, über ihre streng genommene Kompetenz hinaus noch berufen zu sein. Das ist ihr eigentlicher ›Beruf‹. Sie kommen ihm aber nicht so gern entgegen, sie entziehen sich eher dem jeweiligen ›Ruf‹, schleichen fast davon. Man muss, wie K. es tut, ihnen nachlaufen, oder, während sie noch im Bett liegen, auf der Lauer vor ihrer Tür liegen...

Ü.

Das ist aber ein Meisterstück Kafkas, diese Widerspenstigkeit der Funktionäre, meine ich. Man wird kaum die Bereitschaft des gewissenhaften Arbeiters und des Menschenfreunds aufbringen, wenn man an jeder Stelle, wo immer man seine Füße hat, ›berufen‹ werden kann. Stellen Sie sich mal vor, dass einer immer persönlich hervortreten muss und sich auf keine Art von Vertretung berufen kann: dass man jedes Mal jenen Zusammenhang zwischen Situation und Wissen, von dem früher die Rede war, von selbst wieder aufspannen muss; und dass man wüsste, dies sei immer ein Versuch mit offenem Ende, kein vorbestimmter Auftrag, der an einem Punkt A und an einem Punkt B seinen Anfang und sein Ende hätte. Keine Schulaufgaben also. So dass man nicht mehr wüsste, ob man erfolgreich ist oder ob man versagt, denn von Erfolg und Versagen kann man nur von einem äußerlichen Beobachtungspunkt aus reden, wo das Versuchen aufhört – und dieser Punkt besteht da nicht. Unter solchen Umständen wäre die Widerspenstigkeit, die jeweilige Aufgabe zu bewältigen, nur ein sicheres Zeichen von Menschlichkeit – seien wir aber nicht allzu menschenfreundlich und machen wir nicht mehr eine Ehre daraus.

An diesem Punkt schwiegen die beiden, da der Kellner die Bestellung mitgebracht hatte. Mit einer automatischen Bewegung der Hand und der Hüfte zugleich, stellte er zwei Kaffeetassen auf den Tisch und schaffte es, mit den Beinen schon hinter der Bank zu sein, obwohl seine Hand den Griff der Tassen noch nicht losgelassen hatte. Keinem gelang es, ihm auch nur flüchtig ins Gesicht zu sehen. Der Leser packte seine Tasse fast im Flug und trank von seinem Kaffee das eben Gesagte überlegend, während der andere langsam über die akrobatische Unhöflichkeit des Kellners ein »Danke« murmelte. Als der L. im Begriff war, dem Ü. den Vorschlag zu machen, sich gegenseitig zu duzen, nahm der letzte das Wort wieder auf.

Ü.
Sicher haben Sie das bei vielerlei Gelegenheit merken können, wie geschickt heute die Unfreundlichkeit geworden ist. Es kann nicht anders sein: Mit der Innerlichkeit verschwindet ja auch die Freundlichkeit.

L.
Sie werden sich bitte nicht auf eine Moralpredigt einlassen über den Mangel an Rücksicht und Empathie der Menschen unserer Zeit...

Ü.
Nein, ich glaube nicht, dass Freundlichkeit mit Empathie oder Rücksicht zu verwechseln ist. Ob man den Anspruch erhebt, den anderen intim zu verstehen, oder ob man sich dem respektvoll verweigert, das mündet immer in das gleiche Ergebnis: eine Indifferenz tritt an die Stelle einer Beziehung. Aber die Freundlichkeit erhebt keinen Anspruch darauf, weder auf Verstehen noch auf Nicht-Verstehen. Sie vertraut auf die Verantwortlichkeit des anderen und fördert sie. Und diese heißt nicht einfach, dass man die Folgen seiner Taten auf sich nimmt, sondern dass man *selbst* seine Taten tut, was immer sie seien; dass einer selbst auf die jeweilige Situation antwortet, ohne Vermittlungen und Repräsentanzen

jeglicher Art. Die Freundlichkeit baut die Repräsentanzen freundlich ab, indem der Freundliche selbst unvertreten auftritt.

L.
Freundlich ist man, wenn man etwas kann und es tut, schreibt Brecht in *Der gute Mensch von Sezuan*. Wenn einer etwas kann und nicht einfach *weiß*, denn Wissen ist immer nur das Können von anderen; und wenn *er* es tut und nicht einfach, wie es heute oft und gern passiert, irgendein Komitee aufgerufen wird, das einer Öffentlichkeit die bloße Absicht dazu ankündigt.

Ü.
Wenn man nicht mehr innerlich ist, wird man höchstens höflich sein, jene Art erledigende Höflichkeit, die jede Beziehung schon am Anfang abwürgt, ja sorgfältig verunmöglicht; oder man wird verschwörerisch sein, auf der ständigen Suche nach einer im Grunde selbstgenügsamen Komplizenschaft, die keine besonderen gemeinsamen Unternehmen und Wahlverwandtschaften braucht, bis auf eines: das Gefühl, dass man mindestens zu zweit ist, dass man seine Sache nicht *persönlich* verantworten muss. Kafka würde sagen: das Bedürfnis nach Fürsprechern, *Repräsentanzen*, bei jeder winzigen Angelegenheit, noch bevor sich eine konkrete Angelegenheit darstellt – als Beschwörung gegen die Konkretheit der Gelegenheit. Auch da, wie auch bei der erledigenden Höflichkeit, ist es ein *Verhältnis*, was sorgfältig verunmöglicht wird.

L.
Ich muss dabei daran denken, wie Adorno und Carl Schmitt, die den Freundlichkeitsverlust des Jahrhunderts haben erleben können, ihn als eine echte Katastrophe erfahren haben, als ob dabei nicht nur etwas Wertvolles zweiten Ranges verschwunden wäre, etwa die Freundlichkeit als letzter Rest von Freundschaft, sondern die Grundbedingung selbst eines wirklich gesellschaftlichen Lebens.

Ü.
Bekanntlich zählt sich Brecht selbst zu denjenigen, die den Boden bereiten wollten für die Freundlichkeit, obwohl sie selbst noch nicht freundlich sein konnten. Das gibt mir jetzt zu denken, dass er von Freundlichkeit und nicht von Freundschaft spricht, und vielleicht nicht nur aus Vorsicht, in der Art: wenn die Freundlichkeit schon so schwer fällt...; nein, sondern weil freundlich-Sein schon das höchste politische Ziel ist.

L.
Auf der Freundschaft lastet in der Tat immer der Verdacht auf Komplizenschaft; jene Komplizenschaft, vor der sich Adorno und Scholem fürchteten, was

das Verhältnis Benjamins zu Brecht anging. Brecht und Benjamin haben das gewusst und ihre Beziehung eher nach einer Freundlichkeits- als nach einer Freundschaftshaltung entwickelt. Sie haben sich immer mit ›Sie‹ angesprochen.

Kurz darauf verabschiedeten sie sich voneinander und gingen jeder an seinen Ort, beide ein scheinbares Geheimnis verschweigend: Von all diesen Orten wird der bleiben, der durch sie hindurchging, der Lärm! ... und was wird nach uns kommen: nichts Nennenswertes. So muss es immer und wie könnte es anders, und besser, sein?

Inhaltsverzeichnis

I Medialität, Bild und Sprachgebärde

Elmar Locher
Zeichensysteme, Prognostizierbarkeit und Medialität
bei Tomaso Garzoni und anderswo.
Ein Geburtstagscapriccio 9

Gerhart Pickerodt
Nietzsches Zarathustra.
Ein Typus der Intelligenz 29

Anna Maria Carpi
Benn in minore. 41

Arturo Larcati
Expressionistische Bildbeschreibungen als Form der
kritischen Auseinandersetzung mit dem Futurismus. 47

Alessandra Basile
«Un délicieux voyage à deux». Les Fênetres von Rainer Maria Rilke:
Worte und Bilder einer Liebesgeschichte. 65

II Shoah und Gedächtnis

Raul Calzoni
Zwischen Gedächtnis und Zerstörung.
Walter Busch im Dialog mit Walter Benjamin und W.G. Sebald. ... 87

Massimo Salgaro
Was heißt über die Shoah sprechen? 101

Hans Georg Schmidt-Bergmann
»Das Gedicht ist Lebensschrift« Zur Konstruktion
jüdischer Identität in der deutschsprachigen Literatur
nach 1945: Jakob Littner, Wolfgang Koeppen und Paul Celan. 113

Chiara Conterno
Welche Sprache spricht das Leiden in der Lyrik von Nelly Sachs? 125

Peter Kofler
Zur Poetologie der Buchstäblichkeit: Paul Celans *Todesfuge*. 139

III Antworten auf Kafka

Clemens Carl Härle
Seilkunst. Glosse zu Kafka und Genet. 153

Isolde Schiffermüller
Über die Schwierigkeit hier zu bleiben.
Fluchtlinien der Betrachtung von Kafkas Spätwerk. 167

Milena Massalongo
Flüchtlingsgespräche ohne Flucht.
Einmal spricht Brecht, einmal erwidert Kafka. 185